Mosaik bei
GOLDMANN

Buch

Viele Menschen fühlen sich auch im Erwachsenenalter noch nicht »richtig« erwachsen. Die Gründe hierfür liegen häufig in der Kindheit, in der sich die Betroffenen von den Eltern abgelehnt, allein gelassen oder auch in eine bestimmte Rolle gedrängt fühlten. Der Diplompsychologe Victor Chu stellt anhand vieler Beispiele aus der therapeutischen Praxis dar, welche Folgen solche familiären Verstrickungen haben, aber auch, welche Wege es gibt, sich von solchen Altlasten zu befreien, sich mit den Eltern zu versöhnen und innere Freiheit zu gewinnen. Ein besonderes Gewicht legt der Autor dabei auf die Lösungsansätze der systemischen Familienaufstellung nach Hellinger. Er hilft, gegenwärtige Probleme abzuarbeiten, und zeigt neue Perspektiven auf. Damit wird es möglich, den eigenen Platz im Leben zu finden und auch den eigenen Kindern das Erwachsenwerden zu erleichtern.

Autor

Dr. med. Victor Chu, geboren 1946, ist Arzt und Diplompsychologe. Er arbeitet als Gestalttherapeut, Tai-Chi-Lehrer und Ausbilder am Gestalt-Institut Heidelberg und hat sich in den letzten Jahren intensiv mit der Familienaufstellung beschäftigt. Außerdem ist er Autor erfolgreicher Sachbücher.

Victor Chu und seine Frau haben drei Kinder und leiten eine psychotherapeutische Praxis in Neckargemünd bei Heidelberg.

Victor Chu

Die Kunst, erwachsen zu sein

Wie wir uns von den Fesseln der Kindheit lösen

Mosaik bei
GOLDMANN

Alle Ratschläge in diesem Buch wurden vom Autor und vom Verlag sorgfältig erwogen und geprüft. Eine Garantie kann dennoch nicht übernommen werden. Eine Haftung des Autors beziehungsweise des Verlags und seiner Beauftragten für Personen-, Sach- und Vermögensschäden ist daher ausgeschlossen.

FSC
Mix
Produktgruppe aus vorbildlich
bewirtschafteten Wäldern und
anderen kontrollierten Herkünften

Zert.-Nr. SGS-COC-1940
www.fsc.org
© 1996 Forest Stewardship Council

Verlagsgruppe Random House FSC-DEU-0100
Das für dieses Buch verwendete FSC-zertifizierte Papier *Pamo Sky*
liefert Arctic Paper Mochenwangen GmbH.

1. Auflage
Vollständige Taschenbuchausgabe Februar 2010
Wilhelm Goldmann Verlag, München,
in der Verlagsgruppe Random House GmbH

Umschlaggestaltung: Uno Werbeagentur, München
Umschlagillustration: Getty Images / Nourok
Satz: Buch-Werkstatt GmbH, Bad Aibling
Druck und Bindung: GGP Media GmbH, Pößneck
CB · Herstellung: IH
Printed in Germany
ISBN 978-3-442-17137-8

www.mosaik-goldmann.de

Inhalt

Einleitung

Vor vielen Jahren hat meine Frau unseren Kindern das Lied »Hänschen klein« vorgesungen. Aber sie sang nicht die bekannte Version, die mit »Hänschen klein, ging allein, in die weite Welt hinein« anfängt und mit »Doch die Mutter weint so sehr, hat ja gar kein Hänschen mehr. Da besinnt sich das Kind, läuft nach Haus geschwind« endet.

Nein, sie sang eine längere Version, und als sie fertig war, fragte ich sie überrascht, woher sie diese denn habe. Sie sagte ganz selbstverständlich: »Diese hier ist die ursprüngliche Version. Die, die üblicherweise gesungen wird, ist eine verkürzte, sozusagen eine pädagogische Version, um die Kinder dazu zu bringen, brav nach Hause zu kommen. Aber im ursprünglichen Lied geht es darum, dass das Kind frei ins Leben gehen kann. Die Mutter darf natürlich weinen, aber das soll das Kind nicht daran hindern, sein Leben zu leben! Im ursprünglichen Lied geht es um Muttertreue, in der uns bekannten Fassung wird sie zur Kindertreue verdreht. Ich benutze das Lied auch in meiner Arbeit mit Klienten, wenn ich das Gefühl habe, sie bleiben in ihrer Beziehung zu den Eltern hängen.«

Ich suchte in den Liederbüchern nach. Die meisten

enthalten die uns bekannte Kurzversion. Aber in einigen wenigen ist tatsächlich die ursprüngliche Fassung zu finden.

Ich las diese Langversion einigen Freunden vor. Jedes Mal waren sie vom Text ergriffen. Alle diese Menschen, die schon lange erwachsen sind, sagten: »Jetzt begreife ich, was das Erwachsenwerden eigentlich bedeutet.«

Ich fing an, wie meine Frau das Lied in meiner Arbeit mit Klienten anzuwenden, wenn jemand in seinem Leben nicht vorankommt und das Gefühl hat, er stecke fest. Einige unter ihnen erkennen auf einmal, was sie bisher in ihrer Entwicklung festgehalten hat, etwa, dass sie bisher (real oder im Herzen) bei ihren Müttern oder Vätern geblieben sind, weil diese so traurig werden, wenn sie fortgehen. Das neue Lied aber eröffnet ihnen eine ganz andere Lebensperspektive, zusammen mit einem ganz neuen Verhältnis zu ihren Eltern.

Hier also die ursprüngliche Fassung des Liedes. Sie fängt auch mit »Hänschen klein, ging allein« an und lässt sich mit der bekannten Melodie singen:

Hänschen klein

Hänschen klein, ging allein,
in die weite Welt hinein,
Stock und Hut steht ihm gut
ist ganz wohlgemut.

Aber Mutter weinet sehr
hat ja nun kein Hänschen mehr.
Wünsch' dir Glück, sagt ihr Blick,
kehr nur bald zurück.

Sieben Jahr, trüb und klar,
Hänschen in der Fremde war,
Da besinnt sich das Kind,
Eilet heim geschwind.
Doch nun ist's kein Hänschen mehr,
Nein, ein großer Hans ist er;
Stirn und Hand braun gebrannt,
Wird er wohl erkannt?

Eins, zwei, drei gehen vorbei,
Wissen nicht, wer das wohl sei.
Schwester spricht: »Welch Gesicht!«
Kennt den Bruder nicht.
Kommt daher die Mutter sein,
Schaut ihm kaum ins Aug' hinein,
Ruft sie schon: »Hans, mein Sohn!
*Grüß dich Gott, mein Sohn!«**

* Aus: Bodo von Petersdorf (Hrsg.): *Deutscher Liederschatz.* Band 5. Kinderlieder, Augsburg: Weltbild (o.J.), S. 69. Die Kurzfassung finden Sie zum Beispiel in: Ernst Klüsen (Hrsg.): *Deutsche Lieder,* Frankfurt/M.: Insel 1980

Was hat es mit dieser Fassung genau auf sich? Dieser Frage werde ich versuchen, in diesem Buch nachzugehen.

Einige Zeit später lernten meine Frau und ich die systemische Therapie nach Bert Hellinger kennen, auch als »Familienaufstellung« oder »Familien-Stellen« bekannt. Sie gab uns das theoretische und praktische Rüstzeug in die Hand, um die inneren Knoten zu lösen, die durch ein Festgehaltensein (Fixierung) an die Kindheit entstehen. Zwei Jahre lang übten wir diese neue Methode mit anderen Kolleginnen und Kollegen an unserer eigenen Person, dann fingen wir Mitte der 90er-Jahre an, die Familienaufstellung mit unserer therapeutischen Arbeit mit Einzelklienten zu kombinieren. Wir sahen, wie sich die Einstellung der Klienten zu ihrer Herkunftsfamilie änderte und wie dies ihr jetziges Leben und ihre heutigen Beziehungen positiv beeinflusste. Mit diesen Langzeitbeobachtungen gewannen wir wertvolle Einsichten in die Dynamik, die sich in Familien abspielt.

In der Familienaufstellung sehe ich eine bemerkenswerte Möglichkeit, alte Konflikte mit unserer Ursprungsfamilie zu lösen und uns endlich mit unseren Eltern zu versöhnen, damit wir den Platz im Leben finden, der zu uns passt. Dadurch klären sich auch viele gegenwärtige Probleme, etwa in unseren Liebesbeziehungen, in der Beziehung zu unseren Kindern und in Arbeit und Beruf, soweit sie ihren Ursprung in ungelösten Knoten aus unserer Herkunftsfamilie haben. Auch viele psychisch bedingte und chronische Krankheiten werden in ihrem Zusammenhang mit unserer Familiengeschichte verständlich und nehmen einen positiveren Verlauf.

In diesem Buch beschreibe ich familiär bedingte Konflikte, die uns in unserer Entwicklung festhalten – Probleme in Liebe und Partnerschaft, übermäßige Ängste, Scham- und Schuldgefühle, bis hin zu Schwierigkeiten im Umgang mit Geld und Beruf.

Soweit es in diesem Rahmen möglich ist, werde ich anhand von Beispielen darstellen, wie bestimmte Probleme in der Familienaufstellung bearbeitet werden. Wirklich begreifen kann man diese Arbeit aber eigentlich erst, wenn man an einer Familienaufstellung teilnimmt. Dieses Buch kann einen kleinen Vorgeschmack darauf geben.

Die Beispiele in diesem Buch sind alle frei konstruiert, sie beziehen sich nicht auf bestimmte reale Personen. Sie sind jedoch realistisch in dem Sinne, dass sie sich mosaikhaft aus den vielen Erfahrungen zusammensetzen, die ich beruflich gemacht habe. Die Beispiele sind so formuliert, dass sich die Leser mit ihnen identifizieren können. Es geht mir nicht darum, konkrete Fälle wiederzugeben, sondern darum, seelische Vorgänge so zu beschreiben, dass sie von den Leserinnen und Lesern nachvollzogen werden können.

Ein ganz wichtiges Anliegen ist es mir, darüber nachzudenken, wie wir unseren Kindern helfen können, sich gut von uns Eltern zu lösen. Wie schaffen wir es, unsere eigenen Probleme nicht auf unsere Kinder zu übertragen? Was tun wir, wenn unsere Kinder »mit Stock und Hut« ins Leben losmarschieren? Auf diese Fragen werde ich jeweils am Ende der Kapitel eingehen. Das Lied »Hänschen klein« wird uns dabei begleiten, weil hierin ein Schlüssel zum Verständnis des Themas dieses Buches zu finden ist.

Die Kunst, erwachsen zu werden

»Bin ich denn richtig erwachsen?«

Kennen Sie auch dieses Gefühl? Sie sind schon lange erwachsen, haben vieles im Leben erreicht, sind geachtet und angesehen – und auf einmal beschleicht Sie das seltsame Gefühl, Sie seien gar nicht so erwachsen, wie Sie nach außen hin erscheinen. Sie fühlen sich klein und unsicher, so, wie Sie sich einst als Kind gefühlt haben. Eine harmlose Bemerkung Ihres Vorgesetzten bringt Sie völlig aus der Fassung. In einem belanglosen Gespräch fangen Sie zu stottern an und werden rot wie früher als Teenager. Eine kleine Auseinandersetzung mit Ihrem Partner versetzt Sie in archaische Wut oder bodenlose Einsamkeit, und Sie fühlen sich wie ein verlorenes Kind. Eine Begegnung mit einem Fremden lässt in Ihnen eine tiefe, längst vergessene Sehnsucht wie eine schmerzliche Wunde aufbrechen. Bei einem Streit mit Ihren Kindern bekommen Sie das entsetzliche Gefühl, genauso barsch und ungerecht zu handeln wie einst Ihre Eltern.

In solchen Momenten fühlen Sie sich alles andere als erwachsen und souverän. Nein, Sie kommen sich so hilflos und dumm vor wie in den schlimmsten Zeiten Ihrer Kindheit. Sie fühlen sich beziehungsunfähig, abgeschnitten von Ihrer Umwelt, können nicht mehr zu sich und Ihrer Meinung stehen. Und tief innen schämen Sie sich vor sich selbst.

Was passiert in solchen Situationen mit uns? Wieso geht unser Gefühl von Souveränität in diesen Zeiten verloren? Warum wird unser Selbstbewusstsein auf einmal so brüchig?

Zum Glück sind solche Momente der Selbstzweifel meist nicht von Dauer. Am nächsten Tag stellen wir erleichtert fest, dass wir wieder Boden unter den Füßen spüren. Manchmal geraten wir aber durch solche scheinbar belanglosen Situationen unversehens in eine richtige Lebenskrise. Wir erkennen plötzlich, dass wir in unserer persönlichen Entwicklung stecken geblieben sind: Wir sind beruflich nicht weitergekommen, während andere Karriere machen. Wir sind allein geblieben, während unsere Freunde und Freundinnen heiraten und Familien gründen. Wir kommen nicht los von unseren Eltern. Wir fühlen uns gefesselt von schlechten Gewohnheiten und Süchten. In unseren Beziehungen drehen wir uns ständig im Kreise.

Das Erwachsenwerden ist ein langsamer Reifungsprozess

In solchen Momenten begreifen wir, dass das Erwachsenwerden gar nicht so einfach ist, wie wir es uns einst beim Erreichen der Volljährigkeit vorgestellt haben. Es ist eher ein allmählicher Reifungsprozess, der mit vielen Höhen und Tiefen verbunden ist. Wie auf einer Treppe gehen wir von einer Stufe zur nächsten, und manche Lebenskrisen weisen uns darauf hin, dass wir vielleicht mit etwas Früherem noch nicht fertig geworden sind. Dann müssen wir eben stehen bleiben und uns mit dem Unvollendeten befassen. So können Krisen auch eine Chance sein, uns weiterzuentwickeln. Wir kehren wieder zu uns selbst zurück, wir gehen in uns und spüren nach: Was brauche ich für meinen nächsten Schritt? Habe ich auf meinem bisherigen Weg etwas übersehen, was nun meine Aufmerksamkeit fordert? Wohin ruft es mich?

Lebensfragen

So gesehen wirft die Frage »Bin ich denn richtig erwachsen?« ein Licht auf uns selbst. Sie beleuchtet, wie ein vielflächiger Spiegel, die unterschiedlichsten Seiten unseres Selbst. Sie macht uns aufmerksam auf wesentliche Bereiche unseres Lebens. Wenn wir genauer hinschauen, können wir möglicherweise folgende Lebensfragen entdecken:

- Ich will erwachsen sein. Warum verhalte ich mich aber in bestimmten Situationen wie ein Kind? Will ich überhaupt erwachsen sein? Warum habe ich manchmal Angst vor dem Leben?
- Ich bin schon längst volljährig. Aber warum fühle ich mich manchmal nicht meinem Alter entsprechend? Mal habe ich das Gefühl, viel jünger zu sein, als ich wirklich bin, mal fühle ich mich steinalt.
- Ich möchte frei sein. Aber habe ich mich wirklich vom Elternhaus gelöst? Wieso fühle ich mich immer noch so abhängig von meinen Eltern? Warum kann ich ihre Nähe nicht ertragen? Warum fühle ich mich nicht frei, selbst wenn ich weit weg von ihnen lebe?
- Einen Liebespartner zu finden wäre für mich das größte Glück. Warum klappt es aber bei mir mit der Liebe nicht? Wieso habe ich keine gute und dauerhafte Partnerschaft?
- Ich bemühe mich, meine Kinder anders zu erziehen, als meine Eltern es getan haben. Sie sollen es einmal besser haben. Warum habe ich aber manchmal das Gefühl, mit meinen Kindern die gleichen Fehler zu machen, wie ich sie von meinen Eltern her kenne?
- Warum kann ich nicht richtig für mich sorgen? Warum vernachlässige ich mein Äußeres und Inneres? Warum behandle ich meinen Körper so stiefmütterlich? Warum kümmere ich mich nicht darum, dass ich gut und regelmäßig esse, dass ich mich gepflegt kleide, dass ich ein gemütliches Zuhause habe?

- Ich möchte das Leben genießen, ich möchte mit Lust und Leidenschaft leben. Was hindert mich daran, freudig und spontan aufs Leben zuzugehen?
- Wenn es mir gut geht, strotze ich vor Energie. Aber das geschieht so selten. Wieso laufe ich auf halber Kraft?
- Wieso bin ich so oft krank, obwohl mir die Ärzte sagen, ich hätte nichts?
- Warum komme ich von schlechten Gewohnheiten und manchem Suchtverhalten nicht los, obwohl sie mich schon lange stören?
- Ich möchte auf mich stolz sein können. Warum bin ich aber oft so unzufrieden mit mir selbst? Warum überfallen mich immer wieder Scham- und Schuldgefühle?
- Ich möchte eine schöne und befriedigende Sexualität leben. Weshalb empfinde ich aber die Sexualität als etwas Lästiges, Schmutziges oder Erniedrigendes und nicht als Erfüllung? Was ist das überhaupt – sexuelle Erfüllung? Kann ich so etwas je für mich finden?
- Warum gelingt es mir nicht, Freundschaften und andere soziale Beziehungen aufzubauen?
- Warum schaffe ich es nicht, meine Ausbildung abzuschließen, obwohl ich nicht dumm bin?
- Mein Beruf ist mir wichtig. Warum bin ich aber im Beruf so unzufrieden? Wieso komme ich nicht voran? Warum bekomme ich nicht die Anerkennung und den Lohn, den ich verdiene?
- Ich bin nicht unbegabt und habe einige Talente und Fähigkeiten. Warum kann ich sie nicht voll ausschöpfen?

- Ich möchte im Leben einiges, was mir wichtig ist, verwirklichen. Weshalb habe ich aber oft das Gefühl, auf der Stelle zu treten und nicht vorwärtszukommen? Manchmal habe ich den Eindruck, mir selbst im Wege zu stehen.
- Ich möchte wissen, was der Sinn meines Lebens ist. Wo ist mein Platz im Leben?
- Ich möchte in Zufriedenheit alt werden. Warum habe ich aber so große Angst vor dem Älterwerden und dem Tod?

Sie werden gemerkt haben: Es sind ganz wesentliche Lebensfragen, die durch das Thema des Erwachsenwerdens berührt werden. Auch wenn Sie das Gefühl haben, Sie hätten keine Zeit, Sie wären im Alltag mit vielen anderen Dingen beschäftigt – es lohnt sich, ab und zu innezuhalten und sich die Zeit zu nehmen, sich Ihren Lebensfragen zu stellen, auch wenn es zunächst schwierig oder unbequem erscheinen mag. Sie werden neue Einsichten in Ihr bisheriges Leben gewinnen. Sie werden mehr Kraft für Ihren weiteren Weg finden. Der Kontakt zu Ihrer Umwelt wird sich vertiefen, und Ihre Beziehungen werden reicher werden. Und möglicherweise können Sie Ihrem Leben eine neue Richtung geben.

Hänschen klein oder: Wie wird man richtig erwachsen?

Eine junge Frau hat einen schönen Beruf, ist beliebt und hat seit Jahren einen festen Freund. Sie hat eigentlich alles, was das Herz begehrt. Aber irgendetwas fehlt. Sie fühlt sich unfrei. Ihre Gedanken gehen oft zu ihrer Mutter, die seit dem Tod ihres Vaters alleine lebt, eine Stunde Autofahrt von der Tochter entfernt.

Der Mutter geht es auch nicht schlecht. Sie ist Rentnerin und hat ihren Bekanntenkreis. Aber mit der Tochter muss sie jeden Abend telefonieren. Sie sprechen eigentlich über Belangloses, was sie am Tag so erlebt haben. Die Mutter fragt die Tochter des Öfteren, ob sie nicht mal heiraten will. Möchte sie denn keine Kinder haben? Die Tochter gibt immer ausweichende Antworten.

Die Mutter hatte es in der Kindheit schwer gehabt. Sie hatte nach dem frühen Tod ihrer Mutter unter ihrer Stiefmutter gelitten und war froh, als sie das Elternhaus verlassen und heiraten konnte. Ihr Mann nahm ihr vieles ab. Über die Geburt der einzigen Tochter hat sie sich sehr gefreut. Nun fühlte sie sich endlich nicht mehr so allein. Nach dem Tod des Mannes wurde die Tochter ihre rechte Hand. Sie half der Mutter, wo sie nur konnte. Nach dem Schulabschluss zog sie wegen eines Ausbildungsplatzes in die Stadt. Lieber wäre die Tochter daheim bei der Mutter geblieben. Sie bildeten so eine natürliche Einheit. Ihren Freund hat sie zwar seit langem, doch wenn sie ehrlich ist, steht er für sie erst an zweiter Stelle.

Die Mutter wird langsam alt. Die Tochter hat vor, sie zu sich zu nehmen, ihre Wohnung ist ja groß genug. Da stirbt die Mutter plötzlich an den Folgen eines Schlaganfalls. Die Tochter ist schockiert. Sie hat die wichtigste Person verloren, die sie je hatte. Selbst ihr Freund kann sie nicht über den Verlust trösten.

Wenn ich an das Erwachsenwerden denke, kommt mir oft das Kinderlied »Hänschen klein« in den Sinn. In der Einleitung habe ich schon erwähnt, dass das Lied zwei Versionen hat. Hier möchte ich beide Fassungen genauer miteinander vergleichen, um daraus Rückschlüsse übers Erwachsenwerden zu ziehen.

Zunächst die Kurzversion, die wohl allen bekannt ist, entnommen dem Insel-Buch *Deutsche Lieder*.

Hänschen klein, ging allein
in die weite Welt hinein.
Stock und Hut stehn ihm gut,
wandert wohlgemut.
Doch die Mutter weint so sehr,
hat ja gar kein Hänschen mehr.
Da besinnt sich das Kind,
läuft nach Haus geschwind.

Das Kind möchte nicht, dass die Mutter weint. Der Abschiedsschmerz der Mutter lässt das Kind umkehren und auf die weite Welt, aufs Abenteuer, aufs Erwachsenwerden verzichten. Braves Kind! »Hänschen klein« ist damit ein Beweis für die Kindestreue.

Dieses Lied ist jedoch eine verkürzte Version der ursprünglichen Fassung. Die Kürzung ist so geschickt vorgenommen worden, dass der Zuhörer gar nicht merkt, dass da etwas fehlen könnte. Durch die Kürzung ist aber die Aussage des Liedes diametral ins Gegenteil verkehrt worden, sodass man in gewisser Weise von einer Fälschung sprechen könnte. Hier deshalb noch mal die vollständige Version:

Hänschen klein, ging allein,
in die weite Welt hinein,
Stock und Hut steht ihm gut
ist ganz wohlgemut.
Aber Mutter weinet sehr
hat ja nun kein Hänschen mehr.
Wünsch' dir Glück, sagt ihr Blick,
kehr nur bald zurück.

Sieben Jahr, trüb und klar,
Hänschen in der Fremde war,
Da besinnt sich das Kind,
Eilet heim geschwind.
Doch nun ist's kein Hänschen mehr,
Nein, ein großer Hans ist er;
Stirn und Hand braun gebrannt,
Wird er wohl erkannt?

Eins, zwei, drei gehen vorbei,
Wissen nicht, wer das wohl sei.
Schwester spricht: »Welch Gesicht!«
Kennt den Bruder nicht.
Kommt daher die Mutter sein,
Schaut ihm kaum ins Aug' hinein,
Ruft sie schon: »Hans, mein Sohn!
*Grüß dich Gott, mein Sohn!«**

Warum wurde das Lied wohl gekürzt? Dazu vorab eine erste Frage an Sie: Wenn Sie Eltern sind (wenn Sie keine Kinder haben, stellen Sie sich vor, Sie wären Mutter oder Vater), welche Version würden Sie Ihrem Kind lieber vorsingen? Warum?

Und eine zweite Frage: Wenn Sie sich zurückerinnern, wie Sie als Kind waren, welche Version würden Sie lieber von Ihrer Mutter vorgesungen bekommen? Warum? Welche Fassung hätten Sie gerne als Zweijährige/r gehört? Welche würden Sie mit zehn oder 14 Jahren bevorzugen?

Schauen wir uns das Ende der ersten Strophe, das herausgekürzt wurde, genauer an:

Aber Mutter weinet sehr
hat ja nun kein Hänschen mehr.

---

* Aus: Bodo von Petersdorf (Hrsg.): *Deutscher Liederschatz.* Band 5. Kinderlieder, Augsburg: Weltbild (o.J.), S. 69

Wünsch' dir Glück, sagt ihr Blick,
kehr nur bald zurück.

Im ersten Satz des Liedes deutet sich der Konflikt zwischen Hänschen und seiner Mutter an: Hänschen ist wohlgemut und geht stolz mit Stock und Hut, den Zeichen seines Mannseins, in die weite Welt hinaus. »Aber Mutter weinet sehr, hat ja nun kein Hänschen mehr.« Die Mutter trauert um ihr kleines Hänschen – eine sehr verständliche Trauer, die jede Mutter und jeder Vater kennt: Das Kind wächst heran, wird selbstständig und verlässt das Elternhaus.

Weggehen und Zurückkehren – die natürliche Bewegung des Kindes

Das Weggehen ist eine der Grundbewegungen eines jeden Kindes: Wenn es von den Eltern genug bekommen hat, was es braucht, macht es sich auf – zu anderen Kindern, zum anderen Geschlecht oder was auch immer es interessiert. Ein Kind großzuziehen bedeutet ein wunderbares Glück, aber es ist ein Glück, von dem man sich immer wieder verabschieden muss, weil das Kind sich ständig weiterentwickelt. Es bleibt nicht immer so klein und süß, und irgendwann wird es in die weite Welt aufbrechen.

Nur: Normalerweise kehrt das Kind zurück! Dies geschieht bereits mit dem Kleinkind, das krabbeln lernt. Es krabbelt weg, schaut sich zur Mutter um und lacht. Dann krabbelt es gleich wieder zurück in den Mutterschoß. Es ist eine Kreisbewegung: Kinder streben weg von den Eltern in die Ferne, entdecken dort die große, weite Welt, dann bekommen sie Heimweh und Sehnsucht nach den Eltern und kommen nach Hause. Mit zunehmendem Alter werden die Kreise immer größer, aber das Kind kehrt immer wieder zum Ausgangspunkt zurück. »Da besinnt sich das Kind, eilet heim geschwind« – das ist eine ganz natürliche Regung. Die Mutter muss ihr Kind nicht manipulieren oder Zwang ausüben, damit es »sich besinnt« und zurückkommt. Ein Kind, das man seine Wege gehen lässt, kehrt von selbst freudig zurück, weil die Eltern seine Heimatbasis sind und weil es sich hier geborgen fühlt.

Vertrauen ins Kind

Wenn Eltern dieses Vertrauen ins Kind haben und wenn sie auch ohne das Kind für sich gut sorgen und glücklich weiterleben können, geben sie ihren Kindern die Freiheit zu kommen und zu gehen: »Die Tür ist immer offen.« Und die Kinder werden die Tür in beide Richtungen nutzen.

Auf diese beiden Voraussetzungen werden wir in diesem Buch immer wieder zurückkommen: das Vertrauen der Eltern ins Kind und ihre eigene Fähigkeit, für sich selbst ein glückliches Leben zu führen, auch ohne ihre Kinder. Das sind die besten »Dünger« für das Gedeihen einer guten Eltern-Kind-Beziehung. Wenn Kinder sehen, dass ihre Eltern mit ihrem eigenen Leben zufrieden sind, freuen sie sich und fühlen sich frei, nach ihrem eigenen Glück zu suchen.

Beide Seiten gehen dann ihre eigenen Wege, gleichzeitig fühlen sie sich glücklich miteinander verbunden. Ohne dass die Eltern danach fordern oder darum betteln müssen, werden sie von ihren Kindern geliebt. Die Kinder werden von selbst zu den Eltern kommen, wenn sie Kummer haben und Trost suchen. Sie werden die Eltern aufsuchen, wenn sie Rat und Hilfe brauchen. Und sie werden von sich aus sich um die Eltern kümmern, wenn diese sie im Alter brauchen. Es gibt nichts Natürlicheres als die Liebe von Kindern für ihre Eltern. Es sind meist die Eltern selbst, die sich dieser Kindesliebe in den Weg stellen.

Natürlich äußert sich die Liebe eines Kindes je nach Alter und Entwicklungsphase unterschiedlich. Wo ein Zweijähriger sich in die Arme seiner Eltern wirft, grüßt ein Teenager mit einem coolen »Hey!« im Vorbeigehen. Wo das kleine Mädchen nichts lieber mag, als mit seinem großen Papa zu schmusen, wird das gleiche Mädchen ihm zehn Jahre später nur einen neckischen Blick zuwerfen, wenn es mit seiner neuesten Eroberung aus der Tür geht.

Die Pubertät – die schmerzliche Lösung von den Eltern

Kinder stellen ihre Eltern während der Trotzphase und der Pubertät auf eine harte Probe, wenn sie sich alles andere als lieb und brav verhalten. Gerade in der Pubertät können sie mit ihrem Eigensinn und ihrer verächtlichen Haltung den Eltern gegenüber deren Zuneigung arg strapazieren. Hierdurch entsteht oft eine schmerzliche Distanz zwischen ihnen, aber es ist eine Distanz, die notwendig ist, damit sich das heranwachsende Kind von den Eltern lösen kann, mit denen es in der Kindheit fast symbiotisch verschmolzen war.

An solchen Rissstellen zwischen Eltern und Kind zeigt sich, dass das Kind ein anderer Mensch ist als die Eltern. Es will sein eigenes Leben leben. So löst der Pubertierende die Bande, die ihn bisher mit den Eltern verbunden haben und die er nun als Fesseln empfindet. Was ihn einst als Kind getragen hat, behindert ihn nun in seinem Fortkommen: »Hänschen klein, ging allein, in die weite Welt hinein.«

Dieses Weggehen tut auch dem Jugendlichen weh. Er hat Angst vor dem Neuen, auch wenn er sich das nicht eingestehen will. Er versteht sich manchmal selbst nicht mehr. Auch er steht ratlos vor der Frage, warum er immer wieder so heftig reagiert. Innerlich fühlt er sich oft verwirrt und verunsichert. Aber er muss ja cool bleiben! Jetzt bloß keine Schwäche zeigen, die die Alten als Nachgeben oder Einlenken verstehen könnten. Auch wenn man sich drinnen noch so klein und ängstlich fühlt, nach außen zumindest will man endlich als Erwachsener gelten: »Stock und Hut steht ihm gut …« Das ist die Hauptsache!

Hoffentlich werden die Eltern jetzt mal richtig auf den

Tisch hauen, denkt er. Wenn sie sich zu einem Streit provozieren lassen, ist es einfacher für ihn, einen klaren Schnitt zu machen. Im Krach lässt sich leichter weggehen. Nichts ist gemeiner, als wenn die Mutter weint! »Aber Mutter weinet sehr, hat ja nun kein Hänschen mehr.« Du meine Güte, was soll man vor einer heulenden Mutter tun?

Hier befindet sich der Heranwachsende in der Zwickmühle. Er fühlt sich hin- und hergerissen zwischen der Treue zu sich selbst (und seiner inneren Stimme) und der Treue zu den Eltern. Er befindet sich an der Schnittstelle zwischen Progression und Regression, zwischen dem Drauflosstürmen und dem Einlegen des Rückwärtsgangs. In ihm drängt es mit aller Macht vorwärts, ins Leben, in die Fremde, dem Ruf der Freiheit nach. Auf dem Weg hinaus hört er aber hinter sich die weinende Mutter, er geht am schweigenden, finster dreinblickenden Vater vorbei und am treuherzig schauenden jüngeren Bruder. Aber seine Freunde warten draußen auf ihn, und sie zählen auf ihn. Was soll er bloß tun?

Das Lied »Hänschen klein« ist auch deshalb so populär, weil es genau diesen Grundkonflikt in der Seele des heranwachsenden Kindes an- und ausspricht. Wie es sich auch entscheidet, ist es falsch. Geht es, lässt es seine Eltern im Stich. Geht es nicht, verrät es sich selbst.

Zu Hause bleiben den Eltern zuliebe

In der verkürzten Fassung von »Hänschen klein« lastet die ganze Verantwortung auf dem Kind. Die Mutter weint nur, es ist am Kind, etwas zu tun. Schließlich entscheidet es sich für die Mutter und gegen die eigenen Interessen. Auch das ist eine grundlegende Wahrheit: Wie rebellisch ein Jugendlicher sich auch verhalten mag, das Kind in ihm liebt seine Eltern über alles. Sie haben ihm schließlich das Leben geschenkt und ihn großgezogen.

Wie wir später im Buch sehen werden: Die allermeisten Kinder lieben ihre Eltern mehr als sich selbst. Selbst wenn sie sich sonst ekelhaft, kratzbürstig oder aggressiv zeigen, wenn es um das Entweder-oder geht, werden sie in den meisten Fällen gegen sich und für die Eltern entscheiden. Von denjenigen, die ihren ganzen Mut zusammennehmen und aus dem Haus stürmen, werden die meisten über kurz oder lang reumütig zurückkehren. Die wenigen, die stark genug sind, um ganz wegzubleiben, werden ein bohrendes Schuldgefühl den Eltern gegenüber spüren. Außerdem werden sie gegen ihr Heimweh zu kämpfen haben, denn die Sehnsucht nach der Heimat ist eine natürliche Regung in jedem Kind: »Da besinnt sich das Kind, läuft nach Haus geschwind.«

Die Lösung, die uns die verkürzte, uns vertraute Liedversion bietet, entspricht also durchaus der Kinderseele in ihrer *Liebe zu den Eltern*. Daher hören sich beide Seiten, Eltern wie Kinder, das Lied gerne an. Sie fühlen sich getröstet: Gott sei Dank hat sich das Hänschen noch einmal besonnen und kehrt heim. Es ist endlich vernünftig geworden.

Zu Hause zu bleiben hat noch einen weiteren Vorteil: Damit ist vorerst die Angst gebannt, die jedes Kind vor der Fremde spürt. Es hat sich vor der bösen Welt in den Schoß der Mutter gerettet. Dass es dabei langfristig die Angst nicht besiegt, sondern vor ihr kapituliert hat, möchte es lieber nicht sehen. Auch nicht die Tatsache, dass die Konflikte zwischen ihm und der Mutter nicht richtig ausgeräumt sind. Aufgeschoben ist nicht aufgehoben.

Das böse Erwachen fürs brave Hänschen – Schwellenkrisen

Die Frage ist: Wie geht es weiter, wenn aus Hänschen ein Hans wird? Bleibt alles so wunderbar harmonisch?

Ich fürchte, nein. Am Anfang freut sich noch jeder über das artige Kind. All die Hänschen, die brav nach Hause kommen, wenn die Mutter ruft, gedeihen zunächst prächtig. Sie verursachen keinerlei Probleme, sind still, folgsam und brav. Sie scheinen keine Pubertätskrisen durchzumachen. (Dass sie diese nur umgangen haben, werden sie erst später merken.) Sie sind die Lieblinge aller Lehrer, kommen glatt durch die Schule, ihnen werden glänzende Karrieren vorausgesagt. Von Tanten, Müttern und Großmüttern sind sie heiß begehrt und werden unter diesen als gute Partien gehandelt.

Niemand merkt, dass ihnen eine eigentümliche »Gesichtslosigkeit« anhaftet. Sie wirken blass, besitzen keine

Ecken und Kanten. Das ist aber nicht weiter schlimm. Hauptsache, sie machen ihren Eltern und ihrer näheren Umgebung Freude. Wenn sie mit der Schule fertig sind, gehen sie aus dem Haus, absolvieren ihre Ausbildung, lernen auch das andere Geschlecht kennen. Es scheint, es würde so reibungslos weitergehen wie bisher.

Leider täuscht man sich. Die positive Entwicklung gerät irgendwann ins Stocken. »Es klemmt.« Solche Krisen zeigen sich an markanten Stellen im Privatleben oder im Beruf, deshalb nennt man sie *Schwellenkrisen.* Für den jungen Menschen entwickelt sich alles glatt, bis er an einer Entwicklungsstufe, also einer Schwelle, stolpert. Solche Schwellen sind zum Beispiel Ausbildungsbeginn und -abschluss, Berufsbeginn und -aufstieg, Liebesbeziehung, Familiengründung, Kinderbekommen, die Midlife-Crisis.

Hier ein Beispiel:

Ein junger Mann »geht« zwar mit einer Freundin, vielleicht heiratet er sie sogar, aber es geschieht alles so »pflichtgemäß«: Er hat eine Freundin, weil alle Welt eine Freundin hat. Er heiratet, weil es mit Ende 20 endlich Zeit ist zu heiraten. Er bekommt Kinder, weil man als Familienvater eben Kinder bekommt. Die altvertraute Gesichtslosigkeit wird zunehmend offenkundig. Er fühlt sich weder glücklich noch unglücklich. Er ist »zufrieden«.

Irgendwann trennt sich die Frau von ihm, angeblich wegen eines anderen Mannes. Er versteht die Welt nicht mehr. Die Freunde und Verwandten fallen aus allen Wolken – wieso trennt sie sich von solch einem idealen Ehemann? Er bringt doch jeden Monat brav sein Geld nach Hause, trinkt nicht, raucht nicht, geht nicht fremd. Als die Frau ihm schließlich vorhält, dass sie sich wie mit einem Kühlschrank verheiratet fühle, dass sie echte Partnerschaft und Intimität vermisse, versteht er nicht, was sie damit meint. Ist er im Bett nicht gut genug? Bringt er ihr nicht an jedem Hochzeitstag Blumen mit? Er fühlt sich zwar angeklagt, aber nicht schuldig.

Seine Unschuld mutet tatsächlich wie eine kindliche Unschuld an – er ist nie wirklich erwachsen geworden. Er hat sich einige Rituale und Verhaltensmuster von Erwachsenen angeeignet, aber sein wahres Selbst hat sich nie entwickelt. Er ist immer nur Mamas Liebling, der brave Schüler, der Heiratskandidat gewesen, er hat immer eine Rolle bekleidet und hat gedacht, er *sei* die Rolle, die er brav spielt. Aber wer er wirklich im Grunde seiner Seele ist, weiß er nicht. Selbst seine Frau, der einzige Mensch, der ihm wirklich nahe ist, hat es nicht herausfinden können. Deshalb trennt sie sich von ihm. Sie will mehr vom Leben, als neben einem Roboter zu existieren.

Seine Mutter ist anfangs ebenfalls entsetzt. Aber im Grunde ihres Herzens ist sie doch ganz zufrieden. Nun hat sie ihr Hänschen wieder. Sie wird für ihn sorgen wie früher. Und er wird für sie da sein, wenn sie einmal alt und gebrechlich wird …

Bei einem anderen Mann zeigt sich die erste Schwellenkrise erst recht spät im Beruf. Anfangs kam er gut voran, war tüchtig, fleißig und strebsam. Aber irgendwann ist er auf der beruflichen Leiter nicht weitergekommen. Andere, die mit ihm gemeinsam gestartet waren, werden befördert und ziehen an ihm vorbei. Er aber bleibt an seiner Stelle kleben. Von seinem Vorgesetzten bekommt er nur Beschwichtigungen zu hören. Irgendwann platzt ihm der Kragen, und er fragt den Vorgesetzten, warum man ihn denn nicht befördere. Dieser rückt nun endlich mit der Wahrheit heraus: Man traue ihm keine Führungsposition zu, er passe sich immer widerspruchslos an, beziehe keinen eigenständigen Standpunkt und habe keinen Mut zum Risiko – solche Führungsqualitäten vermisse man bei ihm.

Für den Mann bricht eine Welt zusammen. Er hat sich zeitlebens furchtbar angestrengt und hat immer das, was von ihm erwartet wurde, erfüllt. Und nun wird ihm Mittelmäßigkeit bescheinigt. Er wird nur als Wasserträger gebraucht. Er geht zum Therapeuten. Es wird ihm klar, wie fremd er sich selbst geblieben ist: »Manchmal, wenn ich in den Spiegel schaue, könnte ich ›Sie‹ zu mir selbst sagen.«

Ängste und Konflikte gehören zum Erwachsenwerden

Was haben diese Lebensläufe mit »Hänschen klein« zu tun? Sehr viel: Wir haben vorhin gesehen, dass Hänschen auch erleichtert war, wieder bei seiner Mutter zu Hause zu sein, weil ihm die Fremde so Angst gemacht hat. Nur ist es so: *Jeder* neue Schritt macht Angst. Alles Neue, Unvertraute macht Angst. Wenn man sich aber ein Herz nimmt und über diese innere Angstschwelle springt, hat man wieder ein Stück Welt erobert. Durch die Angst zu gehen (ohne sie zu verleugnen, aber auch ohne sie als Teufel an die Wand zu malen) macht stark und gibt Mut. Wir wachsen mit unseren Lebenserfahrungen.

Noch ein Zweites: Wenn der neue Schritt das Kind in Konflikt bringt mit seinen Eltern oder anderen Autoritäten (zum Beispiel mit einem Lehrer) und es sich nicht scheut, in den Konflikt zu gehen, dann lernt es zu kämpfen. Es lernt dabei die eigenen Stärken und Schwächen kennen. Es lernt, mit Siegen und Niederlagen zu leben. Leben ist nicht leicht, weder in der Kindheit – wir brauchen uns nur an unsere Erfahrungen in der Schule zu erinnern – noch im Erwachsenenleben. Es ist nie zu früh für ein Kind zu lernen, mit den Problemen, die das Leben mit sich bringt, fertig zu werden. Wer von klein auf geschont oder verwöhnt wird, wird möglicherweise nie oder erst spät erwachsen.

Das eigene Leben verpassen

Die beiden Männer in den oben beschriebenen Beispielen haben in ihrer Kindheit möglicherweise nicht gelernt, sich schwierigen Situationen zu stellen. Wenn sie einen Streich spielten, wurden sie sofort zur Räson gebracht. Wenn sie auf Bäume kletterten, wurden sie von der ängstlichen Mutter zurückgepfiffen. Wenn sie ungezogen waren, reagierte sie traurig, enttäuscht oder gekränkt. So haben sie nie gelernt, sich auseinanderzusetzen.

So scheitert später der eine Mann an der Beziehung zu seiner Frau: Intimität bedeutet Nähe, und Nähe bringt immer wieder Konflikte mit sich. Wenn er nicht fähig ist, Konflikte auszutragen, kann seine Partnerin ihm auch nicht richtig nahe kommen, wie lieb sie ihn auch haben mag. Der zweite Mann müht sich zwar redlich ab, um die Erwartungen im Beruf zu erfüllen. Aber auch er sagt nie seine eigene Meinung. So fehlt ihm die Eigenständigkeit, die man für eine Führungsposition benötigt.

Auch Mädchen können durch eine überfürsorgliche und ängstliche Erziehung ans Elternhaus gebunden sein, wie wir es im Beispiel am Anfang dieses Kapitels gesehen haben. Nur entspricht dies eher dem traditionellen weiblichen Ideal, deshalb fällt es weniger auf, wenn eine junge Frau nicht richtig erwachsen geworden ist. Manche Frauen bleiben auch nach ihrer Heirat und der eigenen Familiengründung am selben Ort wohnen wie ihre Eltern, oft in derselben Straße oder sogar im selben Haus. Ihr Alltag ist so sehr mit den Eltern verzahnt, dass ihre Partner mit der Zeit das Gefühl bekommen, sie seien keine eigenständige Familie, sondern ein Anhängsel der Schwiegerfamilie.

Andere Frauen schaffen es zwar, sich äußerlich abzunabeln. Sie bekommen aber irgendwann psychosomatische Beschwerden, oder sie werden von unerklärlichen Panikattacken heimgesucht, die sie zwingen, den ganzen Tag zu Hause zu bleiben. Alles, was draußen in der Welt passiert, macht ihnen Angst. Dies kann äußerst belastend für Ehemann und Kinder werden, die dann – ähnlich wie früher die Mutter – für sie sorgen müssen.

Manche Frauen bleiben partnerlos und/oder kinderlos. Sie haben zwar vorübergehende Partnerschaften, aber diese gehen nie so tief, dass man ans Zusammenziehen oder gar an Heirat und Kinder denkt. Irgendwann werden die Eltern krank, und da diese Tochter alleinstehend ist, scheint es selbstverständlich zu sein, dass sie zu ihnen zieht und sie pflegt. Die Eltern leben noch lange, und irgendwann ist es zu spät für sie, an eine eigene Familie zu denken. Ihren Eltern kann sie nicht einmal böse sein, denn diese haben sie doch lieb gehabt. Wenn man sich aber in der Verwandtschaft umhört, ist es irgendwie schon immer klar gewesen, dass diese eine Tochter dafür bestimmt war, später auf die alten Eltern aufzupassen. Ihre Lebenslinie schien schon lange vorgezeichnet, möglicherweise schon seit ihrer Geburt.

Die hier zitierten Beispiele sind nicht besonders dramatisch. Wir kennen alle solche oder ähnliche Familienkonstellationen. Warum sollen wir uns darüber sonderlich Gedanken machen?

Es wäre tatsächlich vielleicht alles nur halb so schlimm, wenn diese erwachsenen Kinder nicht irgendwann das Gefühl bekämen, dass sie das Leben verpasst haben. Sie haben den Eindruck, nie richtig gelebt zu haben. Sie kennen sich selbst nicht, sehen keinen besonderen Sinn im Leben, haben immer nur eine Rolle gespielt und das getan, was andere von ihnen erwartet haben. Das Leben zerrinnt ihnen wie Sand zwischen den Fingern. Irgendwann werden sie richtig böse (oder sie kehren den Zorn gegen sich selbst und werden depressiv) und beginnen sich zu fragen, wer oder was sie um ihre Jugend und ihr Leben betrogen hat. Sie haben sich nur nach dem Ideal gerichtet, das in der verkürzten Fassung von »Hänschen klein« propagiert wird: die bedingungslose Treue zu den Eltern.

Der Abschiedssegen

Schauen wir uns noch mal »Hänschen klein« an. Die entscheidende Stelle in der Urversion lautet:

Aber Mutter weinet sehr
hat ja nun kein Hänschen mehr.
Wünsch' dir Glück, sagt ihr Blick,
kehr nur bald zurück.

Hier tut die Mutter etwas mehr als nur weinen: Hier wünscht sie Hänschen Glück auf seiner Reise. Sie ist also damit einverstanden, dass er aufbricht, und sie gibt ihm ihren Segen.

Das Segnen ist in unserer Zeit aus der Mode gekommen. Früher war der Segen einer der wichtigsten Wegbegleiter für denjenigen, der in die Fremde ging. Das Reisen war gefährlich. Man brach nicht eher auf, bevor man den Segen der Eltern und Älteren bekommen hatte. Wenn der junge Wanderer sich gestiefelt und gespornt hatte und bereit zum Aufbrechen war, ging er noch einmal zu den Eltern und bat sie um ihren Segen. In ihren Segen packten die Eltern sozusagen die innere Wegzehrung für ihr Kind ein: »Wir segnen dich. Gott begleite dich auf all deinen Wegen.«

Im Segen sind nicht nur die guten Wünsche der Eltern enthalten, sondern auch die Kraft Gottes, also einer Instanz, die noch über den Eltern liegt. (In China wurden im Segen alle Ahnen mit eingeschlossen.) Dem Wanderer sollen dadurch Kraft und Mut gegeben werden für die anstrengende und gefährliche Reise, die vor ihm liegt. Der Segen soll ihm einen inneren (wir könnten fast sagen: spirituellen) Schutz geben vor allen möglichen Gefahren, die ihm auf dem Weg begegnen könnten. Er ist so etwas wie ein innerer Schutzschild, ein Schutzengel.

Wenn wir uns diese Bedeutung des Segens vor Augen führen, spüren wir deutlich, welch großen Unterschied es macht, ob ein Kind mit oder ohne den Segen der Eltern abreist. Mit ihrem Segen bricht es innerlich gestärkt auf: »Hans ist wohlgemut!«

»Wünsch' dir Glück, sagt ihr Blick, kehr nur bald zurück.« Mit diesem Segen gibt die Mutter auch ihr Einverständnis zur Reise ihres Sohnes. Sie weint zwar und lässt ihrer Trauer freien Lauf, gleichzeitig ist sie völlig damit einverstanden, dass er geht. »Kehr nur bald zurück« – damit bereitet sie schon eine glückliche Rückkehr vor: für die Kreisbewegung des Kindes, von der wir anfangs gesprochen haben.

Wenn wir uns nun vorstellen, das Kind bricht ohne den Segen der Eltern auf, zum Beispiel weil sie froh sind, dass es geht, da sie seine Anwesenheit als Last oder Belästigung empfinden, oder weil sie ihm böse sind, dass es sie verlässt – dann muss das Kind ohne innere Unterstützung fortgehen. Es wird leichter verzagen vor den Herausforderungen und Schwierigkeiten, denen es unterwegs begegnet. Es wird sich verlorener fühlen. Vor allem wird es sich einsamer fühlen ohne den Segen, der sonst wie ein unsichtbarer Weggefährte mit ihm gehen würde. Denn es ist nicht allein der Segen, der das Kind auf seiner Reise begleitet. Es sind auch die Gebete, die Gedanken und die guten Wünsche, die die Eltern jeden Tag in seine Richtung schicken. Sie wirken wie ein beständiger Strom an Kraft, der es auf seiner ganzen Reise unterstützen und begleiten wird. Jedes Mal, wenn es nach Hause telefoniert oder schreibt, spürt es ihre Unterstützung.

Flüche zum Abschied

Wenn wir uns nun aber vorstellen, das Kind wäre mit Flüchen fortgeschickt worden: »Scher dich weg, du undankbares Geschöpf! Du wirst schon sehen, wo du landen wirst! Du wirst noch jeden Tag bereuen, dass du nicht auf uns gehört hast! Komm ja nicht (schwanger, krank, bettelarm) zurück und sag, wir hätten dich nicht gewarnt!«, wenn wir uns in dieses Kind hineinversetzen, spüren wir, mit welcher Last und welchem Gram es davonschleichen wird. Es entbehrt nicht nur der positiven Kraft des Segens, sondern hat ständig mit Selbstvorwürfen, Schuld- und Schamgefühlen zu kämpfen.

Die Flüche lasten auf seinen Schultern wie ein zentnerschwerer Rucksack, gefüllt mit Steinen. Wenn ihm Unglück zustößt, wird das Kind sich sagen: »Das geschieht mir recht! Warum habe ich nicht auf meine Eltern gehört?« Wenn ihm Glück begegnet, denkt es: »Ich habe es nicht verdient!« Es fühlt sich unwürdig, dass ihm etwas Gutes zustößt. Folglich kann es das Glück nicht festhalten und lässt es vor lauter Scham fallen. Wie eine sich selbst erfüllende Prophezeiung bestätigt sich jedes Mal, welch ein unwertes Geschöpf es doch ist.

Unterwegs erhält das verstoßene Kind keine Briefe oder Telefonate von zu Hause. Wenn ihm etwas Schlimmes zustößt, kann es keinen Hilferuf nach Hause schicken. Wird es von Fremden gefragt, woher es komme, antwortet es ausweichend. Die Erinnerung an zu Hause erfüllt es mit Scham und Verbitterung. Es schämt sich seiner Herkunft, es schämt sich seiner selbst. Lieber legt es sich einen neuen Namen zu (oder den Namen seines Ehepartners), damit es nicht mit seiner Vergangenheit und seiner Herkunft in Verbindung gebracht wird. Unerkannt will es bleiben, als Fremder unter Fremden. Es lässt sich von anderen demütigen und erniedrigen, weil es meint, es habe nichts Besseres verdient. Es wagt nicht, sich Menschen zu nähern, die ihm wohl gesonnen sind, weil es sich schämt. Es verkriecht sich entweder in die Einsamkeit oder sucht die Nähe von Dieben, Ganoven und Prostituierten. Da fühlt es sich wenigstens unter seinesgleichen.

Es ist ein schlimmes Los, in Unfrieden und Zorn vom Elternhaus zu gehen. Auf solche Lebenswege werden wir in diesem Buch immer wieder stoßen. Wir werden uns fragen, wieso es zu solchen Schicksalen kommt und welche Möglichkeiten es gibt, den Weg zurück nach Hause zu finden und sich mit den Eltern zu versöhnen. Denn dies ist wohl die tiefste Sehnsucht eines jeden Kindes und der Herzenswunsch aller Eltern, selbst wenn sie es sich nicht eingestehen mögen.

»Sieben Jahr, trüb und klar« – Die Bewährung in der Fremde

Wie geht es nun im Urtext von »Hänschen klein« weiter, nachdem das Kind tatsächlich in die Fremde gezogen ist?

Sieben Jahr, trüb und klar,
Hänschen in der Fremde war,
Da besinnt sich das Kind,
Eilet heim geschwind.
Doch nun ist's kein Hänschen mehr,
Nein, ein großer Hans ist er;
Stirn und Hand braun gebrannt,
Wird er wohl erkannt?

Diese Strophe markiert eine wunderbare Stelle im Lied: Hier wird der Prozess des Erwachsenwerdens beschrieben.

»Sieben Jahr, trüb und klar, Hänschen in der Fremde war«: Die Anthroposophen unterteilen den menschlichen Lebenslauf in Sieben-Jahres-Schritten. In jedem dieser Abschnitte vollendet sich ein Entwicklungszyklus. Aus dem Volkslied spricht also eine tiefe Weisheit. Hänschen ist sieben Jahre in der Fremde geblieben. Dabei hat es trübe und klare Tage erlebt. Es sind Jahre der Bewährung. Hänschen ist nicht bei jeder Herausforderung oder Enttäuschung nach Hause geeilt, es stand die Schwierigkeiten alleine durch. Solche Lebenserfahrungen sind es, die aus dem Hänschen einen Hans machten.

»Da besinnt sich das Kind, eilet heim geschwind«: Erst nach sieben Jahren besinnt sich das Kind auf sein Elternhaus. Das könnte bedeuten, dass es in diesen Jahren so viel Aufregendes erlebt hat, dass es gar keine Zeit hatte, um Heimweh zu bekommen. Es lernte fremde Kontinente, fremde Menschen, fremde Sitten kennen. Es entdeckte die Frauen, die Sexualität, die Liebe. Es fand einen Beruf und verdiente sein eigenes Geld.

Die Welt ist groß, die Welt ist aufregend. Es sind die lustvollen Jugendjahre, in denen man frei und unabhängig ist, in denen man sich voller Kraft, Tatendrang und Lebenslust fühlt und ein leidenschaftliches Verhältnis zur Welt und zum Leben aufbaut, völlig im Hier und Jetzt eingetaucht. Man entdeckt die Welt, und man findet zu sich selbst. Erst wenn diese Phase der Entdeckung zu Ende geht, besinnt sich der junge Erwachsene auf seine Vergangenheit. Nun will er auch wieder nach Hause.

»Stirn und Hand braun gebrannt, wird er wohl erkannt?« Hans hat sich Sonne und Wind ausgesetzt. Längst ist er nicht mehr das zarte, unschuldige Kind, das er einst war, als er von zu Hause aufbrach. Das Leben macht rau, es schleift die glatte, jungfräuliche Oberfläche ab, schlägt auch Kerben und Wunden in die Seele. Aber es gibt dem jungen Menschen auch Form und Gestalt, Identität und Persönlichkeit.

»Wissen nicht, wer das wohl sei« – Wer bin ich wirklich?

Tatsächlich, Hans muss sich sehr verändert haben:

Eins, zwei, drei gehen vorbei,
Wissen nicht, wer das wohl sei.
Schwester spricht: »Welch Gesicht!«
Kennt den Bruder nicht.

Hans wird in der Heimat nicht mehr erkannt. Er geht durch die vertrauten Straßen seiner Kindheit, trifft Menschen, die ihm von früher her bekannt sind, saugt die bekannten Düfte und Gerüche ein, erkennt den Heimatdialekt wieder. Vieles rings um ihn scheint gleich geblieben zu sein. Nur er selbst, er ist ein anderer geworden. Er ist größer geworden, die Häuser, die Autos scheinen in Relation zu ihm kleiner geworden zu sein. Wenn er nach einer alten Straße, einem alten Geschäft fragt, klingen seine Stimme und seine Aussprache fremd im Vergleich zu den Stimmen, die er ringsum hört. Er spürt die Blicke der Einheimischen, diese fragenden Blicke, die ihn von Kopf bis Fuß mustern. Gehört er zu uns, oder ist er fremd? »Eins, zwei, drei gehen vorbei, wissen nicht, wer das wohl sei.«

Es ist wahrlich ein eigentümliches Gefühl, in der Heimat als Fremder angesehen zu werden. Denn wenn man viele Jahre fort war, behält man das Bild der Heimat wie eine statische Momentaufnahme in sich, wie einen Film, der angehalten wurde. Dieses Bild begleitet einen all die Jahre hindurch, in denen man in der Fremde war. Es hat einen getröstet, wenn man Heimweh hatte. Es hat Sicherheit vermittelt, wenn man sich unsicher fühlte. Und, obwohl man rational weiß, dass Landschaften, Städte und Dörfer sich mit der Zeit ändern, tief drinnen erwartet man, dass alles gleich geblieben ist, seit man weggegangen ist, und nur darauf wartet, dass man zurückkehrt.

Ich habe das in meinem letzten Buch *Jongleure der Lebensmitte** beschrieben als eine besondere Eigenschaft unserer Seele, dass wir das, was uns intim berührt, in unser Selbst aufnehmen, und in diesem erweiterten Selbst

* Victor Chu: *Jongleure der Lebensmitte. Von der Kunst, Kinder, Eltern und eigene Bedürfnisse unter einen Hut zu bringen,* München: Kösel 1999

bleibt alles beständig, lebt ewig weiter – die ersten Erinnerungen, die Heimat, die Eltern, als sie noch jung waren, der erste Freund, die erste Liebe. Diese seelischen Bilder bleiben lebendig in uns und ändern sich nicht. Daher ist die Rückkehr in die Heimat oft ein großer Schock, denn natürlich hat hier das Leben nicht Halt gemacht. Es ist, als wäre man von einer Zeitreise zurückgekehrt. Man hat selbst zwar das Gefühl, man sei nur kurz weg gewesen, aber dann merkt man, dass das nicht stimmt. Es sind Jahre vergangen. Vieles hat sich verändert. Vor allem hat man sich selbst so verändert, dass man nicht mehr erkannt wird.

»Schwester spricht: ›Welch Gesicht!‹ Kennt den Bruder nicht«

In »Hänschen klein« erkennen nicht nur ein paar Passanten Hans nicht mehr, sondern auch seine eigene Schwester. Sie alle haben ihn noch als kleines Hänschen weggehen sehen. Nun steht ein großer Mann mit braun gebrannter Stirn und Hand vor ihnen.

Wenn man von einem vertrauten Menschen nicht mehr erkannt wird, ist das ein großer Schock. Man wird in seinem Identitätsgefühl erschüttert: Wenn nicht einmal meine Schwester mich wiedererkennt, bin ich dann wirklich ich? Oder bin ich ein anderer? Wenn ich ein anderer wäre, dann ist dies vielleicht gar nicht mein Zuhause. Wenn dies nicht mehr mein Zuhause ist, wo gehöre ich hin?

Der Verlust der Wurzeln kann sich verheerend auswirken. Im schlimmsten Fall kann er einen Menschen verrückt machen, weil er nicht mehr weiß, wer er ist. Selbst wenn er nicht verrückt wird, fühlt er sich verwirrt, benebelt, desorientiert. Der Faden, der ihn mit seiner Lebensgeschichte, seiner Herkunft, seiner Vergangenheit verbunden hat, droht zu reißen. Wie ein Bergsteiger, der am Abhang ausrutscht und nur noch am Sicherheitsseil hängt, droht er abzustürzen.

Die Mutter erkennt Hans wieder

Kommt daher die Mutter sein,
Schaut ihm kaum ins Aug' hinein,
Ruft sie schon: »Hans, mein Sohn!
Grüß dich Gott, mein Sohn!«

Zum Glück kommt nun Hansens Mutter herbei. Kaum dass sie ihm ins Gesicht schaut, ruft sie schon: »Hans, mein Sohn! Grüß dich Gott, mein Sohn!« Ja, endlich wird er wiedererkannt – von dem Menschen, der ihn seit Geburt an kennt. Nun fühlt sich Hans wieder zu Hause. Jetzt ist er endlich angekommen. Die Mutter wischt mit ihrem spontanen Gruß alle Zweifel und Unsicherheit beiseite: Er ist immer noch derselbe geblieben, auch wenn er lange weg war. Nun ist er endlich wieder da. Nun steht er wieder mit beiden Beinen auf der Erde. Mit diesem Wiedererkanntwerden wird die Kontinuität seines Lebens wiederhergestellt. Er ist wieder am Ausgangspunkt seiner Reise angekommen. Der Kreis schließt sich.

Die Spontaneität, mit der die Mutter ihr Kind nach sieben Jahren wiedererkennt, ist beeindruckend. Offensichtlich hat sie das Bild ihres Sohnes all die Jahre hindurch in ihrem Herzen getragen. Ihr Sohn ist in ihr lebendig geblieben, sodass ein einziger Blick in seine Augen – man sagt: Die Augen sind die Fenster unserer Seele – genügt, um ihn wiederzuerkennen. Erkennen bedeutet im biblischen Sinne *lieben.*

»Hans, mein Sohn!«

Gleichzeitig nennt ihn die Mutter sofort *Hans,* nicht mehr Hänschen. Obwohl er damals als Hänschen weggegangen ist, hat sie kein statisches Bild von ihm im Herzen getragen. Er ist darin weiter gewachsen, ist groß geworden, ist Mann geworden. Sie sieht ihn nicht mehr als ihr kleines, niedliches Hänschen, sondern als den erwachsenen Mann, der er geworden ist.

Von den Eltern als erwachsen anerkannt und respektiert zu werden, ist einer der wichtigsten Grundsteine im Erwachsenwerden. Unser Identitätsgefühl kommt nicht nur von innen, von unserem Selbstbild. Es ist in hohem Maße abhängig davon, wie wir von außen, vor allem von den Menschen, die uns lieben, gesehen werden. Wir sehen uns in der Art gespiegelt, wie sie uns ansehen.

Wenn wir erwachsen sind, aber in den Augen unserer Eltern immer noch als kleine, schutzbedürftige Kinder gesehen werden, wird es uns auf die Dauer schwerfallen, ein gesundes, erwachsenes Selbstgefühl aufzubauen und zu behalten. Von der Mutter als »Hans, mein Sohn!« angesprochen zu werden, fühlt sich ganz anders an als »Ach, da bist du ja wieder, mein Hänschen! Warum bist du so lange weggeblieben? Ich habe mir so viele Sorgen um dich gemacht!«

Hansens Mutter hat ihren Sohn sowohl beim Abschied als auch beim Wiedersehen als eigenständigen Menschen respektiert. Sein Weggehen hat sie trotz ihres Abschiedsschmerzes akzeptiert und ihn mit ihrem Segen gestärkt. Seine Rückkehr nimmt sie ebenfalls als eine eigenständige Entscheidung von ihm an – sie hat ihn nicht dazu bewegt, überredet oder erpresst. Bei aller Freude klingt ihre Begrüßung nüchtern, klar und ohne jeden Vorwurf. Man könnte sich vorstellen, dass sie während seiner Abwesenheit oft an ihn gedacht hat. Aber sie hat ihr eigenes Leben weitergelebt und ist nicht jeden Tag am Fenster gestanden und hat sehnsüchtig auf ihn gewartet. So können wir sagen: Die Mutter in dieser Urversion von »Hänschen klein« ist eine ganz andere Mutter als die in der verkürzten Version.

Hier möchte ich nochmals den wesentlichsten Unterschied zwischen beiden Fassungen (und zwischen den beiden darin beschriebenen Typen der Eltern-Kind-Beziehung) hervorheben: In der verkürzten Liedfassung nimmt das Kind die Bedürfnisse der Mutter wichtiger als sich selbst. Es sieht, dass die Mutter weint, wenn es fortgehen will. Deshalb besinnt es sich und kehrt um. In der Urfassung nimmt dagegen die Mutter das Bedürfnis des Kindes wichtiger als ihr eigenes und lässt es gehen, trotz ihrer Trauer. Im ersten Fall obsiegt die Kindestreue, im zweiten die Muttertreue.

Wieso handelt die eine Mutter so, die andere aber ganz anders? Warum hat die erste Mutter solche Angst, von ihrem Sohn verlassen zu werden? Was macht sie so schwach und so bedürftig, dass sie ohne ihr Kind nicht weiterleben kann?

Umgekehrt: Woher nimmt die zweite Mutter die Kraft und den Mut, von ihrem eigenen Schmerz abzusehen und die Interessen des Kindes vor die eigenen zu stellen? Was befähigt sie, die Veränderungen zu akzeptieren und in ihr Leben zu integrieren?

Noch eine wichtige Frage: Wenn wir die ganze Familie ins Auge fassen, fehlt da nicht jemand? Es werden Hänschen, seine Schwester und die Mutter erwähnt. Wo ist aber der Vater? Existiert er überhaupt? Warum ist er nicht da, um Hänschen zu verabschieden? Wenn er da gewesen wäre und seine Frau tröstend in den Arm genommen hätte, wäre es für Hänschen nicht einfacher gewesen wegzugehen? Was hätte der Vater ihm auf den Weg mitgegeben? Ist der Vater auch traurig, dass sein Sohn weggeht? Oder schaut er eifersüchtig auf die enge Beziehung zwischen Mutter und Sohn und ist er insgeheim erleichtert darüber, dass dieser lästige Konkurrent endlich verschwindet?

Wenn wir den Vater mit in unsere Betrachtung aufnehmen, erkennen wir, dass es sich im Grunde nicht nur um die Zweierbeziehung zwischen Mutter und Kind, sondern um eine Dreierbeziehung handelt: Es sind genau genommen drei ineinander verwobene Beziehungen, die sich gegenseitig beeinflussen wie in einem Dreieck: die Beziehung zwischen Mutter und Vater, die Vater-Kind-Beziehung und die Mutter-Kind-Beziehung. Keine existiert für sich alleine.

Auf solche ineinandergreifende Kräfte in der Familiendynamik werden wir in den nun folgenden Kapiteln näher eingehen.

Die Fesseln der Kindheit lösen

Hindernisse im Erwachsenwerden

Wenn Kinder die Last von Eltern tragen und ihr eigenes Leben nicht mehr leben können

Wie wir beim Lied »Hänschen klein« gesehen haben, gibt es einige Hindernisse auf dem Weg ins Erwachsensein. Die meisten von ihnen resultieren aus ungelösten Konflikten aus der Kindheit, insbesondere aus der Beziehung zu unseren Eltern. Wir werden in den folgenden Kapiteln auf die häufigsten Ursachen eingehen:

- Angst vor dem Leben: wenn man als Kind allein gelassen wurde
- Helfen als Lebenszweck: wenn man als Kind für seine Eltern sorgen musste
- Angst vor Nähe: Aschenputtel oder die Sehnsucht, endlich erkannt zu werden
- Außenseiter sein und draußen vor der Tür stehen: wenn man von seinen Eltern abgelehnt wurde
- Leerer Glanz: wenn man von seinen Eltern idealisiert wurde

- Schamerfüllt und schuldbeladen: wenn das Kind Scham und Schuld von seiner Familie übernimmt
- »Da fehlt doch jemand«: wenn Tote in der Familie nicht betrauert wurden
- Probleme in Liebe, Sexualität, Partnerschaft
- Probleme im Beruf
- Probleme im Umgang mit Geld

Wir werden bei jedem dieser Punkte auf die Ursachen und die Auswirkung der familiären Störung eingehen. Am Schluss einiger Kapitel finden sich zudem Anregungen für Eltern, wie sie das betreffende Thema mit ihren Kindern behandeln können.

Vorab habe ich in einer Übersicht wesentliche Familienbelastungen und ihre Folgen für die Kinder zusammengestellt:

Familienbelastungen und ihre Folgen für die Kinder

Eltern	Folgen für die Kinder	Lösungen (vor allem in der Familienaufstellung)
Die Eltern lieben sich nicht.	Ödipale Bindung zum gegengeschlechtlichen Elternteil, Rivalität zum gleichgeschlechtlichen Elternteil. Inzestiöse Beziehungen.	Die Eltern in ihrer Beziehung lassen und sich nicht einmischen. Die übermäßige Bindung an den gegengeschlechtlichen Elternteil reduzieren.

Eltern	Folgen für die Kinder	Lösungen (vor allem in der Familienaufstellung)
	Späte Folgen Ambivalenz in Beziehungen. Angst vor Nähe, Untreue. Unselbstständigkeit oder Flucht. Ödipale Bindung zu den eigenen Kindern.	Die Beziehung zum gleichgeschlechtlichen Elternteil pflegen.
Ein Elternteil fehlt (durch frühe Trennung, Tod oder Krieg).	Sehnsucht nach diesem Elternteil. Angst vor Verlust und Verlassenwerden. Überverantwortung für den verbleibenden Elternteil. Angst, dass auch der verbleibende Elternteil geht. ***Späte Folgen*** Trennungen, Wiederholung des Alleinerziehens. Kind bleibt allein, um den verbleibenden Elternteil zu pflegen.	In der Familienaufstellung dem fehlenden Elternteil wieder begegnen, sich von diesem wieder geliebt und gesehen fühlen. Beide Eltern wieder zusammen sehen. Die Verantwortung für den verbleibenden Elternteil an den verstorbenen Elternteil zurückgeben.

Eltern	**Folgen für die Kinder**	**Lösungen** (vor allem in der Familienaufstellung)
Ein Elternteil liebt im Herzen einen anderen (eine frühere oder heimliche Beziehung), Untreue, Doppelleben.	Ein Kind vertritt den Geliebten des Elternteils, ödipale Bindung zu diesem Elternteil. Ein Kind verbündet sich mit dem verratenen Elternteil und ist streng und keusch. Es besteht ein Gefühl von Geheimnissen oder Tabus in der Familie. ***Späte Folgen*** Kind wird selbst untreu, lebt als »Don Juan« oder als »Flittchen«. Sehnt sich immer nach anderen Partnern. Wird selbst vom Partner betrogen. Bleibt lieber allein.	In der Familienaufstellung neben den eigenen Eltern auch den Geliebten des Elternteils aufstellen. Diesem seinen angemessenen Platz geben. Den Konflikt zwischen den Eltern diesen überlassen und sich nicht einmischen. In den eigenen Beziehungen ehrlich sein. Einen Partner finden, den man von Herzen liebt.
Betrug: Ein Elternteil schiebt seinem Partner ein Kind unter, das von einem anderen stammt.	Das Kind fühlt sich nie richtig, kommt nie zur Ruhe, hat das Gefühl, verrückt zu sein. ***Späte Folgen*** Wiederholt die chaotischen Familienverhältnisse seiner Eltern, hat zum Beispiel Kinder mit mehreren Partnern.	Den richtigen (leiblichen) Elternteil in der Familienaufstellung erscheinen lassen. Das Kind zu seinen richtigen Eltern stellen. Dem »Pflege-Elternteil« danken, dass er fürs Kind gesorgt hat.

Eltern	Folgen für die Kinder	Lösungen (vor allem in der Familienaufstellung)
Ein Elternteil hat eine wichtige Bezugsperson verloren (Eltern, Geschwister oder Großeltern) und den Verlust nicht betrauert.	Dieser Elternteil neigt dazu, dem Verstorbenen nachzugehen (wird depressiv, schwer krank, suizidal). ***Späte Folgen*** Das Kind hat Angst vor Verlust, Weggang oder Tod dieses Elternteils, es »bewacht« den Elternteil, damit er nicht geht. Ein Kind vertritt den Toten, ist oft krank, unfallgefährdet, suizidal. Das Kind trägt eine unergründliche (Todes-) Sehnsucht in sich.	In der Familienaufstellung den Verstorbenen aufstellen, ihm einen guten Platz in der Familie geben, seinen Segen erhalten. Den trauernden Elternteil seiner Obhut überlassen.
Die Eltern oder ein Elternteil wollte das Kind nicht.	Das Kind schämt sich seiner Existenz. Es fühlt sich nie richtig, versucht alles zu tun, um den Eltern zu gefallen. Es lässt sich von ihnen und anderen quälen.	Den Eltern die Verantwortung für die Zeugung des Kindes zurückgeben. Ihnen danken fürs Leben und dann das eigene Leben in die Hand nehmen und gehen.

Eltern	Folgen für die Kinder	Lösungen (vor allem in der Familienaufstellung)
	Späte Folgen Es fühlt sich schuldig, dass es überhaupt lebt. Daher wird es suizidal und möchte tot sein, um die Eltern zu entlasten. Oder: Es fühlt einen tiefen Groll in sich, den es gegen sich oder seine Umwelt richtet, indem es aggressiv, zynisch oder destruktiv wird.	
Ein Elternteil (oder ein Geschwister) ist ständig krank (körperlich oder psychisch), behindert oder kriegsversehrt.	Das Kind übernimmt die Elternrolle für den kranken Elternteil (Parentifizierung) oder Geschwister, kümmert sich um jüngere Geschwister. Es leidet unter ständiger Erschöpfung. ***Späte Folgen*** Das Kind ist »zu stark«, anmaßend, kann nicht schwach sein. Helferberuf, Helfersyndrom. Heimlicher Groll und Aggression. Missbraucht Schutzbefohlene. Hat keine Kraft, eigene Kinder zu bekommen.	In der Familienaufstellung den kranken Elternteil in die Obhut seiner Eltern geben. Das Kind gibt die Last an den kranken Elternteil zurück. Es geht ins eigene Leben.

Eltern	**Folgen für die Kinder**	**Lösungen** (vor allem in der Familienaufstellung)
Ein Elternteil hat ein Verbrechen begangen oder schwere Schuld auf sich geladen und steht nicht dazu (hat zum Beispiel jemanden ermordet oder dessen Existenz ruiniert; Kriegsverbrechen, Völkermord).	Schwere Scham- und Schuldgefühle, ohne dass man weiß, woher sie kommen. ***Späte Folgen*** Das Kind übernimmt die Schuld und büßt dafür in seinem Leben. Das Kind wird selbst zum Verbrecher. Es vertritt das Opfer und wird das Opfer von Verbrechen.	In der Familienaufstellung die Opfer aufstellen. Dem Elternteil die Schuld zurückgeben.
Die Familientradition hat sich ausgelebt, ohne dass sie bewusst abgeschlossen wird.	Die Familie hat keine Nachkommenschaft. ***Späte Folgen*** Friedhofsstimmung. Kinder werden zu Friedhofswärtern für das Familienvermächtnis, sie vergeuden ihr Leben.	Die vergangene Tradition beerdigen. Das Vermächtnis an die Allgemeinheit zurückgeben. Das eigene Leben in die Hand nehmen und gehen.

Angst vor dem Leben – Wenn man als Kind allein gelassen wurde

Angst hat viele Gesichter. Hier ein kleines Beispiel:

Eine Frau hat Angst vor großen Menschenmengen, da sie befürchtet, darin keine Luft zu bekommen. Deshalb setzt sie sich bei einem Fest oder im Kino lieber ganz an den Rand, damit sie jederzeit hinauslaufen kann. Sie hat Angst, mit dem Auto zu fahren oder mit dem Flugzeug zu verreisen, denn es könnte etwas passieren. Daher muss ihr Mann oder ihre Tochter sie fahren. Sie hat Angst vor den Nachbarn, denn sie weiß nicht, was diese über sie reden. Deshalb bleibt sie lieber zu Hause, da kann ihr nichts passieren. Aber ihr Mann ist beruflich oft unterwegs: Bei ihm macht sie sich Sorgen, ob er gut ankommt und ob er heil zurückkehrt. Sie steht ständig mit ihm in telefonischer Verbindung.

In ihren Ängsten fühlt sie sich wie ein kleines Kind, das ständig nach seiner Mama schreien könnte. Tief drinnen hat sie Angst vor dem Tod. Dieser steht wie ein drohendes Gespenst ständig vor ihr, und je älter sie wird, desto näher rückt er heran.

Die zwei Seiten der Angst

Angst ist ein ganz normales Gefühl. Es gibt keinen Menschen, der nicht irgendwann Angst empfindet. Angst ist lebenswichtig, weil sie uns vor Gefahren warnt. Daher ist es natürlich, dass wir uns ängstlich fühlen, wenn wir in einer neuen Lebenssituation stehen oder in eine ungewohnte Umgebung kommen. Wir sind dann in erhöhter Alarmbereitschaft. Wir sind bereit zu kämpfen oder zu fliehen. Wir suchen nach Menschen, die uns zur Seite stehen oder beschützen können. Gleichzeitig schauen wir unser Gegenüber genau an, um Freund von Feind zu unterscheiden.

Meistens assoziieren wir Angst mit unangenehmen Gefühlen, etwa mit Mutlosigkeit, Unentschlossenheit, Panik oder Scham. Aber wenn wir genauer hinspüren, ist unsere Angst manchmal auch mit positiven Gefühlen vermischt. Wenn wir in eine neue oder ungewohnte Situation kommen, gesellt sich zu unserer Ängstlichkeit manchmal das Gefühl der Neugier und der Faszination. Ungewohnte Situationen tragen auch etwas Spannendes in sich. Es gibt darin vielleicht etwas Unbekanntes zu entdecken.

In manchen Situationen brauchen wir sogar eine Portion Angst, wie das Lampenfieber vor einem Bühnenauftritt. Sie spornt uns an, eine Herausforderung anzunehmen. Es ist dann eine Art *Angstlust,* die sich wie ein Kitzeln im Bauch anfühlt.

Sie spüren vielleicht: Es lohnt sich, der interessanten Frage nachzugehen: Wann ziehen wir uns ängstlich zurück, und wann gehen wir mutig vor? Warum fühlen wir uns manchmal furchtsam und verzagt, ein anderes Mal selbstbewusst, neugierig und unerschrocken? Ist es eine Sache der Persönlichkeit? Werden wir als Feiglinge oder

Helden geboren? Wohl kaum. In jedem von uns steckt ein Held, aber eben auch ein Angsthase. Selbst wenn es anlagebedingte Unterschiede gibt, werden wir in unserer Fähigkeit, beängstigende Situationen zu bestehen, durch unsere soziale Umwelt geformt.

Angst bei Kindern

Jeder Säugling, jedes Kleinkind wird immer wieder mit neuen, unvertrauten Reizen konfrontiert, seien es fremde Gesichter, seien es ungewohnte Umgebungen. Indem es sich mit diesen neuen Situationen auseinandersetzen muss, entwickelt es sich weiter. Folgende Faktoren entscheiden darüber, ob das Kind den neuen Reiz als beängstigend oder interessant empfindet:

- Die *Dosierung*, mit der das Kind mit dem neuen Reiz in Berührung kommt:
  Wenn der Reiz eher gering dosiert ist und unter der Reizschwelle des Kindes liegt, wird dies das Kind weniger ängstigen, als wenn es von einer »Überdosis« überschwemmt wird. Man kann das manchmal zum Beispiel im Supermarkt beobachten: Ein Kind, das im Einkaufswagen der Mutter sitzt und mit der nächsten Kundin aus sicherer Entfernung »flirtet«, fühlt sich ungleich sicherer, als wenn diese fremde Frau sich plötzlich vorbeugt und es am Kinn tätschelt. Das Kind wird sich instinktiv abwehrend wegdrehen oder gar weinend den Schutz der Mutter suchen.

- Die *Vorbereitung:*
Wenn ein Kind allmählich auf eine neue Situation vorbereitet wird, reagiert es viel gelassener darauf, als wenn es schockartig damit konfrontiert wird. Wenn zum Beispiel ein Arztbesuch vorher erklärt wird, wenn die Eltern dem Kind erzählen, wie sie selbst den ersten Arztbesuch erlebt haben, oder wenn das Kind vorher ein krankes Geschwister zum Arzt begleiten darf, wird es ganz anders auf die erste Begegnung mit dem Arzt reagieren, als wenn es ohne jede Erklärung von einem Elternteil in fremde Räume geschleppt wird und dort von einem wildfremden, weiß gekleideten Erwachsenen aufgefordert wird, sich auszuziehen, um von ihm betastet, gedrückt, beklopft oder gepikst zu werden.
- Die *Respektierung seiner körperlichen und psychischen Intimität und Schamgrenzen:*
Jedes Kind hat seine eigenen Intim- und Schamgrenzen. Ein Baby möchte nicht von jedem und zu jeder Zeit von einem Erwachsenen angelacht, in den Arm genommen oder gefüttert werden – genauso wenig, wie wir als Erwachsene das mögen. Nur weil Säuglinge und Kinder den Annäherungen von Erwachsenen hilfloser ausgesetzt sind, vergessen wir oft, dass auch sie ihre Intim- und Schamgrenzen haben. Sie stehen uns nicht zu willkürlichen Kontakten und Manipulationen zur Verfügung. Sie haben ihren eigenen Willen, ihre Vorlieben und Abneigungen. Kinder durchschauen leicht die Absichten eines Erwachsenen, der sich ihnen nähert, und

sie verschließen sich demjenigen, der in eigennütziger Absicht oder rücksichtslos auf sie eindringt. Anderen, vor allem den Absichtslosen, begegnen sie dagegen mit offener Neugierde.

- Der *Halt* und das *Zutrauen,* die das Kind von seiner Umgebung erfährt:
  Wir alle kennen dieses Phänomen: Wenn wir eine schwere Prüfung zu bestehen haben, hilft es uns, jemanden in der Nähe zu wissen, der uns freundlich gesonnen ist, der uns Mut zuspricht und an uns glaubt. Dann bestehen wir die Herausforderung viel leichter, als wenn wir ganz allein auf uns gestellt sind.
  Für Kinder ist es noch wichtiger, sich von ihrer Umwelt gehalten zu fühlen. Vor Fremden verstecken sie sich gerne hinter ihren Eltern. Sie sind neugierig auf die Welt, aber sie wagen sich erst in die Welt hinaus, wenn sie sich ihres schützenden »Hafens« sicher sind, in dem sie im Notfall Zuflucht finden können. Selbst wenn sie sich weit hinauswagen, kommen sie gerne zurück, um die elterliche Geborgenheit wieder zu spüren. Dabei ist es wichtig, dass die Bezugspersonen dem Kind einerseits Sicherheit geben, dass sie ihm aber gleichzeitig zutrauen, dass es draußen zurechtkommt.
  Kinder, die keinen zuverlässigen Halt finden, sei es, dass ihre Eltern sich selbst unsicher fühlen, sei es, dass diese zu sehr mit sich oder anderen Dingen beschäftigt sind, fühlen sich viel haltloser und unsicherer. Sie scheuen sich, in die Welt hinauszugehen, und wenn sie dort sind,

sind sie anfälliger für die Verführung durch Menschen oder Ideologien, die ihnen Sicherheit versprechen und ihnen die Eigenverantwortung abnehmen.

Beispiele übermäßiger Angst im Erwachsenenalter

Ein Mann, äußerlich erfolgreich und angesehen, bekommt jedes Mal panische Angst, wenn er vor einem größeren Publikum sprechen muss. Und das muss er öfter, da er in gehobener Position tätig ist. Dann bricht ihm der kalte Schweiß aus, der Boden schwankt unter seinen Füßen, er klammert sich an sein Manuskript wie an einen Rettungsring. Er beißt sich zwar jedes Mal durch, aber es kostet ihn unendliche Nerven, und mit dem Älterwerden fällt es ihm immer schwerer, die Fassade des weltgewandten Mannes aufrechtzuerhalten. In solchen Momenten fühlt er sich wie ein hilfloses Kind. Um seine Unsicherheit zu unterdrücken, raucht er ständig. Am Wochenende trinkt er auch mal ein Gläschen zu viel.

Eine Frau, sonst selbstständig und selbstbewusst, bekommt beim Einkaufen aus heiterem Himmel eine Panikattacke. Ihr verschlägt es die Sprache, ihr Herz rast, sie ringt um Atem und um ihre Fassung. Sie versucht sich ganz unauffällig zu verhalten, damit es niemand merkt. Es dauert fast eine halbe Stunde, bis der Anfall vorbei ist. Dann geht sie auf zittrigen Beinen nach Hause. Sie verfällt ins Grübeln, wieso ausgerechnet ihr das passiert ist, wo sie doch sonst nie Angst hat und selbst nachts durch die Straßen der Großstadt geht.

Unter solchen und ähnlichen Angsterlebnissen leiden viele Menschen. Normalerweise erfährt man nur wenig davon, weil sich die meisten schämen, als ängstlich zu gelten. Es gilt als unmännlich, Angst zu zeigen – Mann ist schließlich Mann. Schon seit Kindesbeinen hat Mann gelernt, dass ein Junge keine Angst zu haben hat. Aber auch für emanzipierte Frauen ist es nicht gerade en vogue, sich furchtsam zu präsentieren.

Dabei ist Angst, wie am Anfang des Kapitels beschrieben, ein ganz natürliches Gefühl. Was die Menschen in den erwähnten Beispielen aber abhebt, ist die Tatsache, dass ihre Angst unangemessen erscheint. Sie ist der jeweiligen Situation und dem Alter der betreffenden Personen unangemessen. Wenn sie von ihren Ängsten überfallen werden, ist es so, als würden sie wieder kleine Kinder werden. Sie fühlen sich so hilflos und ohnmächtig wie damals. Und genau dort – in der frühen Kindheit – müssen wir auf die Suche gehen: Dort liegen die wesentlichen Ursachen der Angst.

Die Entstehung der Angst bei Kindern

Angst ist ein Grundgefühl eines jedes Kindes. Ein Säugling ist allein nicht überlebensfähig. Auf sich gestellt, stirbt er binnen weniger Tage. Anfangs spürt er nur instinktiv seine elementaren Bedürfnisse: Er weint und schreit, wenn er Hunger, Durst und Kälte spürt. Mit zunehmendem Alter wird es dem Kleinkind aber mehr und mehr bewusst, wie abhängig es von seiner Umwelt ist und wie angewiesen auf sie. Ohne die Fürsorge seiner Eltern oder anderer Bezugspersonen wäre es verloren.

Hier ist der Entstehungsort der kindlichen Angst: Das Kind bekommt Angst, wenn sich die Mutter entfernt, wenn diese nicht auf seine Rufe antwortet. Es braucht zwar kein ständiges, aber ein beständiges und verlässliches Band zu seinen Bezugspersonen. Wenn ein Kind sicher ist, dass die Mutter (oder eine andere enge Bezugsperson wie der Vater, ein älteres Geschwister oder die Großmutter) jederzeit erreichbar ist, kann es alleine für sich spielen, ja, es wird seine Ruhe genießen. Aber die Mutter muss da sein, wenn das Kind plötzlich etwas von ihr braucht.

Normalerweise erwidert die Mutter (und die anderen engeren Bezugspersonen) dieses Bedürfnis des Kindes nach verlässlicher Nähe – vorausgesetzt, sie hat selbst einst eine gute Eltern-Kind-Beziehung erlebt. Dann entwickelt sich bei ihr rasch der natürliche Beschützerinstinkt. Sie spürt »instinktiv«, dass das Kind sie braucht, selbst wenn sie sich in einem anderen Raum oder im Garten aufhält. (Manche Mütter spüren, dass ihr Kind sie braucht, selbst wenn sie viele Kilometer entfernt sind.) Zwischen ihr und dem Kind besteht ein symbiotisches Band – eine feine energetische Verbindung wie eine drahtlose Kommunikation. Mit dieser unsichtbaren Bindung als Sicherheit fühlt sich das Kind geborgen und aufgehoben. Es bewegt sich ruhig und sicher in seiner Umwelt, die ihr freundlich und licht erscheint.

Wenn dieses symbiotische Band *nicht* aufgebaut wird oder abbricht – dafür kann es mannigfaltige Gründe geben –, fehlt dem Kind die energetische Verbindung zu seiner Umwelt. Es fühlt sich allein und isoliert. Keiner ist richtig für es zuständig, und es ist noch nicht so weit entwickelt, dass es sich um sich selbst kümmern kann. Hier entsteht die kindliche Angst.

Es kommt gar nicht so selten vor, dass Mütter und Väter unerwartet »ausfallen«. Sie können plötzlich schwer erkranken, sie haben einen Autounfall oder bekommen ein jüngeres Geschwisterkind. Andere Eltern trinken, sind depressiv oder arbeitslos, leiden unter finanziellen Sorgen oder sind gerade dabei, sich zu trennen. Sie sind auf einmal nicht mehr voll da fürs Kind und können ihre Elternfunktion nicht mehr wahrnehmen. Wenn dann keine vertrauten Ersatzpersonen wie Großeltern, Tanten oder ältere Geschwister einspringen können, ist das Kind völlig auf sich gestellt und muss allein durchkommen.

Kinder und Krankenhaus

Auch dem Kind kann etwas zustoßen, das es aus der familiären Geborgenheit herausreißt. Nicht wenige Menschen berichten darüber, dass sie als Säuglinge oder kleine Kinder schwer krank waren und Hals über Kopf ins Krankenhaus mussten, wo sie streng isoliert lagen und wochenlang Besuch von den Eltern nur »durch die Glasscheibe« erhielten. Das war früher durchaus üblich, als es kaum Antibiotika gab, die Ansteckungsgefahr größer war und man noch wenig Verständnis für die seelische Not von Kindern hatte.

Auch in solchen Fällen wird das Kind plötzlich von den Eltern getrennt. Nicht nur das – es kommt in eine völlig fremde, sterile, mit Maschinen und Apparaten voll gestellte Umgebung, in der es von fremden Menschen angefasst, untersucht, gefüttert, gewaschen wird, in der ihm nicht selten schlimme Schmerzen zugefügt werden, mit Spritzen, Sonden, Operationen usw. Selbst wenn solche Krankenhausaufenthalte meist nur von kurzer Dauer sind, können sie doch tiefe seelische Wunden im Kind hinterlassen. Wie viel schlimmer ist es, wenn Kinder Monate, manchmal sogar Jahre in einem Krankenhaus, Sanatorium oder Heim verbringen müssen. Die seelische Verbindung zu den Eltern und ihrer vertrauten Umgebung wird jäh unterbrochen und kann manchmal nicht wiederhergestellt werden.

Heute können wir froh sein, dass es in vielen Krankenhäusern die Möglichkeit des Rooming-in gibt, sodass Eltern zumindest zeitweise bei ihren Kindern bleiben können, auch über Nacht. Aber dies ist noch nicht die Regel, und wenn Eltern und Elterninitiativen danach fordern, erhalten sie oft verständnislose Reaktionen seitens der Ärzte, Schwestern und Pfleger. Gerade bei professionellen Helfern finden wir nicht selten die Haltung: »Das Kind hält das doch durch! So schlimm ist es nicht! Das Kind ist sonst ganz fröhlich – nur wenn Sie da sind, fängt es zu jammern an. Am besten, Sie bleiben ganz weg!«

Wir werden später noch sehen, dass viele professionelle Helfer selber einmal verlassene Kinder waren. Sie selbst haben als Kinder ähnlich schlimme Situationen durchstehen müssen und haben es auch »überlebt«. Warum soll also dieses kranke Kind hier es nicht auch schaffen!

Psychologisch gesehen dient eine solche Haltung nicht selten der Abwehr eigener Ängste. Leider setzen die Helfer damit das Leid fort, indem sie ihre eigene Not verdrängen und auf die kranken Kinder projizieren. Diese werden nun ähnlich streng behandelt, wie sie es selbst früher als Kinder erlebt haben. Aus den Opfern von gestern sind (Wohl-)Täter von heute geworden.

Eltern, die selbst keine Geborgenheit erfahren haben

In vielen Fällen werden Kinder vernachlässigt, weil ihre Eltern selbst keine glückliche Kindheit erlebt haben und daher nicht am eigenen Leib erfahren konnten, wie es ist, von den Eltern geliebt zu werden. Gute Eltern zu sein lernen wir vor allem durch die eigene positive Erfahrung aus der Kindheit. Wer früher selbst als Kind zärtlich berührt worden ist, kann dieses Gefühl in seiner Haut unmittelbar »abrufen« und ans eigene Kind weitergeben. Wer dagegen als Kind grob angefasst worden ist, wird es in den meisten Fällen für selbstverständlich halten, das eigene Kind hart anzupacken. Wir lernen durch Vorbilder. Waren wir als Kinder Opfer, werden wir als Eltern nicht selten zu Tätern. Es ist ungemein schwer, gelerntes

Erziehungsverhalten zu ändern, selbst wenn wir es rational als notwendig erachten. Familiäres Erbe ist schwer abzulegen.

Wie geht es einer Mutter, die als Kind keine Geborgenheit erfahren hat? Nehmen wir an, ihre eigene Mutter musste arbeiten gehen, und das Kind wurde von der überlasteten Großmutter aufgezogen. Nun, da die Frau erwachsen ist, möchte sie die Erinnerung an ihre Kindheit ganz hinter sich lassen. Jetzt hat sie aber selbst so ein kleines Kind, das immer nur schreit und ständig etwas von ihr will. Theoretisch weiß sie natürlich, dass sie fürs Kind zuständig ist. Vielleicht mag sie das Kind auch ganz gerne. Aber wie man als Mutter auf einen Säugling eingeht, das hat sie nie am eigenen Leib erfahren. Sie ist ratlos. Außerdem weckt das schreiende, bedürftige Kind die längst verdrängten Erinnerungen an ihre eigene entbehrungsreiche Kindheit. Sie will aber nie mehr daran erinnert werden! Es war zu schlimm. Wütend stößt sie das Kind in die Wiege zurück. Nur weg! Sie muss eine sichere Distanz zwischen sich und dem Kind herstellen, um nicht anzufangen, das Kind anzuschreien, zu schütteln oder gar zu verprügeln.

Das Kind fühlt die wachsende Anspannung in der Mutter. Es blickt in ihr verzerrtes Gesicht. Warum schaut die Mutter es so wütend an? Hat es etwas getan, das die Mutter ärgerte? Weshalb stößt die Mutter es weg von sich? Warum läuft sie fort? Es schreit noch mehr, streckt die Arme nach ihr aus. Irgendwie hat es auch Angst vor ihr, wenn sie so böse schaut. Aber noch mehr fürchtet es, von ihr im Stich gelassen zu werden. Also passt es sich ihr an. Vielleicht wird sie sich beruhigen, wenn es sich still hält, wenn es seine Angst verbirgt und ein schüchternes Lächeln aufsetzt. Wenn es Glück hat, lässt sich die Mutter täuschen und ist wieder lieb zu ihm. Aber ab jetzt muss das Kind Acht geben: Es darf seine Wünsche und Bedürfnisse nicht mehr anmelden, es muss brav sein. Damit zahlt es einen hohen Preis fürs Nichtverlassenwerden. Es muss seine Gefühle unterdrücken.

Die Angst aber bleibt: dass die Mutter es doch eines Tages verlassen könnte. Das Kind wird sich ängstlicher fühlen als andere Menschen, auch wenn es später erwachsen geworden ist. Denn es erlebt die Welt als einen bedrohlichen Ort, wo es ganz alleine gegen all die Gefahren des Lebens bestehen muss. In seinen nahen Beziehungen wird es nie sicher sein können, ob sein Partner und seine Freunde es nicht doch irgendwann im Stich lassen werden. Es wappnet sich gegen diese vorweggenommene Ablehnung, indem es sich niemandem ganz anvertraut und sich auf ein Leben allein einrichtet.

Weitere Gründe für die Vernachlässigung von Kindern

Neben einer eigenen unglücklichen Kindheit gibt es viele weitere Gründe, weshalb Eltern für ihre Kinder seelisch nicht anwesend sind. Manchmal hat die Mutter unmittelbar vor der Geburt des Kindes einen schweren Verlust erlitten, vielleicht ist gerade die eigene Mutter gestorben. Oder ihr Mann musste in den Krieg ziehen. Manchmal herrschte bittere Not, und die Eltern mussten dafür sorgen, dass sie etwas zu essen bekommen, oder sie mussten fliehen und hatten alle Hände voll zu tun, um sich in der Fremde zurechtzufinden. Solche Verhältnisse herrschten in Deutschland während der Nachkriegszeit. Auch heute finden wir ähnliche Zustände überall dort, wo Krieg und Bürgerkrieg toben.

Manchmal liegen sich die Eltern im Privatkrieg in den Haaren und fechten ihren Ehestreit ohne Rücksicht auf die Kinder aus. Das Kind ist ihnen dabei nur im Wege, und wenn man es beachtet, dann nur, um es als Munition oder als Verbündeten gegen den Partner einzusetzen. Oder man sieht im Kind den verhassten Partner und lehnt es kategorisch ab: »Du gehörst sowieso zur Schwiegerfamilie!« Das Kind leidet sehr darunter, dass die Eltern einander hassen oder nicht miteinander sprechen. Es hat Angst, dass die Eltern sich trennen könnten und es allein lassen oder weggeben könnten. Es fühlt sich verantwortlich für den Ehekrach (nicht selten streiten sich die Eltern über das Kind) und versucht alles zu tun, um den Streit zu schlichten.

Manchmal ist ein Elternteil (oder beide) süchtig: Die Eltern trinken, rauchen, nehmen harte Drogen zu sich, sind ess-, fernseh-, internet-, sex-, kaufsüchtig. Das Kind erlebt die Eltern als seelisch abwesend, diese leben quasi in einer anderen Welt und sind ständig mit dem Suchtmittel beschäftigt, mit nur kurzen Pausen dazwischen, in denen sie nüchtern und ansprechbar sind. Es gibt Kinder, die ständig auf der Hut sein müssen, den Vater nicht anzutreffen, wenn er betrunken ist, denn dann gibt es Prügel. Andere Kinder können sich nur dem alkoholisierten Vater nähern, weil er dann besonders friedfertig und freigebig ist – bloß vergisst er im nüchternen Zustand das, was er dem Kind versprochen hat, und ist erneut unansprechbar.

Manchmal ist die Mutter schwer krank, vielleicht auch geistig krank, kann sich nicht um das Kind sorgen und hat auch keine Ersatzperson zur Verfügung. Das Kind leidet nicht nur unter der Abwesenheit der Mutter, es hat auch Angst um die Mutter. Wenn sie sterben würde, hätte es niemanden mehr auf der ganzen Welt. Den Vater will es mit seinen Ängsten nicht zusätzlich belasten, dieser hat schon genug Sorgen.

In solchen Fällen reißt die symbiotische Verbindung zwischen Eltern und Kind ab, und das Kind fällt seelisch ins Leere, ins Nichts. Das Kind protestiert anfangs: Wenn es zum Beispiel im Krankenhaus allein gelassen wird, weint und jammert es, ruft nach der Mutter und lässt sich nicht trösten. Solange es protestiert, hat es noch Hoffnung, dass die Mutter durch seine Rufe zurückkommen könnte.

Aber irgendwann resigniert das Kind. Es verfällt in eine dumpfe Depression. Seine Angst und seine Verzweiflung vergräbt es tief in sich und zeigt nach außen das friedliche, angepasste Bild eines braven Kindes, das sich sogar von der Krankenschwester willig in den Arm nehmen lässt. Diese meint, das Kind hätte die Krise überstanden. In Wahrheit ist nur eine leere Hülse von dem zurückgeblieben, was einst ein Kind war. Die Seele des Kindes hat sich tief nach innen verkrochen, zu einem unsichtbaren Ort des Rückzugs, in der Hoffnung, eines Tages wieder aus dem Dornröschenschlaf zu erwachen und ins Leben zurückzukehren.*

Die Rückkehr der unbewältigten Vergangenheit

Eines Tages ist das Kind erwachsen geworden und kann das unwirtliche Elternhaus verlassen. Nun hofft es, endlich wieder aufzuleben, endlich einen Partner zu finden, mit dem es ein neues Leben aufbauen kann.

Bloß: Die Rückkehr ins Leben gestaltet sich meist nicht so leicht wie im Märchen, wo Dornröschen vom Prinzen wachgeküsst wurde und alles im Palast wieder aufwachte und dort wieder ansetzte, wo man einst aufgehört hatte, als wäre nichts geschehen. In der Zwischenzeit ist nämlich ungeheuer viel passiert: Das einstige Kind hat sich, um zu überleben, rings um seine Seele einen dicken Panzer angelegt, damit es nicht noch einmal verlassen und verletzt wird. (In der Psychotherapie nennen wir dies

* Siehe dazu: Reinmar DuBois: *Kinderängste. Erkennen, verstehen, helfen,* München: C.H. Beck, 3. Aufl. 1998, und John Steiner: *Orte des seelischen Rückzugs. Pathologische Organisationen bei psychotischen, neurotischen und Borderline-Patienten,* Stuttgart: Klett-Cotta 1998

eine *Überlebensstrategie* des Kindes.) Das Dornengestrüpp, das in den Jahren herangewachsen ist, ist ein Teil seiner selbst geworden! Der Prinz kann die Dornen nicht einfach mit seinem Schwert durchschlagen, denn sie sind an Dornröschen festgewachsen, sind zu seiner zweiten Haut geworden. Wenn er es zur Frau nehmen will, muss er es mit den Dornen nehmen!

An solch einer Panzerung beißt sich manch späterer Partner die Zähne aus. Die Dornen des einstigen Kindes signalisieren: »Komm mir nur nicht zu nahe! Ich bin gefährlich! Ich ertrage keine Nähe, denn das würde meine tiefsten Wunden bloßlegen. Ich werde dich verletzen, wenn du mir zu nahe kommst. An dir werde ich mich für all die Demütigungen von früher rächen!«

Das einst verletzte Kind kann keine Intimität aushalten, obwohl Liebe das Einzige ist, wonach es sich sehnt. Es hat Sehnsucht nach Nähe, aber es hat auch Angst vor Nähe. Denn es ist von seinen Eltern zurückgestoßen worden, als es nach Intimität suchte. Im Partner sieht es die Eltern von früher und behandelt ihn wie diese (wir nennen eine solche »Verwechslung« eine *Übertragung).*

Es kann aber auch genau das Gegenteil passieren: Das einstige Kind hat sich die Gunst der Eltern durch Anpassung und Bravsein erkauft. Nun sucht es sich unbewusst Menschen aus, denen es helfen kann, für die es sorgen, für die es unentbehrlich sein kann. Denn wenn der andere es braucht, wird er es nicht verlassen können. Also macht es den Partner, die Freunde, die eigenen Kinder von sich abhängig, indem es ihnen alles Mögliche abnimmt. Es lässt sich zwar ausbeuten, aber es knüpft damit auch Bindungen, von denen die anderen nicht so leicht wieder loskommen.

In seiner Kindheit hat es gelernt, dass Liebe nicht frei geschenkt wird, sondern durch harte Arbeit verdient werden muss. Daher sucht es sich unbewusst eine besonders »harte Nuss« zum Partner, einen, an dessen Panzer es sich selbst die Zähne ausbeißen kann. Je heftiger dieser sich wehrt, desto mehr beißt es sich fest. Der Ablehnung des Partners begegnet es mit noch stärkeren Liebesbezeugungen, ohne je zu erkennen, dass alle Liebesmüh vergeblich ist und dass es mit seiner blinden Liebe den Partner eher vertreibt als gewinnt. Es entsteht eine Beziehungssucht- Stichwort »Wenn Frauen zu sehr lieben« (Beziehungssucht ist allerdings nicht nur bei Frauen, sondern auch bei Männern zu finden).*

An diesen Beispielen sehen wir, wie eine frühe Verlassenheit in der Kindheit später zu

- Ängsten
- Depression und Rückzug
- Angst vor Nähe
- Aggressionen, Sadismus (lieber Täter als Opfer sein)

---

* Ausführliches dazu in: Victor Chu: *Casablanca oder wohin die Sehnsucht dich trägt. Unerfüllte Liebe und andere Leidenschaften,* darin das Kapitel »Liebe und Sehnsucht«, München: Kösel, 2. Aufl. 1998

- Überangepasstheit, Masochismus (lieber sich aufopfern, als sich zu wehren)
- Beziehungsfurcht
- Beziehungssucht
- Süchten aller Art

führen kann.

Solche Symptome und Überlebensstrategien helfen uns einerseits, die Ängste von früher zu verdrängen. Solange sie existieren, bleiben die Erinnerungen an die früheren traumatischen Erfahrungen unterdrückt. Andererseits hindern sie uns aber daran, unser Leben und unsere Beziehungen frei zu gestalten. Sie fesseln uns an die Vergangenheit. Unsere Überlebensstrategien erinnern uns daran, dass wir noch einiges aus der Kindheit unerledigt haben liegen lassen. Sie plagen uns so lange, bis wir uns umdrehen und uns ihnen widmen, um die Knoten endlich zu lösen.

Wie befreien wir uns von unseren alten Ängsten?

Zuerst ist es wichtig, diese Gefühle überhaupt in uns zuzulassen. Nicht umsonst haben wir sie verdrängt, denn Angst zu haben, ohne etwas dagegen unternehmen zu können, ist schrecklich. Freiwillig wird sich niemand zumuten, die eigenen Ängste von einst noch einmal zu fühlen. Daher ist es notwendig, jemanden zu haben, dem man sich anvertrauen, dem man alles erzählen kann, was einem auf der Seele liegt. Dies kann ein Therapeut oder eine Therapeutin, manchmal auch ein guter Freund oder eine gute Freundin sein.

Mit Therapeuten zu sprechen hat den Vorteil, dass sie neutral sind. Sie beziehen keine Partei, sondern hören mit einem mitfühlenden Ohr einfach zu. Sie nehmen Anteil, ohne zu urteilen oder zu verurteilen. So hat der Erzählende das Gefühl, er wird ernst genommen. Anfangs wird er nur von harmlosen Dingen berichten. Er braucht Zeit und Vertrauen, bis er dem Therapeuten auch das Schlimme, das Schreckliche, das Abnorme aus seinem Leben eröffnet. Denn, wie wir gesehen haben, einem anderen Menschen gegenüber zuzugeben, dass man Angst hat, kann beschämend sein. Nur zu oft hat das Kind früher zu hören bekommen: »Ach, du bildest dir das alles nur ein! Du brauchst doch keine Angst zu haben! Das geht vorbei! Du hast doch liebe Eltern!«

Der Betreffende hat zudem das Bedürfnis, die Eltern in Schutz zu nehmen: Sein Gegenüber soll nicht denken, dass sie schlechte Eltern gewesen sind, auch wenn er durch sie Leid erfahren hat. Wenn der Erzählende mit der Zeit merkt, dass es dem Therapeuten nicht darum geht, irgendjemanden zu verurteilen, sondern nur darum, ihm zur Seite zu stehen und *seine* Sicht der Dinge ernst zu nehmen, wird er beginnen, die Welt, in der er einst gelebt hat, aus den Augen des Kindes zu erzählen. Er geht zurück in die Welt seiner Kindheit und sucht nach den Erinnerungen, die unbearbeitet und vergraben geblieben sind.

Dieses Erzählen hat eine befreiende und heilende Wirkung. Denn damals, als das Kind die beängstigenden Situationen erlebt hat, war es allein. Es musste sich selbst trösten. Die Angst musste es niederhalten, um nicht von ihr überwältigt zu werden. Nun, da hier jemand ist, der es in seinen Gefühlen annimmt und versteht, kann all die innere Pein herauskommen. Die Seele öffnet sich, der Schmerz, die Angst, die Einsamkeit, das Unverstandensein – all das kann hinausfließen. Tränen steigen auf, Verzweiflung, Wut.

Am Ende fühlt man sich wie befreit, eine große Last fällt von den Schultern ab. Die schlimmen Erlebnisse sind nicht weg, aber sie können als Teil der eigenen Vergangenheit angenommen werden, sie brauchen nicht mehr verleugnet und unter den Teppich gekehrt zu werden. Der Therapeut hat die ganze Zeit zugehört, das Kind von früher in seiner Angst verstanden und sich vielleicht auch betroffen und berührt gezeigt. Er hat nicht beschwichtigt, er hat nichts verharmlost. Und wenn der Therapeut das Schreckliche ausgehalten hat, dann bekommt der Betreffende auch Mut. Er traut sich nun selbst zu, dass er seine eigenen Emotionen aushalten kann. Ja, die früheren traumatischen Erfahrungen waren wirklich schlimm, aber sie sind auszuhalten, sie dürfen sein. Sie sind ein Teil von ihm, sie haben einen Platz in seinem Leben. Aber sie nehmen keinen dominierenden Platz mehr ein, sie gehören der Vergangenheit an. Nun kann er sie hinter sich lassen und ruhiger und gelassener in die Zukunft schauen.

Die Person hat den Beistand bekommen, den sie einst als Kind gebraucht hätte: Halt, Verständnis, Mitgefühl. Mit dieser Unterstützung kann sie den früheren Ängsten standhalten und sie aushalten. Am Ende dieses Prozesses fühlt sie: Die Angst hat mich diesmal nicht mehr überwältigt. Ich bin stark genug, um sie zu ertragen. Und ich werde stark genug sein, um Ähnliches auch in Zukunft zu bewältigen. Mit diesem neuen Selbstbewusstsein steht der Betreffende fester auf dem Boden. Er kann nun sein Leben besser anpacken und den Herausforderungen bewusster begegnen.

Was können wir als Eltern tun, um unseren Kindern zu helfen, mit ihren Ängsten fertig zu werden?

- Wenn Kinder ihre Ängste äußern, können wir eine ähnliche Haltung wie der oben beschriebene Therapeut einnehmen. Als Eltern haben wir den natürlichen Wunsch, unsere Kinder vor allem Schlimmen zu bewahren. Aber Ängste, Misserfolge, Schicksalsschläge gehören nun einmal zum Leben, auch zum Leben jedes Kindes. Davor können wir unsere Kinder nicht schützen. Aber wir können sie auf die Gefahren und Härten des Lebens vorbereiten. Wir können für sie da sein, wenn sie in Not sind. Wir können ihnen ein Ohr leihen, wenn sie mit ihren Sorgen und Ängsten zu uns kommen. Je offener wir sind, je weniger wir bewerten oder beschwichtigen, desto bereitwilliger werden sie sich uns anvertrauen. Dies gilt auch für Dinge, die wir nicht gerne hören, etwa wenn sich ein Kind mit Recht über uns beklagt. Auch hier sollten wir ihm zuhören, ohne uns zu entschuldigen. Wir können eingestehen, dass wir einen Fehler gemacht haben, und ihm versprechen, dass wir es das nächste Mal anders machen werden.

- Wenn Kinder unvermeidlichen Angstsituationen ausgeliefert sind (zum Beispiel einem Arztbesuch, dem ersten Tag im Kindergarten oder in der Schule), können wir sie langsam und dosiert an die Situation heranführen. Wo sie es brauchen, sollen wir ihnen unseren Beistand anbieten. Auch gegenüber Autoritäten wie Ärzten und Lehrern sollen unsere Kinder das Gefühl haben, wir stehen hinter ihnen und schützen sie, wo es nötig ist, selbst wenn es gegen die Regeln verstößt. Wenn wir selbst als Betreuungsperson ausfallen sollten, sei es, dass wir arbeiten gehen müssen, sei es, dass wir krank sind oder einfach einen Abend freinehmen möchten, können wir dafür sorgen, dass die Kinder genügend andere verlässliche Bezugspersonen und Anlaufstellen haben.
- Was ist, wenn längere Trennungen wie eine Krankenhausbehandlung anstehen? Wo es möglich ist, sollte ein Elternteil mit ins Krankenhaus gehen können (Rooming-in). Man sollte sich nicht von Ärzten oder dem Pflegepersonal abschrecken lassen, um die Bedingungen herzustellen, in denen sich das Kind wohl fühlt. Es muss schon genug unter der Krankheit und

der Behandlung leiden, um nicht zusätzlich noch sozial isoliert zu werden.

- Wo eine Trennung unvermeidlich ist, können die Eltern dem Kind erklären, weshalb es für einige Zeit in eine fremde Umgebung muss. Man kann ihm den angesprochenen Krankenhausaufenthalt erträglicher machen, indem man ihm vertrautes Spielzeug mitgibt, indem man es regelmäßig und verlässlich besucht, indem man es mit den Pflegekräften und Ärzten bekannt und vertraut macht. Man kann mit ihm nach der Rückkehr über das Erlebte sprechen, es trösten, wenn es von den Erinnerungen überfallen wird und depressiv, aggressiv, abweisend oder mit Rückzug darauf reagiert.
- Es ist gut, wenn die Eltern selbst relativ angstfrei und ruhig mit der Trennung und ihren Folgen umgehen. Dann zeigen sie dem Kind, dass diese vorübergehende Trennung zwar unvermeidlich ist, aber dass man sie gut überstehen kann. Die Eltern sollen weder versuchen, das schlimme Ereignis aufzubauschen, noch sollen sie es bagatellisieren. Das Kind lernt dadurch, dass ihm im Leben durchaus Unangenehmes oder Schlimmes widerfahren kann, dass es aber auch damit fertig werden kann. Es wird dadurch lebenstüchtiger.
- Natürlich können Eltern nicht immer ruhig und gefasst reagieren. Manchmal sind sie überfordert, gelegentlich fühlen sie sich an früher Erlebtes erinnert. Aber auch dann können Eltern zu ihren eigenen Gefühlen stehen. Sie können sagen: »Ich bin beunruhigt, ich mache mir

Sorgen«, oder: »Ich war auch mal selbst im Krankenhaus, es war nicht schön. Aber das hat mit dir nichts zu tun. Du kannst etwas anderes erleben als ich damals.«

- Wenn Eltern zu ihren eigenen Gefühlen und Ängsten stehen und dafür sorgen, dass sie sie selbst bewältigen (indem sie zum Beispiel mit Freunden darüber sprechen oder sich therapeutische Hilfe holen), brauchen die Kinder nicht die Ängste ihrer Eltern zu übernehmen. Sie müssen sich nicht Sorgen um ihre Eltern machen.
- Wo unsere Kinder stark und selbstbewusst genug sind, sollen wir sie auch ins Leben schicken. Dadurch lernen sie neue Situationen nicht nur als Quelle der Angst zu sehen, sondern auch als Herausforderung, der sie sich mit Neugier und Lust stellen können. Natürlich ist es notwendig, Kinder auf mögliche Gefahren hinzuweisen. Aber wir können ihnen auch zeigen, wie man sich gegen sie schützt. Vor allem aber sollten wir ihnen vermitteln, dass die Welt ein guter Platz voller interessanter Dinge ist. Und dass man überall Hilfe und Beistand finden kann, wenn man sie braucht. Selbstvertrauen ist das beste Mittel gegen Angst.
- Gottesvertrauen: Eltern sind zwar die wichtigsten, aber nicht die einzigen Schutzengel für ihre Kinder. Wenn wir als Eltern die Zuversicht haben, dass wir von unsichtbaren Kräften geborgen und geleitet sind, vermitteln wir diesen Glauben automatisch an unsere Kinder. Dann werden sie selbst in Krisenzeiten das Gefühl haben, dass sie nicht allein sind.

Helfen als Lebenszweck – Wenn man als Kind für seine Eltern sorgen musste

Eine Frau verliert kurz nach Kriegsende ihre Mutter, die sie sehr geliebt hat. Sie heiratet, die Ehe ist schlecht, der Mann geht fremd und verlässt sie bald, nachdem sie zwei Kinder, ein Mädchen und einen Jungen, bekommen haben. Die Mutter schließt den Jüngeren besonders ins Herz, weil sie sich schon immer einen kleinen Sohn gewünscht hat. Aber er stirbt mit zwei Jahren an einer Lungenentzündung. Die Mutter zieht sich nun völlig aus dem Leben zurück und dämmert nur noch vor sich hin. Sie wird immer wunderlicher und wird schließlich ins psychiatrische Krankenhaus überwiesen.

Nach der Entlassung wird sie zur Frührentnerin. Fortan ist ihre Tochter, die noch nicht einmal schulreif ist, für alle Belange des täglichen Lebens zuständig: Kochen, Waschen, Bügeln, Einkaufen, Putzen. Sie versorgt ihre Mutter und kümmert sich um den Haushalt, bis sie die Schule abschließt und in die nächste Stadt zieht, um sich zur Erzieherin ausbilden zu lassen.

Die Tochter arbeitet gerne in ihrem Beruf, wird nun aber selber immer wieder krank. Sie leidet an Erschöpfungszuständen. An bestimmten Tagen schafft sie es gerade noch, ihre Arbeit im Kindergarten zu erledigen. Dort wird sie wegen ihrer Freundlichkeit und ihres Einsatzes sehr geschätzt. Wenn sie aber mittags nach Hause kommt, muss sie sich gleich ins Bett legen, so müde ist sie. Sie hat kaum Bekannte oder Freunde. Ihr Beruf ist ihr Leben. So beißt sie sich durch, ganz allein auf sich gestellt.

Sie liebt die Kinder, mit denen sie arbeitet, aber für sich selbst kann sie es sich nicht vorstellen, Kinder zu bekommen. Sie möchte nicht, dass ihre Kinder so aufwachsen wie sie. Denn sie ist sicher, dass sie das Leid, das sie selbst in der Kindheit erfahren hat, an die eigenen Kinder weitergeben würde. Außerdem findet sie keinen Partner, sie kann sich nicht richtig auf einen Mann einlassen.

Lange Jahre hat sie nur wenig Kontakt zu ihrer Mutter. Als sie aber erfährt, dass diese schwer krank geworden ist, zieht sie zu ihr und pflegt sie bis zu ihrem Tod. Nun ist sie selbst beinahe 60 Jahre alt. Ihr Leben ist vorbei. Eigentlich hat sie ihr eigenes Leben nie gelebt.

Was ist mit dieser Frau geschehen? Sie ist in eine Familie hineingeboren worden, in der ihr Vater sie bald verlassen hat, in der ihr jüngerer Bruder zwei Jahre nach seiner Geburt gestorben ist. Das ist traurig genug. Aber das Belastendste ist die Depression ihrer Mutter. Diese hat die schlimmen Schicksalsschläge – den Tod ihrer Mutter, die Trennung von ihrem Mann und den Tod ihres Sohnes – nicht verkraftet und ist psychisch krank geworden. Damit steht sie ihrer kleinen Tochter als Mutter nicht mehr zur Verfügung. Sie ist geistig abwesend, nur noch ein Schatten ihrer selbst. Die Tochter muss den Haushalt erledigen und die Mutter versorgen. Eine schwere, freudlose Kindheit verbringt sie, bis sie erwachsen wird und fortgehen kann.

Aber dann zeigt sich, dass ihre Lebenskräfte durch die Anstrengungen als Kind erschöpft sind. Sie reichen gerade noch für ihren Beruf, der ihr einziger Lebensinhalt ist. Mehr ist nicht möglich. Die Frau hat kein Privatleben, keinen Partner, nicht einmal Freundinnen. Als ihre Mutter schwer krank wird, zeigt sich noch einmal ihre kindliche Treue. Sie zieht zur Mutter und pflegt sie bis zum Tod. Ein Leben, das vor allem für die Mutter gelebt worden ist.

Wenn Eltern schwach und Kinder stark sind, kommt es oft vor, dass die Eltern der Versuchung unterliegen, ihre Kraft aus den Kindern zu beziehen. Diese geben aus Liebe und Treue zu den Eltern alles, was sie haben, damit es diesen besser geht. Dies braucht nicht einmal so drastische Ausmaße anzunehmen wie im obigen Beispiel.

Manche Eltern laden gerne alltägliche Aufgaben auf ihre Kinder ab, besonders wenn sie unter Druck sind: »Kannst du nicht mal auf deine jüngeren Geschwister aufpassen? Ich bin total gestresst und kann nicht mehr!« Oder: »Ich habe ganz schlimme Migräne und muss mich ins Bett legen. Kannst du nicht heute den Einkauf machen? Hier ist der Einkaufszettel.« Oder: »Ich muss für eine Woche geschäftlich verreisen. Pass gut auf deine Mutter und deine Geschwister auf. Du bist ja meine große Tochter/mein großer Sohn. Ich verlasse mich auf dich!«

Durch solche kleinen Aufgaben und Pflichten schultern die Eltern dem Kind immer mehr auf, bis es schließlich schwere Lasten auf seinem Rücken trägt. Die Kinder übernehmen die Aufgaben meist ohne Murren. Anfangs sind sie sogar stolz darauf, die Eltern zu entlasten, später gewöhnen sie sich daran.

Aus welchen Motiven tun sie es aber eigentlich?

Die grenzenlose Liebe und Treue von Kindern

Eine Frau erzählt, dass sie als Kind regelmäßig von der Mutter verprügelt wurde. Während die Mutter auf sie einschlug, hat sie sich immer gesagt: »Mama braucht es! Ich liebe meine Mama!« Sie hatte zwar Angst vor den Prügeln, aber sie wusste auch, wie wichtig es für ihre Mutter war, ihre Wut und ihre Hilflosigkeit auf diese Weise abladen zu können. Das Mitleid, das die Tochter der Mutter gegenüber fühlte, gab ihr selbst eine ungeheure Stärke, es beruhigte sie und verband sie innig mit der Mutter. Selbst heute, als Erwachsene, kann sie nicht böse auf sie sein.

Ein Außenstehender mag sich fragen, weshalb ein Kind, das von den Eltern misshandelt oder missbraucht wird, nicht längst weggelaufen ist. Warum wehrt es sich nicht oder wendet sich nicht ans Jugendamt oder an einen Lehrer? Das hieße aber, die armen Eltern allein zu lassen! Das Kind hat tatsächlich das Gefühl, auf die Eltern aufpassen zu müssen. Diese Umkehrung des Eltern-Kind-Verhältnisses – das Kind passt auf die Eltern auf – nennen wir *Parentifizierung*. Das Kind nimmt die Elternrolle ein, die Eltern werden quasi zu den Kindern ihrer Kinder. Ihr Größenverhältnis hat sich umgekehrt.

Ein Kind, das auf seine Eltern aufpasst, leidet. Es verliert seine Freiheit, es verliert seine Kindheit, denn es darf beispielsweise nicht unbeschwert spielen gehen wie andere Kinder. Aber es fühlt sich verantwortlich für Menschen, die es liebt. Dadurch fühlt es sich, bei allem Leid, stark, ja mächtig, selbst wenn es ständig beschimpft, verprügelt, gedemütigt wird. Denn hinter den Misshandlungen seiner Eltern erkennt es deren Hilflosigkeit. Indem es ihre Aggressionen aushält, spürt es instinktiv, dass es sie entlastet.

Solche Kinder befürchten insgeheim, ihre Eltern würden depressiv oder verrückt werden, wenn sie nicht mehr für sie sorgen würden. Manche haben sogar Angst, dass ihre Eltern sich umbringen würden. Sie spüren die Not der Eltern und reagieren instinktiv darauf. Da sie selbst existenziell von den Eltern abhängig sind – sie brauchen sie für ihr eigenes Überleben –, versuchen sie alles, damit die Eltern weiterhin für sie da sind. Die damit verbundene Selbstopferung kann so weit gehen, dass sie sich als Objekt, als »Zielscheibe« für Missbrauch und Misshandlung anbieten, damit die Eltern ihre Aggression nicht auf sich selbst, auf jüngere Geschwister oder auf den anderen Elternteil richten.

In solchen symbiotischen Beziehungen sind Eltern und Kinder dermaßen ineinander verstrickt, dass es wie ein verzweifelter Tango aussieht, den sie miteinander tanzen. Sie krallen sich aneinander fest, um nicht ins Nichts zu fallen.

Dies sind hochdramatische Konstellationen. Die familiäre Störung äußert sich oft darin, dass das Kind in der Schule versagt oder sozial auffällig wird. Aber selbst wenn Lehrer oder Nachbarn merken, dass etwas nicht stimmt, können sie nur in den seltensten Fällen etwas fürs Kind tun. Jedes Mal, wenn sie sich beim Kind erkundigen, wie es ihm zu Hause geht, blockt es ab. Es gehe ihm prima. Da sei nichts. Es darf nichts nach außen dringen.

Zum einen schämt sich das Kind zuzugeben, dass es misshandelt oder missbraucht wird. Zum anderen schützt es sich und seine Eltern. Es ist in der gemeinsamen *Familienscham* eingebettet.* Nach innen mag das totale Chaos herrschen, nach außen wahren alle den Anschein einer normalen, anständigen Familie. Das Kind ist zwar Opfer, aber es ist, aus seiner eigenen Perspektive heraus, auch Mitwisser. Es ist Mit-Verschwörer und fühlt sich als Wächter seiner Eltern, damit ihnen von außen nichts Schlimmes passiert.

Es wäre fürs Kind eine Katastrophe, wenn die Jugendbehörde kommen und es von den Eltern wegnehmen würde. Selbst wenn es in eine Einrichtung oder eine Pflegefamilie gebracht würde, in der es gut behandelt wird, hätte es das Gefühl, die Eltern im Stich gelassen zu haben. Die Eltern brauchen doch seine Hilfe! Dass es selbst die Eltern braucht, hat es ausgeblendet. Auch dies ist ein

* Näheres dazu in: Victor Chu und Brigitta de las Heras: *Scham und Leidenschaft,* Zürich: Kreuz, 2. Aufl. 1995

Akt der Projektion. Das Kind projiziert seine eigenen kindlichen Verlassenheitsängste auf die Eltern und sieht sich als deren Beschützer und Trostspender.

Es ist ein hartes Schicksal, aber wenn man mit der Frau aus dem Beispiel am Anfang des Kapitels über ihr Leben sprechen würde, würde man schnell merken: Sie nimmt alles klaglos hin. So war nun mal ihr Leben. So waren einfach die Lebensverhältnisse, in die sie hineingeboren wurde. Sie hatte gar keine andere Wahl. Da sie ihre Mutter liebte, hat sie das Letzte gegeben, auch wenn es ihr die Kindheit gekostet hat. Was hätte sie sonst tun sollen?

Der schwere Weg zurück ins Leben

Ja, was hätte die Frau für sich tun können? Eine Möglichkeit wäre, *jetzt* ihre Gegenwart und ihre Zukunft schöner zu gestalten. Jetzt, nachdem die Mutter gestorben ist, jetzt, wo keine Aufgabe mehr auf sie wartet, jetzt könnte sie endlich anfangen zu leben! Natürlich ist sie nicht mehr die Jüngste. Sie kann keine eigenen Kinder mehr bekommen. Aber warum sollte sie auf eine Partnerschaft verzichten? Warum sollte sie nicht Freunde und Freundinnen haben? Warum sollte sie nicht reisen und ihre Unabhängigkeit genießen?

Ein empörtes »Nein!« würde man womöglich zu hören bekommen, als würde man ihr etwas Unerhörtes zumuten. Tatsächlich muten wir ihr etwas Unerhörtes zu, nämlich eine Kehrtwendung um 180 Grad gegenüber ihrer bisherigen Lebensphilosophie. Sie ist es gewohnt, zu leiden – Leichtigkeit käme ihr wie eine Last oder ein Laster vor! Sie ist froh, endlich allein zu leben – ein Partner bedeutete für sie, in die gleiche Abhängigkeit zu geraten, wie sie es mit ihrer Mutter erlebt hat. Sie lebt für ihren Beruf – wozu braucht sie überhaupt ein Privatleben? Wozu braucht sie Freunde, die ja immer nur von ihr etwas wollen? Aber wenn sie etwas braucht, sind sie nicht da! Wozu soll sie reisen – da sieht sie nur noch mehr Elend auf der Welt! Und überhaupt: Warum lässt man sie nicht einfach in Ruhe? Ihr ist sowieso nicht zu helfen.

Die Verbitterung, die wir aus solchen Worten hören, gehört zum Schicksal eines zu früh beanspruchten Menschen. Hinter dieser Verbitterung steckt tiefe Resignation. Hinter der Fassade der Freundlichkeit lauert tiefes Misstrauen allen Menschen gegenüber (vielleicht Kindern ausgenommen). Hinter den Klagen finden wir keinen wirklichen Willen zur Veränderung, sondern ein Durchhalten um jeden Preis, selbst wo es nichts mehr durchzuhalten gibt.

Alle diese Wesenszüge gehören zur *Überlebensstrategie* dieser Frau. Ohne die Härte gegen sich selbst hätte sie nie das Elend ihrer Kindheit aushalten können. Es sich jetzt schön zu machen würde bedeuten, dass sie die Sehnsüchte in ihrer Seele wieder ausgraben müsste, die sie schon längst begraben hat – die Sehnsucht nach Zuwendung, Geborgenheit, Liebe. Dass jemand ihr zuhört und mit ihr mitfühlt, ist fast zu viel für sie. Zu viel des Guten

Auswirkungen von Parentifizierung

Welche Folgen hat es, wenn man als Kind zu früh und zu stark zur Verantwortung gezogen wurde?

- Man muss die eigenen kindlichen Bedürfnisse und Sehnsüchte (nach Liebe, Verständnis, Fürsorge und Geborgenheit) verdrängen.
- Man versucht vergeblich, seine ungestillten Sehnsüchte durch Ersatzobjekte (zum Beispiel Süchte) zu befriedigen.
- Man wird leicht von anderen Menschen verführt, ausgenutzt oder missbraucht.
- Man kann nicht nein sagen.
- Man sorgt ständig für andere – zuerst für die Eltern, Großeltern und Geschwister, später für Chefs und Kollegen, Freunde, Partner, eigene Kinder und die alten Eltern und Schwiegereltern.
- Untergründig hegt man jedoch einen Groll gegen die anderen, weil man ständig gibt, aber nur selten etwas zurückbekommt. Diese Aggression lässt man den anderen indirekt spüren, indem man zum Beispiel ständig klagt.
- Man sucht sich Menschen, die einem unterlegen sind oder denen es noch schlechter geht als einem selbst, damit man ihnen helfen kann. Wenn sie sich nicht helfen lassen, wird man zornig.
- Man lässt sich selbst nicht helfen.
- Man ergreift einen Helferberuf. Manchmal verlangt

man umgekehrt von seinen Schützlingen Zuwendung und Liebesbeweise. Man steht dann in Gefahr, die Schützlinge zu missbrauchen (Opfer-Täter-Kreislauf).
- Man wird früh selbstständig, lebt allein und hat kaum richtige Freunde, auch wenn man nach außen hin einen geselligen Eindruck erweckt.
- Den Freunden, die man hat, zeigt man nie sein wahres Gesicht (am wenigsten die eigene Not).
- Man ist misstrauisch und lässt sich nie ganz auf andere Menschen ein.
- Man kann nicht gut für sich sorgen.

Was kann man für sich tun?

- In einer Familienaufstellung das Ritual »Den Stein zurückgeben an die Eltern« durchführen (siehe Seite 147 ff.).
- Die Eltern wieder als Eltern annehmen, ihre Fürsorge und Autorität, auch wenn man schon erwachsen ist.
- Lernen, wieder Kind zu sein und sich helfen zu lassen. Das bedeutet auch, die Kontrolle abzugeben und angewiesen auf andere zu sein.
- Für sich selbst sorgen, sich etwas Gutes tun, in Therapie gehen.
- Sich Zeit nehmen für sich selbst.
- Ein positives Selbstbewusstsein aufbauen.
- Lernen, eigene Wünsche auszusprechen, Forderungen zu stellen und nein zu sagen, ausbeuterische Beziehungen beenden.

tut ihr nicht gut. Dann spürt sie das bodenlose Loch in sich, dann möchte sie nur noch sterben.

Diesen *Todeswunsch* hat sie als Kind auch verdrängen müssen: den Wunsch, tot zu sein und von dem ganzen Elend nichts mehr zu wissen. Tot zu sein und endlich ihren verstorbenen Bruder wiederzusehen. Tot zu sein und Frieden zu haben. Tot zu sein, damit man nicht am nächsten Morgen aufwachen und wieder die tägliche Sisyphusarbeit aufnehmen muss. Tot zu sein, um nicht wieder den Hohn und Spott der Klassenkameraden ertragen zu müssen, wenn sie die Hausaufgaben wieder nicht gemacht hat (weil sie die kranke Mutter pflegen musste) oder wenn sie beim Sport wieder mal die Letzte war.

Aber als sie Kind war, konnte sie es sich nicht leisten, tot zu sein. Ihre Mutter brauchte sie. Jetzt brauchen ihre Kindergartenkinder sie. Wenn sie mal nicht mehr arbeiten muss, kann sie endlich sterben.

Wir spüren es: Hier ist tiefe Depression, festgefrorene Trauer. Wenn diese Trauer zu schmelzen begänne, würden die Ströme alle Dämme, die die Frau mühsam errichtet hat, brechen lassen. Daher hält sie sie mit aller Kraft zusammen. Es ist wichtig, dass wir solche Grenzen respektieren.

Wenn wir uns die Überlebensstrategien von Menschen anschauen, die schon früh auf eigenen Beinen stehen mussten, merken wir, dass es nicht einfach ist, ihnen zu helfen. Sie sind es gewohnt, ohne fremde Hilfe auszukommen. Aus der Not haben sie eine Tugend gemacht.

Da sie als Kinder keine oder zu wenig Fürsorge erfahren haben, haben sie früh gelernt, für sich selbst zu sorgen.

Anfälligkeit für Süchte

Menschen, die in ihrer Kindheit parentifiziert waren, sind sehr suchtgefährdet. Da sie sich ihre Bedürftigkeit aber nicht eingestehen, holt sich quasi das »Loch« in ihnen das, was ihm fehlt. Sie greifen dann bei Verführungen zu, obwohl ihr Verstand sie davor warnt. Weil ihre Sehnsucht so übergroß ist, sind sie für Süchte aller Art verführbar, angefangen von Schokolade und Süßigkeiten in der Kindheit über die ersten Zigaretten und Alkohol in der Jugend bis hin zu harten Drogen, Sex, Arbeit, Essen und Trinken, Fernsehen, Internet.

Sie spüren zwar, dass all diese Dinge nur eine Ersatzbefriedigung bieten. Der Therapeut Claude Steiner nannte sie einst treffend »Plastikschmuser«. Aber ein Schnuller ist wenigstens immer verfügbar. Eine Zigarette bekommt man an der nächsten Straßenecke, selbst in der tiefsten Nacht, wenn man sich einsam fühlt.

Natürlich wissen die Betreffenden, dass sie sich mit den Süchten nichts Gutes tun und sich damit schaden, aber das Loch im Bauch schreit wie ein hilfloser Säugling, und sie müssen ihm schnell etwas geben, damit sie nicht wirklich fühlen müssen, was dem inneren Kind in ihnen *wirklich* fehlt. Denn dann würden sie in die alte, bodenlose Verzweiflung von früher fallen. Nein, besser ist es, sich eine Zigarette anzuzünden. Den warmen Rauch einziehend, fühlt man sich wieder in den wohlig-neblig-verschwommenen Mantel des Vergessens eingehüllt.

Die zwei Gesichter von Helfern: Täter und Wohltäter

Menschen, die als Kinder ihren Eltern helfen mussten, tun es gerne weiterhin, wenn sie erwachsen werden. Sie sind oft Helfer aus Überzeugung, nicht selten ergreifen sie einen pädagogischen, sozialen, heilenden oder kirchlichen Beruf. Sie widmen sich ihrem Beruf mit großem Einsatz.

Helferberufe sind für Menschen, die in ihrer Kindheit große Entbehrungen erlitten haben, aus mehreren Gründen sehr attraktiv:

- Zum einen sind sie nicht mehr allein: Sie haben ständig Menschen um sich, die ihrer Hilfe bedürfen.
- In diese Hilfsbedürftigen können sie ihre eigene Not und ihr eigenes Leiden projizieren. Es geht ihnen besser, wenn sie sehen, dass es anderen genauso schlecht oder noch schlechter geht.
- Außerdem haben sie das Gefühl, gebraucht zu werden. Dies gibt ihnen einen Lebenssinn in einem sonst trostlosen Leben.
- Schließlich wiederholen sie ein altes Muster: Sie werden von ihren Klienten gebraucht, genauso wie ihre Eltern sie einst gebraucht haben.

Diese Menschen stehen jedoch leicht in der Gefahr, die Rollen umzudrehen: Da sie es leid sind, Opfer zu sein, werden sie zu Tätern, wenn auch erst einmal in der Gestalt von *Wohltätern*.

Als Helfer zeigen sie zwei Gesichter: Sie lassen sich ausnutzen, und sie nutzen aus. Normalerweise sind sie gütig, hilfsbereit und einfühlsam (das haben sie zu Hause gelernt). Sie lassen sich jedoch leicht ausnutzen, weil sie Probleme damit haben, nein zu sagen. Sie lassen sich von ihren Schützlingen, Hilfesuchenden oder Patienten ausbeuten, sind Tag und Nacht für sie da. Sie fordern zu wenig Gehalt vom Arbeitgeber, sie arbeiten willig bis tief in die Nacht. Sie können nicht nein sagen, weil sie auf die Dankbarkeit ihrer Chefs oder ihrer Schützlinge angewiesen sind. Denn tief im Herzen sind sie selbst äußerst bedürftig, sie haben wie gesagt ein »Loch im Bauch«, das danach schreit, gefüllt zu werden. Diese Bedürftigkeit kann ihnen leicht zur Falle werden, wenn sie ihr inneres Loch mit den beruflichen Kontakten mit ihren Schützlingen füllen, denn irgendwann brauchen sie diese genauso wie diese sie. Es entsteht eine gegenseitige Abhängigkeit.

Mit der Abhängigkeit zeigt sich das zweite Gesicht des Helfers: Er wird langsam zum *Täter.* Zunächst zieht er seine Schutzbefohlenen immer mehr in seinen Bannkreis. Er beginnt seinerseits von ihnen Zuwendung zu erwarten und zu fordern, und zwar über die Grenzen des professionellen Kontaktes hinaus. Es beginnt vielleicht mit emotionaler Zuwendung, die er erwartet (zum Beispiel dass der Klient seine Sorgen anhört), dann bittet er seine Schützlinge um Gefälligkeiten, manchmal auch um finanzielle Unterstützung. Er verabredet sich privat mit ihnen, geht zu ihnen nach Hause und lädt sie zu sich ein. Vielleicht beginnen irgendwann auch sexuelle Intimitäten und Übergriffe, wenn sich die Klienten nicht wehren. Und manchmal werden die Schutzbefohlenen zum Objekt der Launen und Aggressionen des Helfers. All diese Grenzverletzungen geschehen in einer Atmosphäre von Vertraulichkeit und Abhängigkeit. Der Hilfesuchende findet sich plötzlich in einer Falle, er ist emotional, bisweilen auch sexuell und finanziell vom Helfer abhängig oder ihm hörig und schafft es nicht, sich von diesem abzugrenzen und zu distanzieren.

Hierzu einige Beispiele:

Eine Frau hat Eheprobleme und bittet ihren Pfarrer um seelsorgerische Gespräche. Diese verlaufen zunächst gut, er zeigt viel Verständnis für ihre Probleme. Allmählich beginnt er jedoch, ihr davon zu erzählen, dass in seiner eigenen Ehe nicht alles zum Besten stehe. Er brauche viel Zuwendung. Die Klientin ist zunächst geschmeichelt, dass er sich ihr anvertraut. Mit der Zeit wird er aber immer zudringlicher und missbraucht sie schließlich sexuell. Er erpresst sie damit, ihrem Mann von ihrer Beziehung zu erzählen, falls sie nicht willig sei. Außerdem würde er seine Frau und sein Pfarramt verlieren, wenn sie ihn verrate. Sie wolle doch nicht sein Leben zerstören.

Ein Lehrer freundet sich mit einer Schülerin seiner

Klasse an. Auf ihren gemeinsamen Spaziergängen führen sie lange philosophische Gespräche. Statt ihres viel beschäftigten Vaters sorgt er sich auch um ihre Privatangelegenheiten. Sie ist von seinem Wissen und seiner Kompetenz begeistert. Umgekehrt tut sie ihm in ihrer jugendlichen Frische und Begeisterungsfähigkeit ausgesprochen gut, da er sonst kein Glück bei den Frauen hat. Aus dem Lehrer-Schüler-Verhältnis wird langsam eine sexuelle Beziehung, die von beiden geheim gehalten wird. Als sie schwanger wird, verleugnet er alles und lässt sich an eine andere Stelle versetzen.

Ein Arzt bestellt eine Patientin zu seiner Privatsprechstunde am Mittwochnachmittag, nachdem er von ihr erfahren hat, dass ihr Mann für längere Zeit verreist ist. Dort wird er sexuell zudringlich. Sie gibt nach, weil sie sich hilflos fühlt und sie allein in der Praxis sind. Nach und nach wird sie von ihm sexuell abhängig, zumal sie sich einsam fühlt.

Ein Therapeut bietet seinen Klienten Beteiligungen an seinem Computergeschäft an. Sie investieren Geld dafür, einige übernehmen bald Verwaltungsaufgaben für ihn. Die therapeutische Beziehung besteht unterdessen weiter.

Für den Helfer sind seine Schützlinge so verführerisch, weil diese ihm durch den beruflichen Kontakt so leicht zur Verfügung stehen. Da sie ihm vertrauen, glauben sie, dass alles, was er mit ihnen macht, dem Zweck diene, ihnen zu helfen. Daher gestehen sie ihm vieles zu, was sie sonst nicht ohne weiteres zulassen würden: Ausfragen intimer persönlicher Angelegenheiten, intime Berührungen usw. Außerdem sind sie in gewisser Weise auf ihn angewiesen, er hat Macht über sie. Häufig finden ihre Kontakte in einem nicht öffentlichen Rahmen statt, in Behandlungsräumen, Klassenzimmern, Sprechzimmern. Sie entziehen sich einer öffentlichen Kontrolle. Da der Inhalt der Gespräche intimer Natur ist, weiß der Helfer viel Persönliches über seine Schutzbefohlenen und hat dadurch die Möglichkeit, sie zu manipulieren oder zu erpressen.

Es bestehen viele Ähnlichkeiten und Parallelen zwischen der Eltern-Kind-Beziehung und der Beziehung zwischen Helfern und Hilfesuchenden: Hier wie dort besteht ein Vertrauens- und Abhängigkeitsverhältnis, hier wie dort findet der Kontakt in einem intimen, nicht öffentlichen Rahmen statt. Es geht in der Beziehung um sehr persönliche Dinge, welche die Erziehung, die seelische und körperliche Gesundheit und das spirituelle Heil des Kindes beziehungsweise des Hilfesuchenden betreffen. Ein solch naher Umgang funktioniert nur gut, wenn Eltern oder Helfer die intimen körperlichen und persönlichen Grenzen des Kindes beziehungsweise des Klienten respektieren und sie nicht antasten oder verletzen.

Gerade dies haben jedoch Kinder, die früher von ihren Eltern ausgebeutet wurden, nicht gelernt. Sie haben in der Eltern-Kind-Beziehung eine Rollenumkehrung erfahren: Nicht ihre Eltern haben sich um sie gekümmert, sondern sie mussten die Bedürfnisse der Eltern befriedigen. Dieses Muster wiederholen sie unbewusst später in ihrem Helferberuf: Statt die Menschen, die zu ihnen als Hilfesuchende kommen, zu unterstützen, fangen sie an, diese für ihre eigene Bedürfnisbefriedigung auszunutzen. Da ihre Eltern früher ihre intimen Grenzen nicht respektiert haben, können sie jetzt die intimen Grenzen ihrer Klienten und Schutzbefohlenen nicht achten. Ihr Verhalten hat Suchtcharakter, das heißt, sie neigen immer wieder dazu, ihre Klienten auszubeuten.

Umgekehrt werden gerade Klienten, die als Kinder missbraucht wurden, leicht zum Opfer therapeutischen Missbrauchs. Da sie oft Grenzverletzungen mit Zuwendung verwechseln und nicht nein sagen können, lassen sie sich vom Helfer ausnutzen, ohne sich zu wehren. Sie erleiden damit eine Retraumatisierung, eine Wiederholung ihres Traumas.

Was Helfer tun können, damit sie Hilfesuchende nicht ausnutzen und missbrauchen

- Da Menschen, die als Kinder von ihren Eltern ausgebeutet worden sind, selbst leicht zu Tätern werden, ist eine gründliche Aufarbeitung ihrer eigenen Lebensgeschichte von zentraler Bedeutung. Angehörige pädagogischer, sozialer, heilender und kirchlicher Berufe brauchen eine Eigentherapie während ihrer Ausbildung, um ihre eigenen Defizite aufzuarbeiten. Diese sollte in den Ausbildungsrichtlinien festgeschrieben sein, eine Eigentherapie auf freiwilliger Basis genügt nicht. Denn gefährdete Personen suchen von sich aus eher keine Therapie auf, da sie schlecht Hilfe annehmen können oder ihre Gefährdung und Gefährlichkeit gar nicht erkennen oder verleugnen. Unbedingt erforderlich ist eine berufsbegleitende Supervision für alle genannten Berufe. Auch nach der Ausbildung kann eine Eigentherapie, besonders in Krisenzeiten, hilfreich sein. Nach einem aktiven Missbrauch ist eine solche ebenfalls dringend erforderlich.

- Ein unglücklicher Helfer ist kein guter Helfer. Eminent wichtig ist es für alle Helfer, für ihre persönlichen Bedürfnisse zu sorgen. Eine erfüllende Liebesbeziehung, ein stabiles soziales Netz aus Freunden und Bekannten, gute Beziehungen zur eigenen Familie sind ein guter Schutz gegen die Versuchung, die Befriedigung eigener Bedürfnisse bei seinen Klienten zu suchen.
- Klare Grenzziehungen zu den Klienten sind in Helferberufen unbedingt notwendig. Dies deutlich zu machen, sollte Bestandteil jeder Ausbildung sein. Privates und Berufliches sollen eindeutig voneinander getrennt sein. Ein Crossover, das heißt das Überwechseln aus einer privaten Beziehung in eine berufliche und umgekehrt, sollte vermieden werden. Wenn ein Freund oder ein Bekannter mich zum Beispiel um eine Therapie oder Beratung bittet, verweise ich ihn auf einen Kollegen oder eine Kollegin. Wenn ein Klient mich um ein

privates Treffen bittet, sage ich nein und begründe es. Privates und Berufliches wird sonst vermischt, was zu großem Durcheinander führen kann – selbst wenn daraus kein Missbrauch resultiert.

- Wenn eine Grenzverletzung stattgefunden hat, sollte sich der Helfer Hilfe holen. Ein Missbrauch kann aufgearbeitet werden, wenn sich der Helfer gegenüber dem Beschädigten dazu bekennt, Wiedergutmachung leistet und die darunterliegende Problematik, besonders das eigene Leid als einstiges Opfer, therapeutisch bearbeitet. Danach sind die beruflichen Grenzen neu zu ziehen. Es sollte, unter Mithilfe von Supervisoren und Kollegen, sorgsam erwogen werden, ob er den Beruf wechselt oder ob er, unter Einhaltung klarer Grenzen, seine Tätigkeit weiter ausüben kann. Danach ist eine therapeutische Weiterbetreuung und eine gewissenhafte Selbst- und Fremdkontrolle notwendig, da die Möglichkeit eines Rückfalls, wie bei allem Suchtverhalten, immer latent vorhanden ist.

Angst vor Nähe oder: Aschenputtel und die Sehnsucht, endlich erkannt zu werden

Im vorigen Kapitel habe ich das Beispiel einer Frau angesprochen, die als Kind die Prügel ihrer Mutter still erduldete, weil sie die Not der Mutter spürte. Als Erwachsene hat sie große Schwierigkeiten, eine intime Beziehung aufzunehmen. Ihre Begegnungen mit Männern beginnen meist viel versprechend. Doch wenn sie mit einem Mann zusammen zu ihm oder zu ihr geht, bekommt sie jedes Mal Panik. Sie verlässt dann fluchtartig den Ort.

Mit Nähe und Intimität haben erwachsene Menschen, die als Kinder parentifiziert wurden, große Probleme. Denn in ihrem Herzen herrscht ein gewaltiger Konflikt. Einerseits gibt es nichts, wonach sie sich mehr sehnen als nach Liebe und Geborgenheit. Daher suchen sie ständig nach Liebe. Andererseits haben sie aber die größte Angst vor einer nahen Beziehung. Denn sie haben als Kinder erlebt, wie gefährlich Nähe für sie gewesen ist. Sie haben deshalb vor dem, wonach sie sich sehnen, gleichzeitig Angst. Daher reagieren sie in den Augen ihrer Partner so widersprüchlich. Mal werfen sie sich ihnen an den Hals, mal stoßen sie sie weg oder laufen fort.

Sie reagieren dabei wie Aschenputtel aus *Grimms Märchen:* Auch dieses hatte keinen größeren Wunsch, als auf den Ball des Prinzen gehen zu dürfen. Es überwand alle Hindernisse und erschien im prächtigsten Kleid auf dem

Ball. Der Prinz tanzte mit niemandem außer mit ihm. Als es aber zwölf Uhr Mitternacht schlug, floh es Hals über Kopf und legte sich wieder in seine Asche.

Aschenputtel erscheint einmal in Asche, einmal im glänzenden Kleid. Am Tag ist es die schmutzige Magd, in der Nacht die allerschönste Prinzessin. Zwischen beiden unvereinbaren Identitäten hin- und hergerissen, zieht es Aschenputtel einmal zum Prinzen hin, aber kaum, dass er mit ihm tanzt, reißt es sich wieder aus seinen Armen los und flieht, weil es Angst hat, dass die prächtigen Kleider um Mitternacht von ihm abfallen und es in Sack und Asche vor dem Prinzen stehen könnte.

Wenn das Märchen an dieser Stelle aufhörte, bekämen wir eine Ahnung für den furchtbaren inneren Kampf, der in Menschen tobt, die Angst vor Nähe haben. Tatsächlich bleiben viele von ihnen alleine, obwohl sie nicht selten einen Prinzen (oder eine Prinzessin) finden, der sie heiraten möchte. Aber sie haben nicht den Mut, sich diesem zu offenbaren, weil sie Angst haben, der Prinz könnte sie irgendwann als Aschenputtel entlarven und auch so verachten wie einst ihre Stiefmutter und Stiefschwestern. Also bleiben sie lieber in ihrer Asche sitzen und träumen nur vom großen Glück.

Endlich erkannt werden

Wie gut, dass der Prinz im Märchen schlau und hartnäckig war. Er ließ die Treppe mit Pech bestreichen, so dass Aschenputtels Tanzschuh dort stecken blieb. Mit diesem ging er von Tür zu Tür und suchte nach seiner rechten Braut. Noch immer hält sich Aschenputtel versteckt. Welch grausame Prüfung für den Prinzen! Es ist nicht einfach, den Weg zu Aschenputtel zu finden! Die eine Stiefschwester hackt sich die Ferse, die andere die Zehen ab, um in den zierlichen Schuh hineinzukommen, vergebens. Das Blut im Schuh verrät sie. Nun ist Aschenputtel an der Reihe. Es kommt in die Stube, aber hält sein Gesicht vor dem Prinzen verneigt, immer noch schämt es sich, sich zu zeigen. Hier nun die Szene aus der Urfassung des Märchens:

»Da ward Aschenputtel gerufen, und wie es hörte, daß der Prinz da sey, wusch es sich geschwind Gesicht und Hände frisch und rein; und wie es in die Stube trat, neigte es sich, der Prinz aber reichte ihr den goldenen Pantoffel und sagte: ›Probier ihn an! Und wenn er dir paßt, wirst du meine Gemahlin.‹ Da streift es den schweren Schuh von dem linken Fuß ab, setzt ihn auf den goldenen Pantoffel und drückte ein klein wenig, da stand es darin, als wär er ihm angegossen. Und als es sich aufbückte, sah ihm der Prinz ins Gesicht, da erkannte er die schöne Prinzessin und rief: ›Das ist die rechte Braut.‹«*

»Und als es sich aufbückte, sah ihm der Prinz ins Gesicht, da erkannte er die schöne Prinzessin und rief: ›Das ist die rechte Braut.‹« Erkennen heißt Lieben. Es ist das

* Jacob und Wilhelm Grimm: *Die Kinder- und Hausmärchen der Brüder Grimm,* Lindau: Antiqua 1988 (3. Nachdruck der Ausgabe Kassel 1812/14), S. 70 f.

Erkanntwerden, so, wie sie sind, wonach Menschen wie Aschenputtel sich sehnen – jenseits der Asche, in der sie schlafen mussten, jenseits der Dienste, die sie leisten, jenseits der glanzvollen Masken, die sie aufsetzen, um von ihrem eigentlichen Selbst abzulenken. Auch der goldene Schuh gehörte zu ihrer Maskerade – es wäre schlimm, geheiratet zu werden, nur weil sie in einen bestimmten Schuh passte.

Wichtiger war es, dass der Prinz sie von Angesicht zu Angesicht ansah und sie erkannte. Daher war dieser Umweg über den Schuh nötig. Er hat sich zwar in sie verliebt, als sie im Glanz ihrer verzauberten Kleider auf dem Ball erschien – welches andere Mädchen hätte gegen Zauberkleider konkurrieren können? Hätte er sie direkt am Ball zur Braut erkoren, hätte sie nie erfahren, ob er ihren Kleidern oder ihrer wirklichen Person erlegen wäre. Aber nun stehen sie sich gegenüber von Angesicht zu Angesicht. Sie steckt in ihren einfachen Kleidern, hat nur Gesicht und Hände frisch und rein gewaschen. Er erkennt sie, wie sie im Alltag ist. Er schaut ihr in die Augen und nicht auf den Schuh: »Das ist die richtige Braut!«

Ausbeuterische Liebesbeziehungen

Ein Mann verliebt sich und ist total glücklich. Er krempelt gleich die Ärmel hoch und fängt an, alles für seine Angebetete zu tun. Er fährt sie überallhin, richtet ihre Wohnung neu ein, repariert alles, tilgt sogar ihre Schulden. Als er alles bei ihr in Ordnung gebracht hat, gibt sie ihm den Laufpass. Er hat nicht gemerkt, dass er mit der Zeit für sie zu einem besseren Butler geworden ist, sodass ihre Liebe und Achtung für ihn immer weiter abnahm.

Eine Frau klagt darüber, dass ihr Mann ihr immer mehr Verantwortung fürs Geldverdienen, Haushalt und Kinder überträgt. Er selbst zieht sich zunehmend zurück und frönt seinem teuren Hobby. »Aber ich liebe ihn doch!«, sagt sie verzweifelt. Sie hat nicht bemerkt, dass sie im Laufe der Zeit für ihn immer mehr zu einer billigen Haushälterin, zum Kindermädchen, zur Finanzbuchhalterin und Gesellschafterin verkommen ist und dass sie nicht mehr die gleichwertige Partnerin ist, die sie zu Beginn ihrer Beziehung war.

Menschen, die wenig Selbstwertgefühl haben, fangen an, alles für einen anderen Menschen zu tun, sobald sie von diesem die kleinste Spur von Liebe spüren. Wie von einem Automatismus getrieben, verschenken sie dann alles, was sie haben, ohne auf sich selbst zu achten. Sie achten nicht mehr auf ihre Grenzen, auf ihre Gesundheit, auf ihre Finanzen. Vor allem achten sie nicht darauf, ob sie gleich viel zurückbekommen, wie sie geben. Wenn man sie danach fragt, würden sie empört erwidern: »Aber Liebe bedeutet doch selbstloses Geben. Wenn man immer so viel zurückbekommen will, wie man gibt, dann ist das doch nur ein Handel, aber keine Liebe!« Wie beim Märchen »Sterntaler« geben sie ihr letztes Hemd hin, aber am Ende regnet es nicht Sterntaler auf sie, sondern gar nichts. Sie werden einfach im Stich gelassen.

So profan es klingen mag: Liebe hat tatsächlich etwas mit Geben und Nehmen zu tun. Liebe ist keine Einbahnstraße. Sie ist ein Austausch, kein Handel. Nur wenn beide Partner geben und nehmen, kann Liebe hin- und herfließen. Dann fühlen sich beide beschenkt. Dann sprudeln ihre Quellen. Gerade in einer gleichberechtigten Liebe zwischen zwei Partnern muss die Balance zwischen Geben und Nehmen gewahrt bleiben.

Das hat viel mit Achtung und Selbstachtung zu tun. Wenn ich mich selbst achte, fühle ich mich auch liebenswert: Ich bin es wert, vom anderen geliebt zu werden. Je mehr mein Partner mich achtet, desto mehr wird er mir von seiner Liebe zeigen. Wenn ich jedoch auf seine Liebesgeschenke und Liebesdienste mit der Bemerkung reagiere: »Ach, das ist aber zu viel des Guten. Das wäre doch nicht nötig gewesen!«, dann wird er irgendwann mir glauben und mit dem »zu viel des Guten« aufhören. Ich habe ihn dann davon überzeugt, dass ich tatsächlich nicht liebenswert bin.

Als Außenseiter draußen vor der Tür stehen – Wenn man von seinen Eltern abgelehnt wurde

Ein Mann hat das Gefühl, im Leben nicht weiterzukommen. Mit Mitte 30 hat er bereits mehrere Ausbildungen absolviert, aber in keinem Beruf ist er länger geblieben. Immer wieder bricht er ab und fängt etwas Neues an. Er fühlt sich ständig auf der Suche. Er weiß nicht, was er gut kann, eigentlich weiß er gar nicht richtig, was er im Leben will.

Gefragt nach seinen Eltern, berichtet er, dass sein Vater ihm nie etwas zugetraut hat, dass er zum Beispiel das Gymnasium schaffen würde. Obwohl er in der Grundschule gut gewesen ist, war es für alle in der Familie klar, dass er höchstens auf die Realschule gehen sollte. Er hat später zwar das Abitur auf dem zweiten Bildungsweg nachgeholt, sogar mit sehr guten Zensuren, aber er ist der Meinung, dass er sie unverdient bekommen habe. Wie sein Vater glaubt er, dass er tatsächlich unbegabt sei.

Wie war der Lebensweg des Vaters? Dieser habe es schwer gehabt. Er sei hoch begabt gewesen und wäre gern Jurist geworden, aber er musste das Gymnasium abbrechen, weil er in den Krieg ziehen musste. Danach habe er eine Lehre absolvieren müssen, weil der ganze Familienbesitz verloren gegangen ist. Der Vater habe seinen Beruf immer gehasst und hadere heute noch mit seinem Schicksal.

Auf die Frage des Therapeuten, ob es sein könnte, dass sein Vater ihm die höhere Schule nicht gegönnt hätte und ihn um seine guten Noten beneidet hätte, reagiert der Mann überrascht: Auf diese Idee wäre er nie gekommen. Er hat immer geglaubt, das, was der Vater sagte, sei richtig. Der Vater sei immer die Autorität in der Familie gewesen. Ihn anzuzweifeln, wäre niemandem in den Sinn gekommen.

Danach gefragt, wie sein Vater reagieren würde, wenn er, der Sohn, einen Beruf finden würde, der genau zu ihm passen und in dem er Erfolg haben würde, meint er, der Vater wäre sicherlich überrascht, ja bestürzt. Er würde die Welt nicht mehr verstehen. Dann würde er traurig werden und sich bewusst werden, wie viel schwerer er, der Vater, es gehabt hat, und er würde sicher noch mehr in seinen Gram versinken. Freuen würde sich der Vater nicht über seinen Erfolg, das könne er sich gar nicht vorstellen.

Wenn ein Kind von seinen Eltern abgelehnt wird

Kleine Kinder glauben ihren Eltern. In ihren Augen stellen sie die höchste Autorität dar. Daher übernehmen sie die Überzeugungen der Eltern, ohne diese zu hinterfragen. Dies ist ein natürlicher und sinnvoller Vorgang, denn so lernen Kinder ihre Welt zu verstehen. Indem sie sich mit ihren Eltern identifizieren, übernehmen sie die Wertvorstellungen der Eltern und deren Sicht der Dinge.

Natürlich übernehmen Kinder dabei auch die Vorurteile der Eltern. Dies betrifft zum einen die Welt um sie, zum anderen aber auch ihr Selbstbild. Aus den täglichen Interaktionen zwischen einem Kind und seinen Eltern formt das Kind ein Bild seiner selbst und der Welt. In den Augen der Eltern kann es ablesen, was für ein Mensch es ist. Aus der Art, wie die Eltern sich über die Wiege beugen, wie sie aufs Kind herunterschauen, es ansprechen und es in den Arm nehmen, spürt das Kind, ob es willkommen oder unwillkommen ist, ob es in ihren Augen ein hübsches oder hässliches Kind ist, ob sie es für dumm oder intelligent halten.

Im obigen Beispiel hat der Junge schon früh gespürt, dass er *in den Augen seines Vaters* dumm und unbegabt ist. Wenn sein Vater über ihn sprach, schwang immer ein Ton der Geringschätzung mit, manchmal hörte er auch Mitleid oder Bedauern heraus: »Ach, hoffentlich schafft er überhaupt die Grundschule.« Oder: »Mal sehen, ob er nicht eine Ehrenrunde drehen muss, wenn er in die höhere Schule kommt!« So formte sich in ihm schon früh ein Bild von sich, ein Bild, das ihm eine negative Identität vermittelte – »Ich bin dumm« – und das bis ins Erwachsenenalter äußerst stabil geblieben ist.

Botschaften, die damit im Widerspruch stehen, etwa ein Lob vonseiten eines Lehrers, werden ungläubig beiseitegeschoben. Sie stimmen einfach nicht mit dem kindlichen Selbstbild überein, selbst wenn sie ihm guttun. Der Junge ist auf diesem Ohr taub. Ja, er wird sogar böse, wenn er später von einem Freund oder seiner Frau zu hören bekommt: »Warum machst du nicht mehr aus dir? Du kannst doch mehr!« Wenn er solche positiven Botschaften in sich hineindringen ließe, würde er innerlich in einen Konflikt kommen. Er müsste das Bild des Vaters, das er in sich trägt, in Frage stellen. Der Vater ist für ihn bisher eine ungefragte Autorität gewesen. Sein gesamtes Weltbild würde ins Wanken geraten.

Neben der Übernahme der Sichtweise seines Vaters findet im Jungen ein noch wichtigerer Prozess statt: Als Junge möchte er sich mit seinem Vater, den er bewundert, *identifizieren*. Er nimmt den Vater als Vorbild. So, wie der Vater ist, so will er auch sein. Wieso soll er studieren, wenn sein Vater es nie getan hat? Außerdem würde das Größenverhältnis zwischen ihm und dem Vater nicht mehr stimmen, wenn er über diesen hinauswachsen würde! Der Vater ist groß, er ist klein. So soll es immer bleiben. So braucht er auch nicht erwachsen zu werden. Er will ja gar nicht erwachsen werden, weil dies seine Beziehung zum Vater grundlegend verändern würde.

Noch etwas anderes läuft im Jungen ab, wenn er neben seinem Vater steht: Wie jedes Kind ist er äußerst sensibel für die leisesten Empfindungen des Vaters. Er spürt, dass sein Vater im Grunde seines Herzens unglücklich ist. Er ahnt, dass sein Vater mit seinem eigenen Leben hadert. Jedes Mal, wenn der Vater einem Akademiker begegnet, nimmt der Sohn schmerzlich wahr, wie der Vater mit Neid und Missgunst zu kämpfen hat. Er fühlt die

Scham und die Selbstverachtung des Vaters. Und da er sich als Teil seines Vaters fühlt, beginnt er sich selbst vor Akademikern zu schämen. Er fühlt sich ebenso minderwertig wie der Vater.

Aber in seiner Liebe zum Vater fühlt sich der Sohn stark. Er ist bereit, mit ihm durch dick und dünn gehen. Tief im Herzen verbündet er sich mit dem Vater gegen den Rest der Welt. »Selbst wenn dich die ganze Welt verachtet, ich stehe zu dir!« So entsteht eine unzerbrechliche Treuebindung zum Vater. Wie könnte er je auf die Seite des »Feindes« überlaufen? Wie könnte er je ein erfolgreicher Akademiker werden? Dies wäre ein ungeheurer Verrat dem Vater gegenüber. Deshalb kann der junge Mann auch kein Studium zu Ende führen. Mit jedem Studienabbruch zeigt er seinem Vater: »Siehst du, lieber Vater, du hast Recht: Ich schaffe es nicht. Ich bin dir treu. Du brauchst dir keine Sorgen zu machen.«

Wir können wie folgt zusammenfassen: Der Sohn kann nicht aus dem selbstdestruktiven Teufelskreis heraus, weil

- er das negative Bild des Vaters über ihn übernommen hat,
- er sich mit dem Vater identifiziert hat,
- er die Autorität des Vaters nicht in Frage stellen will,
- er das Leid des Vaters spürt und es mit ihm mittragen möchte,
- er dem Vater treu sein will und ihn nicht verraten möchte.

Es sind mächtige seelische Kräfte, die im Sohn wirken. Sie wirken im *Unbewussten,* das heißt, der Sohn ist sich gar nicht bewusst, dass sein Verhalten von diesen Kräften gesteuert wird. Ihnen gegenüber sind seine *bewussten* Gedanken und Vorsätze relativ machtlos. Mag er sich noch so vornehmen, endlich den Platz im Leben zu erobern, der ihm von seiner Begabung her zusteht: Eine unsichtbare Kraft wird ihn immer wieder zurückziehen, jedes Mal, wenn er aus dem Schatten des Vaters heraustreten möchte.

Warum macht der Vater den Sohn schlecht?

Nun könnte man den Blick auf den Vater wenden und fragen: Weshalb gönnt er dem Sohn den Erfolg nicht? Wieso kann er nicht stolz auf den Sohn sein, wenn dieser gute Zensuren nach Hause bringt? Wie kann denn ein Vater so grausam sein? Liebt er seinen Sohn gar nicht?

Doch, der Vater liebt den Sohn. Er ist weder grausam noch sadistisch. Er fühlt sich sogar sehr realistisch, wenn er sagt: Er möchte nur seinen Sohn schützen, er möchte ihm nur die bitteren Niederlagen ersparen, die er am eigenen Leib erfahren hat. Er hat doch selbst erleben müssen, wie seine einstigen hochfliegenden Pläne sich in nichts aufgelöst haben. Er hat doch Kollegen, die weniger begabt und unwürdiger waren, an sich vorbeiziehen sehen. Er hat deren Verachtung gespürt, wenn er ihre Befehle ausführen musste.

Nein, all dies will er seinem Sohn ersparen. Wenn

dieser nur bescheiden bleibt, wenn er gleich von Anfang an kleinere Brötchen bäckt, dann wird ihm die ganze Schmach erspart bleiben. Er sieht zwar, dass der Sohn in einigen Fächern gute Noten hat. Aber was bedeutet das schon? Noten zählen im wirklichen Leben nichts, da tobt der grausame Konkurrenzkampf. Außerdem nimmt er die schlechteren Noten des Sohnes viel stärker wahr. Sind diese nicht ein Beweis dafür, dass er im Grunde doch nicht so leistungsfähig ist?

Der Vater merkt nicht, dass er den Sohn *mit sich selbst identifiziert* hat, und zwar nur mit der *negativen* Hälfte seiner selbst. Daher registriert er nur die schlechten Noten, die guten ignoriert er. In seinem Sohn sieht er ein Stück von sich selbst. Seine Selbstverachtung dominiert seine Wahrnehmung derart, dass er das Kind nicht vollständig, das heißt in seinen guten *und* schlechten Seiten wahrnehmen kann. Ja, er beginnt sogar, negative Eigenschaften in seinen Sohn hineinzuinterpretieren, die so gar nicht vorhanden sind. Wir nennen einen solchen Akt eine *Projektion:* Wie ein Filmprojektor ein Bild auf die Leinwand wirft, so projiziert der Vater seine eigenen Anteile auf das Kind, und zwar vorwiegend diejenigen Teile, die er bei sich selbst ablehnt.

Diese Vermischung von Identifikation und Projektion nennt man eine *projektive Identifikation.* Sie läuft meist unbewusst ab. In unserem Fall besetzt der Vater den Sohn mit seinem eigenen Selbstbild. Und der Sohn übernimmt diese genauso unbewusst. Dadurch entsteht eine unauslöschliche Verbindung zwischen Vater und Sohn. So wie Filmprojektor und Leinwand zusammengehören, so sind Vater und Sohn durch Scham und Selbstverachtung unzertrennlich miteinander verbunden. Nach dem Familientherapeuten Ivan Boszormenyi-Nagy bezeichnen wir dies eine »unsichtbare Bindung«.

Dadurch, dass der Vater seine negativen Seiten auf seinen Sohn projiziert hat, fühlt er sich etwas besser. Er ist so vom eigenen Leiden abgelenkt. Seine Aufmerksamkeit ist gänzlich auf den Sohn ausgerichtet. Solange dieser das negative Selbstbild annimmt, so lange braucht sich der Vater nicht mit sich selbst zu befassen. Sein Sohn hat ein Problem, nicht er. Wenn es jemand gibt, der Hilfe braucht, ist es der Sohn, nicht er.

Wir sehen an diesem Beispiel, wie eine Art »Bluttransfusion« zwischen Vater und Sohn stattfindet. Die Selbstverachtung wird vom Vater auf den Sohn übertragen. Dadurch wird der Vater zwar noch lange nicht gesund, aber er fühlt sich subjektiv etwas besser, etwas stärker, dem Sohn überlegener. Und der Sohn übernimmt diese Last aus der unendlichen Liebe und dem vollen Vertrauen eines Kindes, das seinen Vater grenzenlos verehrt.

Wenn wir projizieren, ist es wie durch einen Spiegel zu schauen: Der Projizierende richtet den Spiegel weg von sich auf die andere Person. Er sieht im Spiegel nur den anderen Menschen. Seine Projektion löst sich erst auf, wenn er den Spiegel zurück auf sich selbst richtet, wenn er sich fragt: »Kenne ich das bei mir selbst, was ich bei der anderen Person ablehne?« Dies ist meist eine peinliche, zuweilen beschämende Konfrontation mit den Seiten an sich selbst, die man nicht gerne wahrnehmen möchte. Wenn sich der Vater mit seinen eigenen Versagenserfahrungen auseinandersetzen würde, würde er die Projektion zurücknehmen. Dann käme er nicht nur mit sich selbst ins Reine, er würde auch den Sohn freilassen. Dann könnte er den Sohn so sehen, wie er wirklich ist.

Was charakterisiert Kinder, die die negativen Seiten ihrer Eltern verkörpern?

- *Schwarze Schafe:* Diese Kinder sind die schwarzen Schafe der Familie, die Außenseiter, die von der übrigen Familie verachtet, verlacht oder ausgestoßen werden. Sie kommen überdurchschnittlich oft ins Erziehungsheim oder in Pflegefamilien, manche werden psychisch krank und durchlaufen eine »Patientenkarriere«, oft begleitet von überbesorgten oder abweisenden Eltern.
- *Auffälliges Sozialverhalten:* Die Kinder sind entweder auffällig zurückgezogen oder rebellisch bis hin zur Delinquenz.
- *Außenseiter:* Die Kinder sind Außenseiter unter den Gleichaltrigen. Viele werden zu Einzelgängern. Die Stärkeren und Durchsetzungsfähigeren unter ihnen können »Bandenführer« in ihren Cliquen werden.
- *Verträumte und sehnsuchtsvolle Wesenszüge:* Viele dieser

Kinder sind verträumt und geistig oft abwesend. Sie versinken suchtartig in Büchern, Musik, Computerspielen, Fernsehen. Da sie von ihrer Umgebung abgelehnt werden, spinnen sie sich lieber in eine eigene Welt. In ihren Sehnsüchten (nach einer großen Liebe, nach einem fremden Land, nach einem Traumberuf) versuchen sie der schrecklichen Realität zu entfliehen.

- *Verführbarkeit und Suchtgefährdung:* Aus Mangel an Liebe und Bestätigung sind diese Kinder leicht verführbar durch Ältere, die sie auf die schiefe Bahn bringen oder missbrauchen. Sie geraten leicht in Außenseiterzirkel, etwa in die Drogenszene, werden Mitglieder von kriminellen Banden, Dealer, Straßenkinder, Neonazis und Ähnliches.
- *Schwerer schulischer und beruflicher Weg:* Auch in Schule und Ausbildung haben diese Kinder oft Probleme. Selbst wenn sie intelligent und begabt sind, haben sie es schwer weiterzukommen, weil sie von ihrer Familie und Umwelt wenig Unterstützung erhalten und selbst nicht viel von sich halten.

Wie werden solche Kinder im Erwachsenenalter?

- *Abbruch der familiären Beziehung:* Oft brechen die Betreffenden die Beziehung zum Elternhaus fluchtartig ab, sobald sie volljährig werden: Sie ziehen weit weg, wandern aus, haben keinen oder kaum Kontakt mehr mit ihrer Herkunftsfamilie.
- *Beziehungsabbrüche:* In ihren Intimbeziehungen und

Freundschaften sind sie unbeständig. Nach begeisterten Anfängen neigen sie zu schweren Missverständnissen und Auseinandersetzungen, die in abrupten Beziehungsabbrüchen enden. Sie sind entweder vertrauensselig-naiv oder misstrauisch-argwöhnisch.

- *Geistige Abwesenheit:* In ihren Beziehungen sind sie oft nicht ganz »da«, sie wirken verträumt und geistig abwesend. Sie laufen weg aus ihren realen Beziehungen, immer ihren Sehnsüchten und Träumen nach (»Es muss doch einen besseren Partner, einen tolleren Beruf, ein schöneres Land geben!«), ohne sie je zu finden.
- *Einsamkeit:* Die Betreffenden leben oft allein als Singles und leiden unter ihrer Einsamkeit, ohne einen beständigen Freundeskreis oder eine Partnerschaft aufbauen zu können.
- *Heimat- und Wurzellosigkeit:* Sie finden keinen Platz im Leben, sind ständig auf der Suche und können nichts aufbauen (beruflich, familiär und/oder sozial). Ihre Wohn- und ihre Arbeitsstätte muten oft provisorisch und improvisiert an, weil sie ihre Zelte immer wieder abbrechen.
- *Jugendliche Erscheinung:* Sie wirken oft jünger, als sie sind. Ein Teil von ihnen ist noch kindlich und nicht ausgereift. Da sie keine wirklichen Wurzeln schlagen, können sie nicht innerlich wachsen.
- *Suchtgefährdung:* Aus Mangel an Liebe und Selbstbestätigung sind sie anfällig für Süchte aller Art, von Rauschmitteln über Sex und Geld bis hin zum exzessiven Es-

sen und Kaufen. Oder sie werden arbeitssüchtig. In der Sucht versuchen sie sich zu betäuben und ihre innere Leere auszufüllen.

- *Beziehungssucht:* Um ihrer Einsamkeit zu entfliehen, suchen sie sich unbewusst Partner, mit denen sie symbiotisch verbunden sind. In den ungleichen Partnerschaften ist der eine Partner oft schwach, (sucht-)abhängig und kindlich-unselbstständig, der andere co-abhängig (stark, helfend, sorgend, kontrollierend). Diese Beziehungen sind oft eine unbewusste Wiederholung der früheren »schiefen« Beziehung zu ihren Eltern.
- *Perfektionisten oder resignierte Perfektionisten:* Um ihr mangelhaftes Selbstbewusstsein zu kompensieren, haben sie einen stark überhöhten Anspruch an sich selbst und an andere, etwa ihre Partner, ihre Kinder oder ihre Mitarbeiter. Sie machen sich und anderen ständig Druck und sind selten zufrieden. Die einen werden zwanghaft-perfektionistisch. Die anderen resignieren vor den eigenen unerfüllbaren Ansprüchen, werden zynisch und verächtlich wie einst ihre Eltern.

Wenn Kinder durch negative Botschaften an ihre Eltern gebunden sind, trennen sie sich oft plötzlich und fluchtartig vom Zuhause, sobald sie volljährig werden. Es ist ein Verzweiflungsschritt, um sich endlich zu befreien. Das Kind versucht das Band, das es an die Eltern fesselt, radikal zu zerreißen, indem es Hunderte von Kilometern zwischen sich und das Elternhaus legt. Es flüchtet ins Ausland, wandert vielleicht sogar aus. Es verdingt sich als Soldat oder in der Fremdenlegion (wo es möglicherweise wieder misshandelt wird und/oder beginnt, andere zu misshandeln oder zu foltern). Egal, wohin es seine Sehnsucht zieht, ihm ist nur wichtig, ganz weit wegzugehen, damit es alles Frühere vergessen und ein neues Leben beginnen kann.

Doch der Neubeginn entpuppt sich oft als Fehlstart. Nach anfänglichen Erfolgen bleibt die Expedition in die Fremde stecken. Der Flüchtige wird irgendwann von seiner Vergangenheit eingeholt. Seine Beziehungen scheitern (weil er das Muster von früher unbewusst wiederholt), er verliert seine Jobs (weil in ihm der Versager steckt), er kann sich nirgendwo niederlassen (weil seine Wurzeln immer noch bei den Eltern sind), er fühlt sich unglücklich und orientierungslos, lässt sich von religiösen oder politischen Ideologien verführen oder verfällt der Sucht. Im Grunde seines Herzens ist er noch fest mit seinen Eltern verbunden, selbst wenn er keinen Gedanken an sie verschwenden will.

Menschen, die in einer ungelösten Treuebindung zu ihren Eltern verfangen sind, sind oft alleinstehend, ohne sich wirklich fürs Alleinleben entschieden zu haben. Ihre Seele ist wie besetzt. Die Eltern füllen ihre ganze Seele aus, sodass neben ihnen kein Platz ist für eine Partnerschaft oder eine Familie.

Manchmal gelingt es ihnen, eine Beziehung aufzubauen, und zwar mit einem Partner, der, ähnlich wie sie, *nicht ganz* da ist. Es kann eine Beziehung aus der Ferne sein, etwa eine Wochenendbeziehung, die lange Jahre bestehen kann, weil die Partner den wirklichen Problemen, die im Zusammenleben unvermeidlich auftauchen würden, aus dem Weg gehen. Ihre Beziehung beschränkt sich auf leidenschaftliche Begegnungen, sehnsuchtsvolle Briefe und Telefonate sowie wehmütige Abschiede. Oder es ist eine Schwärmerei für einen Star, eine Urlaubsbekanntschaft, einen Menschen aus einer fremden Kultur oder einen charmanten Chef, jedenfalls jemand, der unerreichbar ist. Oder man verliebt sich in jemanden, der verheiratet ist. Dann sind nur heimliche Treffen möglich, gestohlene Nähe voller Schuldgefühle und Tabus. Man fühlt sich unwirklich, virtuell – aber mit mächtigen Banden an den Partner gebunden, wie einst an die Eltern.

Bei aller Angst vor Nähe hegen die betreffenden Menschen aber eine tiefe Sehnsucht nach einer allumfassenden Liebe – es ist eine Liebe, die sie sich eigentlich von ihren Eltern gewünscht hätten. Wenn sie auf einen potenziellen Partner treffen, projizieren sie alle ihre Kinderwünsche und Jugendträume auf ihn. Vor solchen unerreichbaren Erwartungen muss jede irdische Beziehung scheitern. Dann sind sie entweder wütend auf den Partner (oder überhaupt auf alle Männer beziehungsweise Frauen), oder sie werfen sich selbst vor, beziehungsunfähig zu sein.

Paradoxerweise haben diese Menschen, die von ihren

Eltern verachtet wurden, gewisse Ähnlichkeiten mit Menschen, die das Gegenteil erlebt haben, die also von ihren Eltern vergöttert wurden. Daher schauen wir uns diese erst einmal genauer an, bevor wir zur Lösung der Probleme beider Gruppen gehen.

Leerer Glanz – Wenn man von seinen Eltern idealisiert wurde

Auch Kinder, die von ihren Eltern über alle Maßen geliebt und gefördert, ja vergöttert werden, können gerade durch diese Idealisierung eine Last aufgebürdet bekommen. Es sind häufig hübsche, intelligente, strahlende Kinder, die überall positiv auffallen. Sie sind das Ziel allseitiger Bewunderung, ihnen fliegen die Herzen von Erwachsenen und Gleichaltrigen zu, wo immer sie auch erscheinen. Sie sind die Klassenbesten, die Klassensprecher, die Stars ihrer Altersgruppe.

Aber oft sind sie trotzdem nicht glücklich. Weshalb nur? Dass die von ihren Eltern abgelehnten und verachteten Kinder unglücklich sind, leuchtet jedem ein. Aber dass es denjenigen, die eigentlich das Glück auf Erden gepachtet zu haben scheinen, nicht gut gehen soll, erscheint auf den ersten Blick unverständlich.

Das bewunderte Kind

Äußerlich ist das Kind vielleicht stolz darauf, dass es von allen bewundert und geliebt wird und dass ihm der Erfolg in den Schoß fällt. Aber mit jedem Lob schwingt auch die Erwartung mit, dass es alles noch besser schaffen möge, dass es auf der Erfolgsleiter noch höher klettern solle. Nach der ersten Eins im Zeugnis ist es selbstverständlich, dass es Klassenbeste/r wird. Nach den ersten gelungenen Klimmzügen meinen die Eltern, aus dem Kind wird mal ein Olympiasieger, nach dem ersten Kinderlied träumen sie von einer Karriere als Opernstar. Alles, was das Kind tut, wird in den höchsten Tönen gelobt und gleichzeitig mit Leistungskategorien belegt. Man staunt über das erste Lächeln (»Was für ein freundliches Kind!«), die ersten Laute (»Es fängt schon zu sprechen an! Das Nachbarskind ist viel älter und kann nicht mal ›Papa‹ sagen!«). Vergleiche mit anderen Kindern werden angestellt, in denen das Kind immer besser abschneidet beziehungsweise abschneiden muss. Es steht von Anfang an unter ungeheurem Erwartungs- und Leistungsdruck.

Das Kind spürt natürlich die Erwartungen der Eltern und der Umgebung. Es fühlt sich als etwas Besonderes, es scheint etwas zu haben, was andere Kinder nicht haben. Es fühlt sich einerseits stolz, andererseits steht es ständig im Rampenlicht, die Scheinwerfer sind Tag und Nacht auf es gerichtet. Es gibt keine Pause, sein Leben ist eine ewige Aufführung. Jede Geste, jede Miene wird vom Publikum gesehen und beurteilt.

Das Kind lernt ein guter Schauspieler zu werden. Es weiß genau, was von ihm erwartet wird, welche Rolle es zu spielen hat. Und es spielt sie brillant. Es kann gar nicht anders. Irgendwann kann es die Maske nicht mehr abnehmen, sie ist mit seinem Gesicht verwachsen, ist mit seinem Gesicht eins geworden. Wer es in Wirklichkeit ist, weiß es nicht. Alle Welt spricht von ihm, aber es kennt sich selbst nicht.

Ein hoch begabter junger Mann mit hervorragenden Zeugnissen wird in ein renommiertes Forschungsteam aufgenommen. Alle sind begeistert über seine Intelligenz, seinen Charme, sein einnehmendes Wesen. Er erobert die Herzen im Flug. Von seinen Kollegen wird er spontan zu ihrem Sprecher gewählt. Selbst Ältere kommen bald zu ihm und fragen ihn um Rat. Ihm stehen alle Türen offen. Eine heiß begehrte ledige Kollegin verliebt sich in ihn. Sie wollen heiraten. Alle gratulieren ihnen zu ihrem Glück. Sie sind das ideale Paar. Kurz vor der Heirat begeht er Selbstmord.

Was ist passiert? Warum hat er das getan? Wenn er sich umbringt, muss er doch unglücklich gewesen sein. Aber niemand hat je etwas davon gemerkt, selbst seine nächsten Angehörigen nicht. Gewiss, er hatte einen ernsten Zug um den Mund. Seine Freundin hat ihn manchmal bis tief in die Nacht wach vorgefunden. Aber auf ihre Frage, ob er etwas habe, hat er besänftigend abgewinkt. Es sei nichts. Er habe nichts. Er könne manchmal nur schlecht einschlafen, das ist alles. Geh nur ins Bett. Ich komme gleich nach …

Wenn Eltern ihre Kinder auf ein Podest stellen

Solche Menschen wollen kein Aufheben um ihr Leid und ihre Sorgen machen. Sie machen anderen eine Freude, aber ihr eigenes Selbst lassen sie verhüllt. Sie haben Eltern, die viel, vielleicht zu viel von ihnen erwartet haben. Sie waren die heiß ersehnte Tochter oder der Stammhalter. Sie waren die Blüten in der kahlen Landschaft. Ihre Eltern haben es vielleicht nicht leicht gehabt. Sie sind in ihren Träumen desillusioniert worden, haben im Leben Versagen und Enttäuschungen erleben müssen. Nun kommt da so ein wunderbares Kind. In ihm liegt die Zukunft. Es ist alles noch möglich. Auf einmal wird es wieder hell. Hier, spüren die Eltern, hier ist ein neuer Anfang möglich. Vielleicht wird durch das Kind noch alles gut.

Sie stecken all ihre Hoffnung ins Kind, fördern es mit all ihren Möglichkeiten. Sie sparen sich alles vom Munde ab, um es auf die Schule und Hochschule schicken zu können. Das Kind soll es einmal besser haben als sie.

Auch hier finden wir die oben beschriebene *projektive Identifikation:* Die Eltern identifizieren das Kind mit sich selbst, machen sein Schicksal zu ihrem eigenen. Dann projizieren sie alle ihre *positiven* Wünsche ins Kind. (Im vorherigen Kapitel projizierten die Eltern ihre negativen Anteile ins Kind.) Alles, was sie nicht geschafft haben, alles, was ihnen versagt geblieben ist, soll ihm gelingen. Sie tun alles, damit es Erfolg hat, damit es *ihren* Traum (der nicht unbedingt der seinige sein muss) erfülle. Einen solchen Auftrag nennen wir eine *Delegation.* Die Eltern delegieren ihre eigenen Lebensziele aufs Kind. Es handelt, nein, es lebt in ihrem Auftrag.

Warum eignen sich Kinder für Delegationen?

Es liegt in der Natur von Kindern, dass sie Erwachsene anrühren. Es ist keineswegs nur das »Kindchenschema«, das uns mit Entzücken erfüllt, wenn wir ein Kind vor uns haben. Es ist viel mehr. Kinder strahlen etwas Reines und Unverdorbenes aus. Es liegt etwas Engelhaftes in ihren Zügen.

Schauen wir uns dazu alte Darstellungen der Weihnachtsgeschichte an: Der Stall ist in ein Halbdunkel getaucht. Das Licht kommt aus der Krippe. Darin erstrahlt das Kind in einem geheimnisvollen Licht. In den Gesichtern der Anbetenden, die ums Kind stehen, vor allem im Gesicht seiner Mutter, spiegelt sich sein Leuchten wider. Es ist dieses geheimnisvolle Leuchten, das von einem Kind ausgeht, das uns so anrührt, ja mit Ehrfurcht erfüllt. Ein neugeborenes Kind, das vor uns in der Wiege liegt und schläft, muss kein göttliches Kind sein, um uns im Innersten zu ergreifen. Es ist, als würde mit jedem Kind, das uns geboren wird, etwas Heiles, Versöhnliches, Glückliches in die Welt zurückkehren.

Welche Eltern haben das nicht schon einmal erlebt: Man fühlt sich gerade niedergeschlagen und deprimiert, da geht die Tür auf, und das Kind kommt strahlend auf einen zugelaufen – da geht einem das Herz auf! Alles wird auf einmal heller und heiterer. Es wird einem wieder leichter ums Herz. Diese angeborene Fähigkeit von Kindern, uns im Herzen anzurühren, bewirkt Wunder! Und ihre Hypersensibilität, genau dann aufzutauchen, wenn es den Eltern schlecht geht, ist bemerkenswert.

Nun kann es sein, dass sich die Eltern an diese kleinen Wunder gewöhnen. Mit der Zeit bildet sich ein bestimmtes Muster heraus: Jedes Mal, wenn sich die Eltern schlecht fühlen, kommt das Kind und muntert sie auf. Beide Seiten fühlen sich dadurch besser: Die Eltern fühlen sich erleichtert, das Kind ist froh darüber und stolz darauf, die launischen oder depressiven Eltern wieder zum Lachen gebracht zu haben.

Nun müssen sich die Eltern nicht selbst darum kümmern, aus dem depressiven Loch herauszukommen. Sie verlassen sich aufs Kind, dass es sie schon wieder herausziehen würde.

Umgekehrt fühlt sich das Kind immer stärker. Jedes Mal, wenn es nach Hause kommt und die Eltern im seelischen Tief vorfindet, reicht es ihnen die Hand und zieht sie heraus. Die Hilfestellung wird zur Selbstverständlichkeit. Eine gegenseitige Abhängigkeit beginnt sich zu etablieren. Nicht nur die Eltern werden abhängig von der Unterstützung durchs Kind, auch das Kind wird abhängig von ihrer Bestätigung. Es definiert sich immer mehr als »Helfer in der Not«. Wenn es nicht helfen kann, fühlt es sich überflüssig und unwohl.

Ein kleiner Junge ist die rechte Hand seiner alleinstehenden Mutter und übernimmt alle Aufgaben, die sonst »der Mann im Haus« erledigt. Ein Vater geht mit seiner attraktiven Tochter zu abendlichen Empfängen, weil seine Frau öfters indisponiert ist. Alle diese Kinder füllen eine Lücke an der Seite ihrer Eltern aus – besonders solche, die der andere Elternteil zurückgelassen hat. So bilden sich ödipale Beziehungen heraus.

Es gibt unzählige Rollen, die ein Kind für seine Eltern spielen kann. So befriedigen manche Kinder den brennenden Ehrgeiz ihrer Eltern. Je nachdem, welche Talente im Kind schlummern und welche Vorlieben und Sehnsüchte die Eltern hegen, wird es auf einem Gebiet besonders gefördert und »verstärkt«. Das eine Kind ist das mathematische Genie, auf das die Eltern furchtbar stolz sind. Sie träumen schon davon, dass es einst Professor an der Universität wird. Ein anderes glänzt mit seiner Musikalität und wird als Wunderkind präsentiert. Wieder ein anderes lernt schon mit vier Jahren Tennisspielen und wird jedes Wochenende von den aufopfernden Eltern zu einem Turnier gefahren.

Viele Kinder ergreifen bestimmte Berufe, weil die Eltern ihre Dienste besonders dringend benötigen. Eine Tochter wird Ärztin, weil ihre Mutter ständig krank ist. Ein Mann wird Jurist, weil sein Vater oft in geschäftliche Schwierigkeiten kommt. Andere Kinder verwirklichen die früheren Sehnsüchte ihrer Eltern. Ein Junge wird Musiker, weil der sehnlichste Wunsch seiner Mutter war, Klavier spielen zu können, was ihre Eltern ihr nicht finanzieren konnten. Ein Mann gibt seiner Tochter den Namen seiner ersten Liebe, es ist wichtig für ihn, dass sie ihre Haare so trägt wie die unvergessene Geliebte.

Bestimmte Kinder machen etwas wieder gut oder büßen dafür, was ihre Eltern verschuldet haben. Ein junger

Mann wird Pfarrer, weil sein Vater im Krieg an der Judenvernichtung beteiligt war. Der Sohn eines hochrangigen Nazis scheitert ständig im Beruf, wird alkoholabhängig und macht laufend Schulden.

Alle diese Kinder übernehmen eine Last von ihren Eltern. Sie spüren, dass ihren Eltern etwas fehlt. Sie fühlen sich dafür verantwortlich, alles zu tun, damit die Eltern weniger leiden oder zufriedener im Leben sind. Diese Aufgabe füllt das Leben dieser Kinder aus, bis sie keinen Raum für sich selbst und ihr eigenes Leben mehr haben. Irgendwann kommen sie in eine *existenzielle Sinnkrise.*

Kehren wir zum Beispiel des viel versprechenden jungen Mannes zurück, der auf dem Höhepunkt seiner bisherigen Laufbahn Selbstmord beging. Er hat alles bisher Mögliche erreicht. Damit hat er das von seinen Eltern hoch gesteckte Ziel geschafft. Er hat einen Posten in einem sehr angesehenen Forschungsinstitut bekommen. Der Weg zur Spitze ist ihm vorprogrammiert. Selbst das persönliche Glück, die Beziehung mit einer wunderbaren Frau, fällt ihm in den Schoß. Er hat seinen Lebensauftrag erfüllt. Was kann nach dem Gipfel noch kommen? Nichts.

Das Nichts ist vielleicht das, was dem jungen Mann in der Stunde seines größten Triumphs begegnet. Nach außen hat er alles geschafft, was von ihm gefordert und erwartet wurde. Aber sein Inneres ist ihm dabei verloren gegangen. Seine Seele hat sich nie entwickeln können. Sie ist verkümmert, ohne dass es je einer gemerkt hat, auch er selbst nicht. Nur nachts, wenn er nicht schlafen konnte, spürte er dieses nagende Etwas in seiner Brust, ein Klopfen, eine Unruhe. Aber er wollte niemanden beunruhigen. Er hatte auch nicht die Zeit, sich mit sich selbst zu beschäftigen, das war unwichtig. Wenn er sich unwohl gefühlt hat, hat er sich mit Büchern und Fachliteratur abgelenkt oder eine Beruhigungstablette geschluckt.

Warum er sich umgebracht hat, weiß er wahrscheinlich selbst nicht. Es ist auch egal, ob er lebt oder nicht. Denn für seine Person hat sich niemand wirklich interessiert. *Er ist als Person nie gemeint gewesen. Niemand hat sich dafür interessiert, wie es ihm wirklich ging.* Den Leuten waren nur seine Leistungen und Erfolge wichtig. Er war eben ein guter Schauspieler in einer guten Rolle, die andere für ihn ausgesucht haben. Nun ist der Vorhang gefallen, das Stück ist zu Ende. Endlich darf er sich ausruhen.

Mit seinem Abschied ist kein Groll verbunden. Er war seinen Eltern und seiner Umwelt stets dankbar für ihr Wohlwollen und ihre Freundlichkeit. Sein Tod hat nichts mit ihnen zu tun. Sie sollen sich keine Schuldgefühle machen. Er ist allein dafür verantwortlich. Es tut ihm nur leid, dass er das Theaterstück nicht bis zum Happyend hat spielen können. Irgendwann ging einfach nichts mehr. Das Feuer ist ausgebrannt. Der Baum, der außen so stattlich ausgesehen hat, ist mit der Zeit innen hohl geworden und beim nächsten Sturm einfach umgekippt.

Nach nur wenigen Jahren ist er vergessen. Die Eltern

sprechen nicht mehr über ihn, zu sehr hat er sie in den Erwartungen, die sie in ihn gesetzt haben, enttäuscht. Seine Braut hat einen guten Ehemann gefunden, und auf seinem Posten sitzt der nächste viel versprechende junge Mann. Er hat keine Spuren hinterlassen.

Was charakterisiert Kinder, die die positiven Erwartungen und Ansprüche ihrer Eltern verkörpern müssen?

- *»Sonnenscheine« und »Wunderkinder«:* Diese Kinder sind liebreizend, charmant, frühreif, altklug, der »Sonnenschein« ihrer Eltern und aller Erwachsenen. Ihnen fliegen alle Herzen zu. Als Wunderkinder werden sie bestaunt und von Gleichaltrigen beneidet. Sie überspringen mühelos mehrere Schulklassen. Ihnen fällt alles in den Schoß, ihnen stehen alle Türen offen.
- *Jugendliche Erscheinung:* Sie erscheinen jünger, als sie sind, weil sie im Herzen nicht richtig erwachsen geworden sind. Sie sind noch abhängig vom Elternhaus und ihrer sozialen Umgebung.
- *Mimosenhafte Anpassungsfähigkeit:* Sie erspüren die leisesten Erwartungen anderer und gehen sofort darauf ein. Häufig sind sie vielseitig begabt, bewegen sich auf dem Tanzparkett mit der gleichen Eleganz und Leichtigkeit wie in wissenschaftlichen Diskussionen.
- *Maßgeschneiderte Karrieren:* Sie steigen kometenhaft auf, ohne Unterbrechungen, Störungen und Überraschungen.

- *Traumpaare, Traumhochzeiten, Traumehen:* Sie sind der Mittelpunkt märchenhafter Romanzen und Hochzeiten, sie führen Bilderbuchehen. Alles scheint bestens zu laufen – zumindest äußerlich.
- *Innere Leere und Verlorenheit:* Innen sieht es in ihnen leer aus. Unter der Schminke taucht das Gesicht eines traurigen Clowns auf. Abseits von Applaus und Publikum existiert eine Seele, die niemand kennt, für die sich niemand interessiert.
- *Verlorene Kindheit:* Sie haben nie Kind sein dürfen, konnten nie frei mit anderen Kindern spielen. Sie hatten immer eine Rolle auszufüllen. Ihre wahren Bedürfnisse wurden nie ernst genommen.
- *Fassadenbeziehungen:* Ihre späteren Beziehungen sind ein Spiegel ihrer selbst. Auch ihre Beziehungen zum Partner, zu ihren Kindern und Freunden bleiben schemenhaft: außen ansprechend, innen leer und sprachlos.
- *Sinnlosigkeit:* Da der Lebenssinn dieser missbrauchten Menschen darin besteht, anderen zu gefallen, finden sie für sich allein keine existenzielle Grundlage.
- *Verführung durch die Privilegien:* Obwohl sie seelisch unter ihrer Leere leiden, halten ihre gesellschaftlichen Privilegien sie zurück, sich von ihrer oft verhassten Rolle zu trennen. So sehr sie sich auch nach dem einfachen Leben sehnen, so sehr fürchten sie die Konsequenzen eines Ausstiegs. »Leichter kommt ein Kamel durch ein Nadelöhr hindurch als ein Reicher in das Reich Gottes hinein.« (Matthäus 19,24)

- *Doppelleben:* So führen sie lieber ein Doppelleben. Sie gönnen sich gelegentlich *inkognito* einen Ausflug in die Freiheit. Manchmal richten sie sich ein Doppelleben ein, in dem sie in eine ganz andere Rolle schlüpfen können. Sie verlieben sich zum Beispiel in einen krassen gesellschaftlichen Außenseiter. Aber diese Ausbruchsversuche sind oft nur von kurzer Dauer. Sie kehren meist reumütig zurück.
- *Suchtgefährdung:* Auch hier sind die Betroffenen suchtgefährdet. Eigentlich stellt ihr ganzes Leben ein mächtiges Suchtmittel dar: Der Glanz ersetzt das Lebendige und erstickt es zugleich.
- *Bindung durch Dankbarkeit und Treue:* Gegenüber ihren Eltern und ihrer Umwelt fühlen sie sich zu Dank verpflichtet. Sie verdanken ihnen ihre ganze Existenz, ihre gesellschaftliche Stellung, ihr Ansehen. Ohne sie wären sie ein Nichts. Ein Leben außerhalb ihres Bannkreises erscheint undenkbar und undankbar. Eine eherne Treuebindung hält sie fest an die Eltern (häufig auch an die Familientradition). Für das, was sie »geschenkt« bekommen haben, stehen sie in tiefster Dankesschuld. Sie könnten diese Schuld nie zurückzahlen. Dabei ahnen sie nicht, dass sie eigentlich vom System gefangen genommen und missbraucht worden sind. Die Last der Familie ist auf ihre Schultern abgewälzt worden.
- *Selbsthass, Selbstverachtung, Selbstzerstörung:* Da sie aus ihrer subjektiven Perspektive diesen systemischen Zusammenhang nicht sehen können, meinen sie, sie allein

seien schuld, wenn sie sich unglücklich fühlen, wo sie doch alles haben, »was das Herz begehrt«. Sie verachten sich dafür, dass sie es nicht schaffen, sich loszusagen von ihren Privilegien. Sie beginnen, sich und ihre Umgebung zu hassen. Da sie nicht wagen zu rebellieren, richten sie die Aggression gegen sich selbst – daher der Selbstmord im obigen Beispiel.

Einzeltherapien und Familienaufstellungen als Möglichkeit, sich aus alten Bindungen zu seinen Eltern zu lösen

Eine Filmromanze: Auf der Jungfernfahrt der »Titanic« erleben wir eine junge Frau. Aus einem ehrwürdigen englischen Geschlecht stammend, ist sie einem der reichsten Männer Amerikas versprochen: eine glänzende Partie. Die bevorstehende Traumhochzeit soll vor allem ihre Mutter und die Verwandtschaft davor bewahren, in Armut zu verfallen. Sie liebt aber ihren Verlobten nicht, fühlt sich geopfert. Er spürt es und demütigt sie. In ihrer Verzweiflung läuft sie weg. Aber auf dem Schiff kann sie ihrer Familie und ihrem Verlobten nicht entfliehen. Für sie wird es zum riesigen luxuriösen Gefängnis. Sie sieht keinen Ausweg mehr und steigt über die Reling, um sich in die Fluten zu stürzen. Ein armer junger Maler kommt zufällig vorbei. Er kann sie überreden herunterzusteigen. Sie verliebt sich in den jungen Mann, zum ersten Mal im Leben fühlt sie sich gesehen. Er sieht die Person in ihr, er erkennt sie, wie sie wirklich ist. Daraus gewinnt sie eine ungeheure Kraft und befreit sich in einer verzweifelten Flucht vor dem für sie auserkorenen Schicksal und vor dem Untergang mit dem Schiff. Sie überlebt sogar ihren Retter, streift ihre Identität ab und beginnt in Amerika ein neues Leben …

Der Film »Titanic« erzählt zwar nur eine fiktive Geschichte, ein modernes Märchen, aber er berührt uns, weil uns darin das Schicksal einer Frau, die von ihrer Umgebung in eine ungeliebte konventionelle Rolle gezwungen wird, drastisch vor Augen geführt wird. Der dramatische Untergang des Schiffes symbolisiert unter anderem auch die Kraft und die Zerstörung, die notwendig sind, um einen Menschen aus einer übermächtigen familiären Treuebindung zu befreien. Es musste ein ganzes Schiff und mit ihm eine ganze Epoche untergehen, damit sich eine Frau in der gesellschaftlichen Position wie die Heldin befreien konnte.

Für uns »Normalsterbliche« muss nicht ein Schiff untergehen, damit wir uns aus den Fesseln der Kindheit lösen. Aber es ist dennoch eine ähnlich große Anstrengung erforderlich, wenn es darum geht, die alte Treuebindung zu unseren Eltern zu lösen. Immerhin geht es um einen gewaltigen Entwicklungsschritt: Wir müssen das Bild, das wir bisher von unserer Familie und unseren Eltern in uns getragen haben, von Grund auf revidieren. Wir müssen unser eigenes Selbstverständnis in Frage stellen. Und schließlich müssen wir uns von einem Lebenskonzept verabschieden, das unser bisheriges Leben geprägt hat.

Aufwachen

Von Natur aus sind die meisten von uns träge: Wir ändern unsere Lebensgewohnheiten nur ungern, wir verlassen selten ausgetretene Pfade, wir möchten alles beim Alten lassen. Nur in äußerster Not wagen wir deshalb den Sprung in die Ungewissheit. In der Psychotherapie sagen wir, es ist ein hoher Leidensdruck nötig, damit wir bereit sind, uns den unangenehmen Seiten unserer Vergangenheit zuzuwenden.

Im jungen Erwachsenenalter sind wir noch zuversichtlich, uns selbst befreien zu können. Wir spüren so unendlich viel Kraft in uns, wir sind so voll jugendlichen Elans. Wir werden alles schaffen. Tatsächlich gelingt der Absprung auch vielen. Aber dies ist nur möglich bei leichteren familiären Belastungen. Wenn jedoch die familiäre Belastung über mehrere Generationen zurückreicht, wird es schwer für die erwachsenen Kinder, die Last der Vergangenheit abzuschütteln. Und wenn sie diese Knoten nicht lösen, geben sie das Familienerbe weiter an *ihre* Kinder, ganz gleich, ob sie es wollen oder nicht.

Woran merken wir, dass wir die Belastungen von früher nicht abgeschüttelt haben? Manchmal daran, dass wir privat und beruflich »stecken geblieben« sind. Uns gelingt es nicht, eine beständige Liebesbeziehung aufzubauen und eine Familie zu gründen, obwohl es unser größter Wunsch wäre. Beruflich kommen wir nicht weiter, andere Kollegen ziehen an uns vorbei. Wir wiederholen immer die gleichen Fehler, selbst wenn wir jedes Jahr am Silvester gute Vorsätze fassen. Es ist, als ob wir Karussell fahren würden. Wir kommen einfach nicht weiter.

Manchmal bedarf es einer heftigen Erschütterung in unserem Leben, damit wir endlich aufwachen. Unser Partner trennt sich nach Jahren von uns – nicht weil er uns nicht mehr liebt, sondern weil er keine Weiterentwicklung in der Beziehung sieht. Uns wird gekündigt, oder eine versprochene Beförderung geht an uns vorbei. Wir werden schwer, vielleicht lebensgefährlich krank und fragen uns, welchen Sinn unser bisheriges Leben gehabt hat. Wir verursachen einen schweren Autounfall und wissen nicht, wie es dazu gekommen ist. Wir schlittern unmerklich in eine Sucht und kommen vom übermäßigen Essen, Trinken, Rauchen, Fernsehen, Surfen im Internet oder von Arbeitsstress nicht mehr los. Wir stehen erschüttert vor dem Grab eines Freundes, der einst, genau wie wir, mit hochfliegenden Träumen aufgebrochen ist. Wir machen die gleichen Fehler bei unseren eigenen Kindern wie früher unsere Eltern mit uns, obwohl wir geschworen haben, es besser zu machen …

Manchmal müssen wir scheitern, bevor wir bereit sind umzukehren.

Dann geht ein Ruck durch uns. Wir wollen nicht mehr so weitermachen wie bisher. Es reicht! Wir greifen zum Hörer und rufen einen Therapeuten oder eine Therapeutin an. Die Telefonnummer haben wir vielleicht schon lange von einer Freundin oder einen Freund bekommen, aber wir haben den Zettel immer beiseitegeschoben – die Zeit war noch nicht reif. Wir vereinbaren einen Termin, obwohl wir Angst haben und überhaupt nicht wissen, was uns erwartet. Aber der erste Schritt ist getan.

Einzeltherapie

In den darauffolgenden therapeutischen Gesprächen können wir uns aussprechen. Manchmal ist es das erste Mal, dass wir überhaupt einem anderen Menschen erzählen, was uns auf der Seele liegt. Und wir nehmen verwundert wahr, es geschieht nichts Schlimmes. Wir werden nicht verurteilt. Es ist in Ordnung, das zu fühlen, was wir empfinden. Es ist in Ordnung, unsere Gedanken und Gefühle auszusprechen, auch wenn sie noch so wirr und durcheinander sind.

Wir stellen erstaunt fest: Durch das Aussprechen ordnen sich unsere Gedanken wie von selbst. Unsere inneren Erlebnisse bekommen einen Sinn. Unser bisheriges Leben findet einen roten Faden. Die Erfahrungen, die wir im Laufe unseres Lebens gemacht haben, reihen sich ein und zeigen eine Richtung auf. Allmählich wird uns klar, was im Leben vielleicht schiefgelaufen ist.

Es wird uns bewusst, welche Last wir als Kinder getragen haben: die Sorge um die Eltern und die Geschwister. Wir erkennen, wie wir uns bemüht haben, das Familienschiff auf Kurs zu halten und nicht an der nächsten Klippe zerschellen zu lassen. Wir spüren die Anstrengung, die uns das gekostet hat. Wir trauern um die verlorene Kindheit, weil wir so beansprucht waren, die Mutter zu pflegen, dem Vater beizustehen, die Geschwister großzuziehen, die Streitigkeiten zu schlichten, den Haushalt zu führen, dass wir nicht unbekümmert mit anderen Kindern spielen konnten. Und wir sehen, wie wir heute das Muster von früher wiederholen, in unserer Partnerschaft, bei unseren Kindern, im Beruf, im sozialen Umfeld.

Irgendwann stoßen wir aber an die Grenze der Einzelgespräche: Auch wenn wir uns jetzt mehr verstehen und annehmen, es gelingt uns nur schwer, unser Leben zu verändern: Wir fühlen uns immer noch verantwortlich für das Wohlergehen der Eltern, fühlen uns immer noch mit ihnen wie durch einen unsichtbaren Faden verbunden. Deshalb ist es wichtig, eine übergreifende Perspektive zu gewinnen, damit die Grundstörung in der Familie sichtbar wird. Sonst besteht die Gefahr, dass man weiter an Einzelsymptomen arbeitet, ohne das Gesamtbild erfassen zu können.

Hier ist der Punkt, an dem die Einzelgespräche durch eine *systemische Therapie* ergänzt werden sollten. Dies kann in Form von *Familiengesprächen* geschehen, indem man mit seinen Eltern und Geschwistern zusammen zum Therapeuten geht. Dies ist jedoch nicht einfach zu bewerkstelligen: Entweder sind die Eltern schon tot, oder die Eltern und Geschwister möchten es nicht. Oft gelingt dies nur, wenn der betreffende Klient schwer krank ist. Dann machen sich seine Angehörigen vielleicht die Mühe, zu einer gemeinsamen Familiensitzung zu kommen. In vielen Fällen scheitert jedoch ein solch groß angelegtes Arrangement.

Familienaufstellung

Seit einigen Jahren gibt es eine Alternative zur Familientherapie: die *Familienaufstellung*. Hier müssen die eigenen Familienangehörigen nicht anwesend sein. Die Klienten werden in einer Gruppe zusammengefasst. Jeder hat dort die Möglichkeit, seine Familie mithilfe der übrigen Gruppenmitglieder als Stellvertreter aufzustellen. Der einzelne Klient sucht sich einen Stellvertreter für seinen Vater, seine Mutter, seine Geschwister und für sich selbst aus und stellt diese im Raum auf, so, wie sie seinem Gefühl nach zueinander stehen. Danach setzt er sich wieder und überlässt zunächst die Arbeit dem Therapeuten und den aufgestellten Stellvertretern. Der Therapeut fragt die Stellvertreter, wie es ihnen an ihrem jeweiligen Platz geht. Diese berichten, wie ihnen zumute ist. Dabei erfassen sie intuitiv die innere Befindlichkeit der Person, für die sie stellvertretend stehen, obwohl sie diese Person überhaupt nicht näher kennen.

Dieses erstaunliche Phänomen erklärt man dadurch, dass durch die Aufstellung einer Familie in einem Raum das *Energiefeld* der betreffenden Familie aufgebaut wird, sodass jeder, der sich im Feld befindet, die spezifischen »Schwingungen« in der Familie spüren kann, zum Beispiel ob es Spannungen gibt, ob sich die Familienmitglieder mögen oder nicht, ob jemand aus der Familie ausgegrenzt oder darin gefangen ist. Der einzelne Stellvertreter wird somit zu einer Art »Medium«, das die Energie der Person, für die es steht, empfängt.

Ein Beispiel:

Eine Frau stellt ihre Familie auf, die aus ihren Eltern, ihrem älteren Bruder und ihr selbst besteht. Das aufgestellte Bild der Familie sieht so aus: Der Stellvertreter für den Vater steht alleine und schaut auf die Tür, die sich in einer Ecke des Raumes befindet. Die Stellvertreterin für die Mutter steht zwei Meter rechts neben ihm und schaut in die rechts daneben liegende Zimmerecke. Beide stehen im 90-Grad-Winkel zueinander. Der Stellvertreter für den älteren Sohn steht zwei Meter hinter dem Vater und schaut auf dessen Rücken, während die Stellvertreterin für die jüngere Tochter ganz weit hinten im Raum steht und auf die Rücken aller drei anderen blickt.

Nach seinem Befinden befragt, sagt der Stellvertreter für den Vater: Er spüre Herzklopfen. Er fühle eine Last im Rücken und ein Kribbeln in seinen Händen. Seine Familie stehe ihm im Rücken, er wisse nicht, was hinter ihm passiere. Er fühle sich ausgegrenzt.

Die Stellvertreterin für die Mutter berichtet, dass sie sich auch ausgegrenzt fühle und nicht wisse, was hinter ihrem Rücken sei. Sie starre in die Zimmerecke und wisse nicht, warum.

Der Stellvertreter für den älteren Sohn fragt sich, wo seine Eltern eigentlich seien, er komme nicht an sie heran. Er fühle sich kaum, sei recht gefühllos.

Die Stellvertreterin für die jüngere Tochter sagt, es gehe ihr sehr schlecht: Der Vater schaue nicht her, und sie habe Angst, dass die Mutter weggehen könnte. Sie würde die Mutter am liebsten zurückhalten, komme aber nicht an sie heran.

Auf die Frage, was mit den Eltern passiert sei, gibt die Klientin die Information, dass ihr Vater einen älteren Bruder hatte, der im Krieg gefallen ist. Die Mutter habe ihren Vater verloren, als sie noch ein Kind war. Der Therapeut stellt einen Stellvertreter für den toten Bruder des Vaters vor diesem auf, der beim Anblick seines Bruders in Tränen ausbricht. Er beruhigt sich wieder, als sein Bruder neben ihn gestellt wird. Dann stellt der Therapeut einen Stellvertreter für den früh verstorbenen Vater der Mutter vor sie. Sie strahlt, geht auf ihren Vater zu und lässt sich von ihm in die Arme nehmen.

Nachdem sie ihre toten Angehörigen wieder bei sich haben, möchten sich beide Eltern zu ihren Kindern umdrehen. Diese sind sehr erleichtert, besonders die Tochter. Sie hat die ganze Zeit verzweifelt versucht, die Eltern zusammenzuhalten. Sie hatte immer Angst, die Mutter könnte sterben (das heißt ihrem verstorbenen Vater nachgehen). Es kommt zu einer Wiederbegegnung zwischen Eltern und Kindern. An diesem Punkt wird die wirkliche Klientin (die Tochter) gegen ihre Stellvertreterin ausgetauscht, damit sie ihren Eltern neu begegnen kann. Wir werden gleich sehen, wie die Geschichte weitergeht. Zunächst jedoch einiges zum Verständnis der Methode:

Vorzüge der Familienaufstellung

- Eine Familienaufstellung zeigt die innere Befindlichkeit der einzelnen Familienmitglieder sowie deren Verhältnis zueinander auf. Dies ist oft ganz anders, als der Klient es bisher angenommen hat.
- Der Klient hat die Möglichkeit, mit den Mitgliedern seiner Familie (in der Gestalt der Stellvertreter) neu in Kontakt zu treten.
- Dabei können unerledigte Konflikte ausgesprochen und zu einem guten Ende gebracht werden.
- Frühere Belastungen, welche die Eltern oder Großeltern mit sich getragen haben, können sichtbar gemacht werden und nach Möglichkeit gelöst werden, sodass die Kinder diese Last aus früheren Generationen nicht weiter zu tragen brauchen.
- Der Klient und seine Familienmitglieder (beziehungsweise ihre Stellvertreter) können einen guten Platz im Familiensystem finden, in dem sie sich wohler fühlen als in der Anfangsaufstellung.

Der Blick hinter die Kulissen

Nochmals: Im Gegensatz zur Familientherapie, bei der die Familienmitglieder real anwesend sind, ist bei einer Familienaufstellung nur ein Familienmitglied, der Klient oder die Klientin, zugegen. Die Veränderungen im aufgestellten Familiensystem finden nur bei ihm statt. Aber für ihn können es gewaltige Veränderungen sein.

Im obigen Beispiel bekommt die Klientin zum Beispiel

Einblick in die Auswirkung des Todes des Vaters der Mutter (ihres Großvaters), eines Ereignisses, das lange vor ihrer Geburt liegt. Sie versteht nun, weshalb die Mutter immer ein wenig geistesabwesend wirkt (in der Aufstellung wurde dies durch die Position der Mutter ausgedrückt, die von ihrem Mann und ihren Kindern abgewandt steht und in die Ecke schaut). Sie begreift, weshalb sie immer Angst gehabt hat, die Mutter könnte weggehen oder sterben: Die Mutter sehnte sich unbewusst nach ihrem Vater und wollte ihm nachgehen. Es war ihre Todessehnsucht, welche die Tochter instinktiv wahrgenommen hat.

Auch der Vater stand in der Aufstellung von der Familie abgewandt. Er schaute zur Tür. In der Familienaufstellung symbolisiert die Tür manchmal den Weg hinaus, das heißt ins Jenseits. Es stellte sich heraus, dass der Vater seinem toten Bruder nachschaute. Auch hier war der Vater an einen Verstorbenen gebunden und stand seiner Frau und seinen Kindern nicht ganz zur Verfügung.

Die Heilung der Eltern

Durch das Aufstellen der Verstorbenen verändert sich das Familienbild dramatisch. Der Vater, der bisher unbewegt dagestanden ist, weint beim Anblick seines verstorbenen Bruders. Seine Versteinerung löst sich, er wird weicher. Als sein Bruder neben ihn gestellt wird, fühlt er sich wieder vollständig. Er muss nicht mehr zur Tür schauen und kann sich endlich seiner Familie zuwenden. Ähnlich ergeht es der Mutter, die beim Anblick ihres Vaters, den sie als Kind verloren hat, strahlt und sich von ihm in die Arme nehmen lässt. Endlich kann sie wieder Kind sein. Mit ihrem Vater im Rücken kann auch sie sich zu ihrer Familie umdrehen.

Beiden geht es so, als würden sie ihre Familie zum ersten Mal sehen, als wären sie endlich aus ihrer dumpfen Trauer aufgewacht. Sie schauen sich an und fühlen sich einander in ihrem gemeinsamen Schicksal nahe. Es wird ihnen klar, dass sie sich auch deshalb ausgesucht haben, weil sie beide einen schweren Verlust erlebt haben. Nun wenden sie sich ihren Kindern zu. Endlich fühlen sich die Kinder von ihren Eltern richtig wahrgenommen.

Wenn nun die Klientin den Platz ihrer Stellvertreterin einnimmt, steht sie einem ganz anderen Bild ihrer Familie gegenüber, als sie es bisher gekannt hat. Ihr Vater (in der Gestalt seines Stellvertreters), mit seinem Bruder neben sich, schaut sie liebevoll an. Ihre Mutter, mit ihrem Vater hinter sich, wirkt zum ersten Mal lebensfroh, sie hat ihre Depressivität abgelegt und scheint richtig »da« zu sein. Die Tochter schaut ihre Eltern zuerst ungläubig an. So hat sie ihre Eltern nie erlebt. Vorher hat sie immer nur auf ihre Rücken geschaut!

Den Stein zurückgeben

Nun steigen in ihr Schmerz und Wut auf – sie hat so lange auf diesen Augenblick gewartet. Erinnerungen tauchen in ihr auf: Sie hat sich als Kind solche Sorgen um ihre Eltern gemacht. Sie hat versucht, beide zum Lachen zu bringen, damit sie weniger traurig aussahen. Sie hat gefühlt, dass beiden etwas Wichtiges fehlte, und hat vergeblich versucht, ihnen dieses Etwas zu ersetzen. Selbst nachdem sie erwachsen geworden ist, ist sie immer noch besorgt um ihre Eltern. Ihretwegen hat sie ihren Mann und ihre Kinder vernachlässigt – ihnen gegenüber ist sie ähnlich geistesabwesend wie ihre Mutter.

In ihrer Wut kommt sie aber nicht weiter. An diesem Punkt bringt der Therapeut ihr zwei schwere Steine und macht ihr den Vorschlag, zu jedem Elternteil zu gehen und ihm einen Stein zurückzugeben, als Symbol für die Last, die sie für beide getragen hat. Spontan hätte sie die Steine am liebsten ihren Eltern vor die Füße geworfen. Der Therapeut bittet sie jedoch zu spüren, wie schwer jeder Stein in ihren Händen wiegt und was sie darin für beide Elternteile trägt. Sie kann sich auch etwas kleiner machen (zum Beispiel sich hinsetzen oder niederknien), damit sie das frühere Größenverhältnis als kleines Kind zu den großen Eltern besser fühlen kann.

Sie geht zuerst zur Mutter, kniet mit dem schweren Stein vor ihr nieder, schaut zu ihr hoch und sagt die folgenden rituellen Sätze, die ihr der Therapeut vorgibt: »Liebe Mutter, ich achte dich in deinem Schicksal und lasse es bei dir. Ich habe aus Liebe diese Last für dich getragen. Aber sie ist nicht meine. Sie ist zu schwer für mich. Bitte nimm sie wieder zurück.« Dann reicht sie der Mutter den Stein.

Die Mutter nimmt den Stein zu sich. Für die Tochter ist

der Stein zu schwer gewesen, für die Mutter fühlt er sich aber richtig an: Es ist ihre Last. Sie gehört ihr. Die Mutter erscheint mit dem Stein auf einmal stärker und würdevoller. (Wenn wir die Last, die zu uns gehört, an jemanden abgeben, schwächt es uns. Wenn wir die Last und die Verantwortung dafür wieder zurücknehmen, wachsen wir und gewinnen unsere Würde zurück.) Mit dem Stein in den Händen steht die Mutter zu ihrem eigenen Schicksal, nun ist sie *ganz* da.

Die Tochter sagt zu ihr: »Liebe Mutter, ich bin deine kleine Tochter und hab dich lieb. Bitte lass mich zu dir kommen.« Die Mutter legt den Stein zur Seite und öffnet die Arme. Die Tochter geht zu ihr und lässt sich in die Arme nehmen. Nun ist sie als Kind bei der Mutter angekommen. Das Gleiche macht sie mit ihrem Vater.

Dies ist ein sehr bewegender Moment in der Aufstellungsarbeit. Viele Gruppenmitglieder fühlen sich berührt, sie kommen mit ihren eigenen unerledigten Geschichten in Kontakt. In Familienaufstellungen laufen häufig solche tief gehende innere Prozesse ab, die alle Beteiligten anrühren und verändern. Die Teilnehmer bekommen ein Gefühl für das Nachhausekommen und für die Versöhnung, die zwischen Kindern und Eltern möglich ist. Selbst wenn wir schon längst erwachsen sind, sehnen wir uns nach einer solchen liebevollen Begegnung mit den Eltern.

In einer Familienaufstellung ändert sich zunächst die *innere* Beziehung eines Klienten zu seinen Eltern. Von hier aus kann er dann sein *reales* Verhältnis zu ihnen anders gestalten. Selbst wenn die Eltern immer noch die Alten geblieben sind, kommt einiges in Bewegung, weil das erwachsene Kind seine Eltern jetzt mit anderen Augen sieht. Es kann nun anders auf sie zugehen, und nicht selten reagieren die Eltern positiv auf diese unerwartete Annäherung des Kindes. Damit kann ein Kreislauf positiver Interaktionen angestoßen werden, der den alten Teufelskreis, der von Missverständnissen und Grabenkämpfen geprägt war, durchbricht und langsam überflüssig macht. Dieser Veränderungsprozess nimmt meist einige Zeit in Anspruch, aber wichtig ist es, überhaupt den Anfang zu finden.

Einige Prinzipien der Familienaufstellung

Im Folgenden möchte ich einige Unterschiede zwischen der Familienaufstellung und der Einzeltherapie hervorheben, die mir besonders wichtig erscheinen:

- In der Einzeltherapie geht es darum, den Einzelnen zu verstehen und zu unterstützen. Hier nimmt der Therapeut insoweit einen parteiischen Standpunkt ein, als er versucht, das Erleben des Klienten aus dessen Perspektive nachzuvollziehen und zu respektieren. Manchmal kann der Therapeut dem Klienten vorschlagen, in einem imaginären Rollenspiel die Seite der Eltern einzunehmen, damit er sie besser versteht. (Dies ist eine Technik aus der Gestalttherapie.) Aber der Akzent der Arbeit liegt eindeutig auf der Seite des Klienten.

- In der Familienaufstellung kommt es darauf an, das Familiensystem als Ganzes zu verstehen. Hier geht es darum, für alle Familienmitglieder einen guten Platz zu finden. Wir gehen dabei von der Annahme aus, dass es dem Klienten besser geht, wenn seine Familie ins Gleichgewicht kommt.
- Daher arbeitet man in der Familienaufstellung zuerst daran, die ungelösten Konflikte aus den früheren Generationen aufzulösen. Wenn die Eltern ihre eigenen Probleme gelöst haben, stehen sie ihren Kindern mehr und besser zur Verfügung. Sie brauchen ihre Lasten nicht an ihre Kinder weiterzugeben.
- Dabei hat sich gezeigt, dass es wichtig ist, dass die Kinder die von den Eltern übernommene Last *aktiv* zurückgeben (zum Beispiel symbolisch mithilfe der Steine), damit sie wirklich entlastet sind. Erst wenn sie die elterliche Last zurückgegeben haben, können sie wieder Kinder werden. Erst danach können sie wieder als Kinder ihren Eltern begegnen. (Vorher waren sie in gewisser Weise die Eltern der Eltern, sie fühlten sich den Eltern überlegen und meinten, sie seien stärker und könnten die Last besser tragen als ihre Eltern.)
- Die Rückgabe der Last ist besonders wichtig in der Behandlung von Schuld und Sühne. Wenn sich beispielsweise herausstellt, dass ein Elternteil das Kind gequält, misshandelt oder missbraucht hat, dann sollte ihm das Kind einen entsprechend schweren Stein zurückgeben. Mit der Rücknahme des Steins gesteht der Elternteil

seine Schuld ein und übernimmt dafür Verantwortung. Dann können Eltern und Kind sich wieder in die Augen schauen und ihre Beziehung neu definieren. (Solange das Kind den Stein für den Elternteil trägt, ist es überlastet. Es ist oft auch vorwurfsvoll, während der Elternteil seine Schuld nicht anerkennt und sich angesichts des Leids des Kindes völlig unberührt zeigt. Dadurch bleiben beide in einer unlösbaren Ambivalenz von Liebe und Hass aneinander gebunden.)

Das ist das Ungewöhnliche an der Vorgehensweise der Familienaufstellung: Wo man sonst denken würde, die *Eltern* müssten erst einmal die Hand ausstrecken, da sie das Kind früher schlecht behandelt haben, setzt die Familienaufstellung beim *Kind* an. Sie zeigt ihm, was es an seiner inneren Einstellung zu den Eltern ändern kann, damit es einen anderen und neuen Zugang zu diesen findet. Sie setzt an dem an, was jedes Kind tief in sich trägt: der Liebe und Treue zu seinen Eltern.

Dieser andere Zugang zu familiär bedingten Problemen hat sich aus den enttäuschenden Erfahrungen vieler Psychotherapeuten herausgeschält: Wenn der Therapeut das Kind stärkt *gegen* die Eltern, kommt man meistens nicht zu einer befriedigenden Lösung. Man erreicht vielleicht eine bessere Abgrenzung des Kindes von den Eltern, diese hilft jedoch nur kurzfristig. Denn man stärkt im Grunde nur den Abgrenzungsprozess, der für die Pubertät typisch ist, und hilft dem Kind, im Zorn vom Elternhaus wegzugehen. Aber irgendwann bleibt es im Leben stecken, vor allem wenn es selbst eine Familie gründen will.

Es mag für den äußeren Beobachter wie eine Demütigung oder Kränkung erscheinen, wenn sich das Kind vor den Eltern klein macht. Es geht aber nicht darum, sich zu unterwerfen. Es geht darum, dort wieder Kind zu werden, wo man einst das Kindsein ausgelassen oder übersprungen hat und zu schnell groß geworden ist. Es geht darum, das damals Unerledigte zu erledigen, indem man den Stein zurückgibt, und eine neue Verbindung mit den Eltern zu finden, eine, die heute, nach all den harten Jahren, eher möglich ist, da sowohl wir selbst als auch unsere Eltern reifer geworden sind. Erst mit dieser neuen Verbindung mit unseren Eltern können wir *richtig* erwachsen werden. Sonst bleiben wir im Trotz und im Protest stecken. Mit der Rücknahme des Steins gestehen die Eltern ihre frühere Schuld ein und stehen zu deren Konsequenzen. Dadurch wird eine neue Beziehungsbasis zwischen Eltern und Kind möglich.

Solange wir unsere Eltern und unsere Kindheit ausblenden und aus unserem Bewusstsein verbannen, haben wir keinen festen Boden unter den Füßen. Wir stehen unsicher im Leben. Wir können erst dann erwachsen werden, wenn wir die Verbindung mit unseren Wurzeln wiederherstellen.

Wenn Kinder Scham- und Schuldgefühle von ihrer Familie übernehmen

Eine junge Frau kommt im Leben nicht weiter. Sie hat zwar eine angenehme Arbeit und gute Freundinnen, aber eine Liebesbeziehung gelingt ihr nicht. Sie verliebt sich zwar sehr leicht, aber immer in Männer, die entweder verheiratet oder narzisstisch und selbstbezogen sind. Nach solchen Affären fühlt sie sich ausgenutzt und abgelehnt.

Sie hat einen Vater, der wegen seiner schweren Kriegsverletzung von seiner Frau sehr geschont wurde. Er stand stets im Mittelpunkt der Familie, alles drehte sich um ihn. Als sie in die Pubertät kam, hat er sich ihr sexuell angenähert. Sie ekelte sich vor ihm, wagte es aber nicht, ihn eindeutig abzuweisen. Darüber schämt sie sich noch heute. Sie hat das Gefühl, schmutzig zu sein und unwürdig, einen richtigen Partner zu haben. Ihrer Mutter hat sie es nie erzählt, da sie Angst hat, von dieser verurteilt zu werden – sie hat das Gefühl, dass sie selbst dran schuld sei, wenn sich der Vater von ihr angezogen fühlte.

Scham- und Schuldgefühle stehen uns oft im Wege, ganz erwachsen zu werden. Erwachsen sein bedeutet zu uns zu stehen, mit uns selbst einverstanden sein, uns okay zu finden. Wenn wir uns jedoch *schämen,* können wir nicht zu uns selbst stehen, möchten wir uns vor anderen verstecken, würden wir am liebsten im Boden versinken. Wenn wir uns *schuldig fühlen,* empfinden wir uns nicht als gleichwertig mit anderen Menschen. Wir haben das Gefühl, wir verdienen nicht deren Aufmerksamkeit oder Zuwendung, wir müssten bestraft und erniedrigt werden, weil wir etwas Schlimmes angerichtet haben.

Deshalb neigen wir bei Scham- und Schuldgefühlen dazu, uns fern zu halten von anderen Menschen und uns zu vereinzeln. Wir laufen vor größerer Nähe weg, da wir Angst haben, von unserem Gegenüber in unseren schlechten Seiten erkannt und verurteilt zu werden.

Es gibt viele Menschen, denen man nicht ansieht, dass sie unter Scham- und Schuldgefühlen leiden. Nach außen mögen sie erfolgreich und angesehen sein, sie erscheinen kompetent, können gut auftreten und sind beliebt. Aber es gibt eine dunkle Kammer in ihrem Inneren, deren Tür sie fest verschlossen halten.

Wir können jedoch nie frei werden, solange wir ein schlimmes Geheimnis in uns tragen. Wir können die Nähe zu anderen Menschen nie richtig genießen, wenn wir uns innerlich verschließen. Was nützen uns die besten Freunde und Freundinnen, wenn wir uns ihnen nicht offenbaren können? Wenn wir ihnen in die Augen schauen, fühlen wir uns wie Lügner, da wir ihnen etwas vormachen. Wir haben Angst, von ihnen durchschaut zu werden. Wir können Nähe und Intimität nur zulassen, wenn wir uns nicht zu schämen brauchen.

Was ist eigentlich Scham? Und was ist Schuld? Scham- und Schuldgefühle sind nicht das Gleiche, sie werden aber leicht miteinander verwechselt.

Was ist Scham?

- Scham ist *verletzte Würde.* Wenn wir unserer Würde beraubt sind, fallen wir innerlich zusammen und schämen uns.
- Scham ist die *Folge einer Grenzverletzung.* Sie entsteht, wenn unsere intimen Grenzen gegen unseren Willen verletzt werden, sodass eine andere Person in unsere Intimsphäre eindringen kann. Wenn sich jemand gewaltsam Zugang in unsere Intimsphäre verschafft, empfinden wir natürliche Scham, wir fühlen uns nackt und möchten uns bedecken.
- Scham ist das *Gefühl der Entblößung.* Wenn wir vor den Blicken anderer entblößt werden, ohne dass wir uns davor schützen können, dann empfinden wir Scham. Wir möchten uns verhüllen und verstecken, unsichtbar werden, vom Erdboden verschwinden.
- Scham ist ein Gefühl des Opfers.

Wir können in unserer *körperlichen* oder in unserer *seelischen Intimsphäre* angegriffen werden. Die Verletzung in unserer körperlichen Intimsphäre ist am deutlichsten bei der Sexualität spürbar: Wenn wir von jemand anderem sexuell belästigt, bedrängt oder vergewaltigt werden, wird unsere körperliche Intimgrenze verletzt. Eine Verletzung unserer körperlichen Integrität findet aber auch statt, wenn wir geschlagen oder verprügelt werden – so etwas passiert Jungen und Männern relativ oft, ohne dass man normalerweise meint, hier fände eine Grenzverletzung statt. Genauso wie die meisten von uns es im Alltag hinnehmen, wenn eine Frau auf der Straße »angebaggert« wird, genauso wenig zeigen wir uns empört, wenn ein Junge auf der Straße von anderen tätlich angegriffen wird. Es gehört anscheinend zu unseren ungefragten Selbstverständlichkeiten, dass Frauen und Mädchen Objekte sexueller Begierde und Männer und Jungen Objekte aggressiver Handgreiflichkeiten sind.

Eine Grenzverletzung tritt jedes Mal auf, wenn jemand *gegen seinen Willen* in seinen intimen Grenzen verletzt wird, auch wenn der Eingriff nach außen hin geringfügig erscheint. Wenn ein Kind etwa von einer fremden Frau mit der Bemerkung »Ach, wie süß!« vertraulich an der Wange getätschelt wird, kann das schon eine Grenzverletzung sein. Es reicht aus, dass das Kind nicht so berührt werden möchte, um das Verhalten des Erwachsenen als solches zu definieren.

Nehmen wir ein anderes Beispiel: Wenn ein Lehrer sich während des Unterrichts auf den Tisch einer Schülerin setzt, kann dies schon ein Eindringen in ihre körperliche Intimsphäre sein. Der Lehrer könnte der Schülerin dabei vor der Klasse eine persönliche Frage stellen, etwa ob sie schon einen Freund (oder noch keinen) habe. Dann würde zur körperlichen Grenzverletzung auch ein Eindringen in ihre seelische Intimsphäre stattfinden. Wir werden beschämt, wenn uns intime Fragen gestellt werden, wenn wir verdeckte Anzüglichkeiten zu hören bekommen oder wenn wir vor anderen lächerlich gemacht werden.

Oft findet eine Grenzverletzung sowohl auf der körperlichen als auch auf der seelischen Ebene statt. Hierzu ein weiteres Beispiel:

Ein Mann kann sich schwer von Frauen abgrenzen. Jedes Mal, wenn eine Frau Interesse an ihm zeigt, fühlt er sich innerlich gezwungen, darauf zu reagieren, auch wenn er keine Lust dazu hat oder er die Frau gar nicht attraktiv findet. Danach gefragt, wie er als Kind von weiblichen Bezugspersonen behandelt wurde, erinnert er sich an die begehrlichen Blicke seiner Mutter und deren Freundinnen, wenn sie sich über ihn beugten. Alle fanden ihn süß, so richtig zum Anbeißen. Er habe mit seinen blauen Augen und blonden Locken (die seine Mutter hat lang wachsen lassen) auch sehr nett ausgesehen, wie ein richtiges Engelchen.

Früher habe er sich von dieser Art weiblicher Aufmerksamkeit geschmeichelt gefühlt, aber wenn er richtig nachdenke, dann sei etwas »Schleimiges« in den Blicken und Berührungen der Mutter und ihrer Freundinnen gewesen. Er beginnt seine Gefühle von Ekel und Widerwillen zu spüren, die er lange unterdrückt hat. Gleichzeitig realisiert er, dass etwas in seiner Art, sich Frauen gegenüber zu präsentieren, diese dazu einlädt, ihre Wünsche auf ihn zu projizieren und ihn in Besitz zu nehmen.

Nun spürt er das dringende Bedürfnis, sich von Frauen, die ihn bedrängen, abzugrenzen, sich höflich, aber klar zu distanzieren, wenn er keinen näheren Kontakt möchte. Er möchte auch lernen, die Signale, die er bisher unbewusst ausgesandt hat, besser zu kontrollieren, sodass er Frauen nicht mehr anlockt, ohne dass er es will – auch wenn es bedeutet, auf seine bisherige narzisstische Befriedigung verzichten zu müssen.

Ich habe dieses Beispiel eines Mannes bewusst gewählt, um zu zeigen, dass sexuelle Grenzverletzungen nicht nur bei Frauen und Mädchen vorkommen. Wenn Frauen sich einem Jungen sexuell annähern, gehen sie nur diskreter vor. Männer sind in der Hinsicht »plumper«. Aber die Auswirkung sexueller Belästigung ist bei Jungen genau dieselbe wie bei Mädchen. Kinder beiderlei Geschlechts fühlen sich körperlich und psychisch bedrängt, wenn eine erwachsene Person ihre sexuellen Bedürfnisse auf sie richtet. Sie können sehr wohl eine herzliche Umarmung von einer erotischen Annäherung unterscheiden. Aber ob sie sich dagegen wehren können, hängt sehr von ihrer Sozialisation ab.

Die meisten Kinder haben von ihren Eltern gelernt, dass man Erwachsene respektieren muss. Daher fällt es ihnen schwer, einer »Tante« oder einem »Onkel« Einhalt zu gebieten, wenn diese/r mit übertriebenen Liebesbezeugungen auf sie zustürzt. Manche Kinder wehren sich durchaus, indem sie ihren Blick oder ihr Gesicht abwenden, oder sie stoßen den Erwachsenen weg. Solche Selbstbehauptungsreaktionen finden wir aber nur bei Kindern, deren Bedürfnisse von ihrer Umgebung ernst genommen werden und denen man schon früh erlaubt, nein zu Erwachsenen und deren Wünschen zu sagen (egal, ob es darum geht, aufzuessen, was auf den Teller kommt, ohne ihre Zustimmung fotografiert zu werden oder darum, der »netten Tante« Guten Tag zu sagen und die Hand zu reichen). Kinder lernen früh von ihrer Umgebung, ob sie sich wehren dürfen oder nicht.

Ich habe in einem früheren Buch unsere Intimsphäre mit einer inneren Kammer verglichen:* Wir haben alle eine innere Kammer in uns, in der das, was uns persönlich wichtig ist, aufbewahrt wird. Diese Kammer ist normalerweise mit einer Tür verschlossen. Dort kommt nur der hinein, dem wir vertrauen, mit dem wir das, was uns kostbar ist, teilen möchten. Die Tür bildet die Grenze zum intimen Bereich. Sie lässt sich nur von innen öffnen. Wer hinein möchte, muss anklopfen. Wenn wir den persönlichen Bereich unseres Gegenübers als eine solche Kammer betrachten, dann respektieren wir uns gegenseitig in unseren Schamgrenzen.

Wie fühlen und verhalten wir uns, wenn wir uns schämen?

- *Minderwertigkeitsgefühl:* Wir fühlen uns schlecht und minderwertig. Wir haben das Gefühl, vor uns selbst und anderen nicht bestehen zu können. Manchmal fühlen wir uns beschmutzt und haben Angst, auch diejenigen zu beschmutzen, denen wir nahe sind.

* Victor Chu: *Casablanca …*, a. a. O.

- *Isolation, Misstrauen:* Wir fühlen uns schutzlos und ausgeliefert. Deshalb isolieren wir uns und hüten uns vor zu großer Nähe. Anderen gegenüber sind wir grundsätzlich misstrauisch und lassen niemand an uns herankommen (körperlich und/oder psychisch).
- *Ohnmacht:* Wir können uns nicht wehren gegen die Zudringlichkeit anderer. Wir können nicht nein sagen. Wir haben Angst, unser Gegenüber zu verletzen oder zu ärgern, wenn wir nein sagen.
- *Selbstbeschneidung:* Wir wagen es nicht, unser Potenzial zu nutzen, bis an unsere Grenzen zu gehen, uns zu entfalten oder Neues auszuprobieren. Wir bleiben hinter unseren Möglichkeiten zurück. Wir sind lieber anspruchslos und bescheiden.
- *Sich verachten und missbrauchen lassen:* In unseren Beziehungen lassen wir uns ausbeuten und missbrauchen. Wir kennen es nicht anders, als von anderen missachtet und gedemütigt zu werden. Es ist die einzige Art des Kontaktes, die wir kennen. Wir haben nicht gelernt, auf unsere Grenzen zu achten, manchmal nehmen wir sie gar nicht wahr.
- *Schamlosigkeit:* Manchmal machen wir aus der Not eine Tugend und benehmen uns schamlos, würde- und grenzenlos. Es ist sowieso alles egal. Außerdem macht es Spaß, den Spieß umzudrehen und andere zu schockieren. »Ist der Ruf erst ruiniert, lebt es sich ganz ungeniert!« (Wilhelm Busch)
- *Umkehrung der Rollen – Aus Opfern werden Täter:* Es ist

besser, Täter zu sein, als Opfer zu bleiben. Dann fühlen wir uns nicht mehr so ausgeliefert. Wir haben das Sagen, wir haben die Macht.

- *Zynismus, Weltverachtung:* Wir verbergen uns hinter einer dicken Mauer aus Verachtung und schauen auf alle herunter, die zartbesaitet und jämmerlich sind.

Familienscham – stellvertretende Scham

Ein Junge muss seinen Vater wieder einmal von der Kneipe abholen. Die Mutter schärft ihm ein: »Komm bloß nicht ohne deinen Vater zurück! Der versäuft uns noch den letzten Cent!« Gleich an der Kneipentür schlägt dem Jungen intensiver Bier- und Schnapsgeruch entgegen, und er hört aus dem Stimmengewirr das Grölen seines Vaters. Dieser hat sich wieder zu einem unbekannten Gast an den Tisch gesetzt und redet ununterbrochen auf diesen ein. Den verächtlichen Blick des Fremden nimmt er gar nicht wahr. Umso peinlicher ist es für den Sohn, zum Vater zu gehen und ihm ins Ohr zu flüstern: »Papa, komm heim. Die Mama wartet schon!« Der Fremde fragt ihn mit unverhohlenem Hohn in der Stimme: »Ist das dein Vater? Ist der immer so?« Der Junge senkt den Blick und schüttelt kaum merklich den Kopf.

Was dieser Junge empfindet, ist Scham. Aber er schämt sich nicht seiner selbst, er schämt sich seines Vaters. Die Würdelosigkeit seines Vaters macht *ihn* genauso würdelos, die Schamlosigkeit des Vaters lässt *seine* Scham unermesslich werden – weil er zu seinem Vater gehört.

Als soziale Wesen fühlen wir uns eins mit den Menschen, die uns nahe sind. Wir identifizieren uns mit ihnen, wir bilden eine Einheit. Ob wir wollen oder nicht, wir gehören zusammen. So fühlen wir uns eins mit unserem Fußballklub, wir identifizieren uns mit unserem Land und unserem Volk, wir tragen unseren Familiennamen. Wir sind stolz, wenn unser Team siegt, wenn unser Land mächtig ist, wenn wir einer angesehenen Familie entstammen. Wir schämen uns aber bei einer Niederlage unseres Vereins oder unseres Landes. Wir fühlen uns ausgestoßen und verachtet, wenn einer aus der Familie uns Schande macht.

Unsere Familie, unser Volk, unser Team – all das bildet unser *erweitertes Ich,* das unser individuelles Ich einschließt. Darin ist das soziale Feld aufgespannt, in dem wir aufwachsen. Wir haben schon wiederholt sehen können, wie lebenswichtig dieses Feld für den Einzelnen ist. Es ist so wichtig wie die Luft, die wir atmen.

Als Kinder sind wir automatisch Mitglied unseres Clans, wir können unsere Wurzeln nicht verleugnen. Wir sind zwangsläufig mit unserem Umfeld identifiziert. So nehmen wir alle guten und schlechten Attribute unseres sozialen Systems in uns auf, ohne dass wir eine Wahl hätten. Wenn unser Land und unsere Familie angesehen sind, fühlen wir uns stolz, wir werden mitgetragen von der Bewunderung und dem Wohlwollen, die mit ihnen assoziiert sind. Wenn unserer Familie oder unserem Land eine schwere Verfehlung angelastet wird, fühlen wir uns mitschuldig, wir schämen uns.

Ein Beispiel ist die *Kollektivscham* der Deutschen nach dem Naziregime. Die Kinder der Kriegsgeneration fühlen sich mitschuldig, obwohl viele davon damals noch gar nicht geboren waren. Als Angehörige eines Volkes sitzen alle in einem Boot. Es ist fast unmöglich, vor der gemeinsam empfundenen Schande zu entfliehen, und wenn wir es versuchen, fühlen wir uns wie Verräter und Deserteure. Wir fühlen uns dann zwischen Treue und Verrat hin- und hergerissen.*

Manche junge Menschen haben so viel Schlimmes erlebt, dass sie nichts mehr mit ihrer Familie oder ihrem Volk zu tun haben wollen. Sie versuchen einen radikalen Trennungsstrich zu ziehen, indem sie weit weggehen, irgendwohin, wo niemand sie kennt. Andere legen sogar ihren Namen ab, sie geben sich eine andere Identität, heiraten in eine ganz andere Kultur, nehmen einen anderen Glauben an. Sie wollen sich befreien, aber tief innen fühlen sie sich wie Verräter, Abtrünnige, abgefallen von dem Zweig, an dem sie groß geworden sind. Lösen lässt sich dieser Konflikt nicht, indem wir uns von unserem Ursprung lossagen und ausschließlich dem Individualismus frönen. Genauso wenig kommen wir weiter, wenn wir in blinder Nibelungentreue zu unserem System halten, egal, ob es gut oder böse ist.

---

* Victor Chu und Brigitta de las Heras: *Scham und Leidenschaft,* Zürich: Kreuz, 2. Aufl. 1995, sowie: Victor Chu: *Liebe, Treue und Verrat. Von der Schwierigkeit, sich selbst und dem Partner treu zu sein,* München: Kösel 1995

Die Lösung liegt wie so oft dazwischen: Ein humanes System hat Platz für Zugehörigkeit und Individualität. Ein System ist nur dann vertrauenswürdig, wenn es von seinen Angehörigen nicht blinde Gefolgschaft verlangt, sondern auch das individuelle Gewissen achtet. Dies gilt für die Kirche, für den Staat, für die Familie. Nicht nur der Einzelne muss sich des Systems würdig erweisen, auch das System muss dem Wohl des Einzelnen verpflichtet sein.

Als ich ein kleiner Junge war, sind meine Eltern mit mir vor dem Bürgerkrieg aus unserer chinesischen Heimat geflohen. Obwohl es nicht meine persönliche Entscheidung war auszuwandern, habe ich mich lange Zeit vor meinem Land geschämt – ich fühlte mich irgendwie als Verräter. Erst später, als ich China zum ersten Mal nach der Öffnung zum Westen wieder besuchte, realisierte ich, dass wir, die vielen Millionen Auslandschinesen, ein Teil des chinesischen Volkes sind. Wir gehören dazu. Und wir bringen etwas zurück, was dort über all die Jahre gefehlt hat: die Erfahrung individueller Freiheit. Diese hat immer schon in der chinesischen Seele existiert, und sei es nur in unseren volkstümlichen Romanen und Erzählungen über edle Räuber und Rebellen. So ergänzen sich Inlands- und Auslandschinesen, die Chinesen auf dem Festland und die auf Taiwan. Es obliegt dem chinesischen Staat, die Einheit unseres Volkes zu respektieren, aber genauso unsere Vielfalt.

Kollektivscham ist auch mir nichts Fremdes. China

ist seit mehr als zwei Jahrtausenden eine Hegemonialmacht, in der die Mehrheit der Han-Chinesen zahlreiche ethnische Minderheiten unterdrückt. Angesichts der über eine Million Tibeter, die seit der Okkupation Tibets durch die Volksrepublik China im Jahre 1950 umgekommen sind, fühle ich tiefe Scham. Diese Schuld wiegt ähnlich schwer wie die Gräueltaten, die die Japaner während des Zweiten Weltkriegs in China und anderen asiatischen Ländern verübt haben. Wir können nicht das moralische Recht in Anspruch nehmen, die Japaner anzuklagen, ohne dass wir zu unserer eigenen Schuld stehen.

Was ist Schuld?

Schuld ist etwas grundlegend anderes als Scham. Schuldig fühlt sich der Täter, (primäre) Scham empfindet das Opfer.

- Schuld entspringt der Tatsache, dass wir etwas getan haben, was einem anderen Menschen geschadet hat.
- Wir fühlen uns besonders schuldig, wenn wir gegen eine innere Norm, das heißt unser Gewissen, verstoßen haben. Dieses Verfehlen vor uns selbst erzeugt das *Schuldgefühl* in uns.
- Schuldgefühle gehören somit zum *Täter.*
- Wenn wir uns schuldig fühlen, schämen wir uns aber auch vor uns selbst und den anderen, weil wir gegen unsere eigenen moralischen Vorstellungen verstoßen

haben. Dies ist jedoch eine *sekundäre Scham* – anders als die *primäre Scham,* die durch eine Grenzverletzung hervorgerufen wird. Primäre Scham fühlt das Opfer, sekundäre Scham der Täter.

Wir werden im folgenden Kapitel über Täter und Opfer noch näher auf die Wechselwirkung zwischen beiden Rollen eingehen.

Können Scham- und Schuldgefühle auch hilfreich sein?

Obwohl Scham- und Schuldgefühle uns zunächst unangenehm erscheinen, haben sie wichtige Funktionen. Sie können sogar sehr wertvoll für unsere persönliche Entwicklung sein. Denn sie helfen uns, unsere Beziehung zu uns selbst und zu anderen Menschen zu regulieren.

Scham hilft uns, unsere intimen Grenzen zu schützen. Wenn wir auf unser Schamgefühl achten, können wir die Nähe und Distanz zu anderen Personen kontrollieren. Scham ist wie die Pupille in unseren Augen: Wenn das Licht zu grell ist, schließt sich die Pupille wie eine Blende, wenn es dunkler wird, öffnet sie sich wieder. Ähnlich funktioniert unsere Scham: Wenn der Kontakt zu einem anderen Menschen zu nah ist, spüren wir Scham, es wird uns peinlich, wir ziehen uns zurück. Wenn wir hingegen das Gefühl haben, wir können uns der anderen Person anvertrauen, öffnen wir uns innerlich.

Scham hilft uns also, die optimale Nähe und Distanz

zu anderen Menschen zu finden. Sie schützt uns davor, in unserer Intimität verletzt zu werden. Damit wacht unsere Scham über das Wertvollste in uns. Sie bewahrt uns davor, in unserer Würde, in unserer Seele verletzt zu werden. Sie verbirgt das, was uns heilig ist, vor dem unachtsamen oder bösartigen Zugriff anderer. Scham bewahrt unser inneres Geheimnis. In meinem Buch *Scham und Leidenschaft* habe ich die Scham als Schutzhülle um unseren Wesenskern beschrieben.

Unser Schuldgefühl zeigt uns, dass wir etwas falsch gemacht haben. Es ist Teil unseres Gewissens. Wir bekommen ein schlechtes Gewissen – Schuldgefühle –, wenn wir gegen einen inneren Grundsatz verstoßen haben. Umgekehrt verschwinden die Schuldgefühle, wenn wir ein gutes Gewissen haben. Wenn wir auf unser Gewissen achten, dann schärfen wir unser moralisches Empfinden und unsere moralische Urteilskraft. Wir werden standfester in unseren Meinungen, wir sind weniger verführbar und manipulierbar. Wir sind aufrechter und wahrhaftiger.

Dabei sollten wir lernen, unser Gewissen vom *Über-Ich* zu unterscheiden. Das Über-Ich ist eine Vorstufe des Gewissens. Wir haben in ihm die frühen Botschaften von Autoritäten wie Eltern und Lehrern aufgenommen: »Du sollst das tun und jenes lassen!« Man nennt diese Elternbotschaften *Introjekte.* Als unerfahrene Kinder war es für uns durchaus nützlich, diese Botschaften zu beherzigen und ihnen zu folgen. So hatten wir einen Leitfaden durch die große, unbekannte Welt. Mit zunehmender

Lebenserfahrung entwickeln wir jedoch unser eigenes Urteil, wir richten uns nicht mehr nach dem, was für Eltern und Lehrer richtig ist, sondern nach unserem eigenen Gewissen. Unser Gewissen übernimmt also im Laufe der Zeit die Funktion unseres Über-Ichs. Es ist flexibler als dessen oft starre Verhaltensregeln und -normen. Und es ist uns gemäßer. Mithilfe unserer eigenen Urteilskraft und unseres Gewissens gewinnen wir an Freiheit und Authentizität.

Die Freiheit des Gewissens birgt natürlich auch das Risiko in sich, dass wir uns irren. Oder dass wir gegen unser Gewissen handeln. Dann meldet sich unser Schuldgefühl. Es sagt uns: »Da hast du falsch gehandelt. Da hast du einem anderen Menschen unrecht getan. Das hast du nicht gut gemacht.« Dann fühlen wir uns schuldig und schämen uns vor uns selbst und anderen.

Dies sind unangenehme, manchmal sogar peinigende Gefühle, die uns zur Umkehr bewegen sollen. Darin besteht ihre Hauptfunktion. Die Qualen unserer Gewissens-«Bisse« sollen uns davor bewahren, gegen unsere inneren Vorsätze zu handeln, sie schützen uns davor, unsere eigenen Grenzen zu übertreten. Sie sollen uns wieder auf den rechten Pfad bringen. Sobald wir ihnen zuhören und wir uns nach ihnen richten, verschwinden sie wieder.

Daher ist es wichtig, zu unserer Schuld zu stehen, wenn wir uns schuldig gemacht haben. Es nützt nichts, uns vor der Wahrheit zu drücken. Dies mag zwar für den Moment bequemer sein, aber die Wahrheit kommt früher oder später sowieso ans Licht. Selbst wenn wir uns etwas haben zu Schulden kommen lassen, ist es fast immer heilsamer, wenn wir dazu stehen und uns zu unserem Fehler bekennen. Denn durch Reue, Sühne und Wiedergutmachung können wir uns von unserer Schuld reinwaschen. Das mag mühsam sein, aber danach können wir wieder zu uns selbst stehen, wir können uns wieder im Spiegel anschauen. Und wir kommen einen wichtigen Schritt weiter in unserer persönlichen Entwicklung.

Übertragene Schuld

Neben der persönlichen Schuld gibt es auch übertragene Schuld: Wenn ein Familienmitglied Schuld auf sich geladen hat und nicht dazu steht, übernimmt irgendein anderes Familienmitglied, häufig eines aus der nächsten oder übernächsten Generation, die Sühne für die Tat.

Einen leichteren Fall von übertragener Schuld liefert das Beispiel eines Mannes, dessen Vater das gesamte Vermögen des Großvaters leichtfertig verspielt hatte. Der Sohn fühlte sich schuldig für das Versagen seines Vaters. Er versuchte die Schuld zu kompensieren, indem er aus eigener Kraft so viel Geld verdiente, wie sein Großvater einst besaß.

Es gibt auch schwerere Formen der Übernahme von Schuld: Immer wieder trifft man in der therapeutischen Praxis auf Familienschicksale, in denen zum Beispiel Kinder von aktiven Nazis im Erwachsenenleben schwer leiden: Sie werden von Selbstmordgedanken verfolgt, werden schwer krank, erleiden privat Schiffbruch oder verlieren ihre Arbeit und ihr Vermögen, obwohl sie liebenswerte und gewissenhafte Menschen sind. Es erweckt den Anschein, als würden sie für die Verbrechen ihrer Eltern büßen. Dies kommt vor allem dann vor, wenn die Eltern ihre Schuld verleugneten. Die Kinder, die atmosphärisch in ihrer Familie spürten, dass bei den Eltern früher etwas Furchtbares passiert sein muss, dafür aber keine Erklärung fanden, leiden oft sehr unter ihren dumpfen Ahnungen und schrecklichen Albträumen. Sie meinen, sie seien verrückt, oder sie bildeten sich etwas ein, weil die Eltern ständig beschwichtigen und beteuern, es sei nichts vorgefallen, sie sähen nur Gespenster.

Wenn die Kinder erwachsen werden, gehen sie mit diesen verdrängten »Geistern« ins Leben und finden sich häufig in der Rolle der Opfer – sie erleiden ähnlich Schlimmes wie einst die Opfer ihrer Eltern, sie werden Opfer von Gewalt, Demütigung oder Unglück. Oft kommt der familiäre Hintergrund erst durch eine Familienaufstellung ans Licht. Sobald die Opfer ihrer Eltern (von Gruppenmitgliedern stellvertretend dargestellt) aufgestellt werden, kommt das Familiensystem wieder ins Lot. Beim Anblick der früheren Opfer erfahren die Kinder eine ungeheure Erleichterung: Endlich sehen sie, dass sie nicht verrückt waren, als sie in Träumen die Schreie der Opfer gehört und ihre Qualen gespürt haben. Nun können sie die Verantwortung für die Verbrechen symbolisch in Form schwerer bis schwerster Steine ihren Eltern zurückgeben. Wenn diese die Verantwortung übernehmen, dann sind die Kinder frei von der Schuld und können endlich ihr eigenes Leben leben.

Wie helfen wir unseren Kindern, sich vor übermäßigen Scham- und Schuldgefühlen zu schützen?

Eine Frau erinnert sich, wie ihre Kindergärtnerin ihr und den anderen Kindern immer Horrorgeschichten aus der Bibel erzählt hat, um sie zum »rechten Glauben« zu erziehen. Sie hat daraus aber nur eine furchtbare Angst entwickelt vor dem alles sehenden und alles richtenden Gott. Bei den geringsten Vergehen bekam sie Schuldgefühle und hatte Angst, später in der Hölle zu landen. Sie musste ständig zur Beichte gehen. Selbst heute bekommt sie noch zwanghafte Gedanken, wenn sie etwas Böses getan oder auch nur gedacht hat. Sie hatte einen sehr strengen Vater, der sie wegen Kleinigkeiten verprügelte. Erst später hat sie erkannt, wie gehemmt ihr Vater war, wenn er in der Öffentlichkeit auftrat. Sie realisierte auch, dass die Kindergärtnerin wohl eine sadistische Freude empfunden haben musste, wenn sie den Kindern Angst einjagte.

Ein Mann leidet darunter, dass er ab und zu stottert. Obwohl es anderen Menschen nicht besonders auffällt, bekommt er einen roten Kopf, ihm wird ganz wirr im Kopf, und er kann keinen vernünftigen Gedanken mehr fassen, geschweige denn formulieren. In diesem Zusammenhang erinnert er sich an seine erste Schulzeit. Der

Klassenlehrer hat ihn nicht leiden können und hat ihn immer aufgerufen, wenn ein Gedicht aufzusagen war. Damals hat er zum ersten Mal zu stottern begonnen. Seinen Eltern hat er nichts davon erzählt, weil er wusste, sie würden sowieso dem Lehrer Recht geben und ihm noch mehr Vorwürfe machen. Denn sie waren absolut autoritätsgläubig.

Zwei Beispiele für Menschen, die noch im Erwachsenenleben unter den massiven Scham- und Schuldgefühlen leiden, die ihnen in ihrer Kindheit eingeimpft worden sind. Erst als Erwachsene konnten sie erkennen, dass ihre Eltern und Erzieher aus eigenen Minderwertigkeitsgefühlen sie gequält haben. Als Kinder haben sie diesen Autoritäten geglaubt, als diese sie als böse, dumm und ungehorsam beschimpften. Diese Vorwürfe haben sie verinnerlicht – sie waren die Grundlage für ihre tiefe Scham und ihre schweren Schuldgefühle. Sie wussten nicht, dass die Erzieher und Eltern auf diese Weise ihre eigene Lebenslast auf sie, die Kinder, abgeladen haben.

Wie können wir unsere eigenen Kinder davor bewahren, mit solchen Scham- und Schuldgefühlen ins Leben zu gehen? Haben wir die Möglichkeit, sie ein Stück weit zu immunisieren gegen Minderwertigkeitsgefühle, Selbstvorwürfe und Demütigungen?

- *Respektvoller Umgang miteinander:* Das Wichtigste ist ein respektvoller Umgang miteinander in der Familie. Die Achtung der Würde jedes Einzelnen ist das wirksamste

Gegengift bei Scham- und Schuldgefühlen. Das bedeutet, dass wir die Würde und die persönliche Integrität unseres Gegenübers selbst dann achten, wenn wir mit seinem Verhalten nicht einverstanden sind oder wenn wir zornig sind.

- *Respektvoll über Dritte denken und sprechen:* Wichtig ist auch der Ton, in dem wir über Dritte sprechen. Kinder nehmen sehr deutlich wahr, ob wir respektvoll oder herablassend über nicht Anwesende sprechen. Sie lernen dabei, achtungsvoll mit anderen Menschen und mit ihrer Umwelt umzugehen.
- *Kinder genauso ernst nehmen wie Erwachsene:* Als Erwachsene sollten wir Kinder als ernst zu nehmende Personen behandeln, statt sie als unterlegene, weniger zurechnungsfähige Geschöpfe anzusehen. Dies heißt *nicht,* sie wie kleine Erwachsene zu behandeln. Selbstverständlich müssen wir in einer für sie verständlichen Sprache mit ihnen kommunizieren. Jedoch müssen wir ihre Meinungen und ihre Gefühle genauso wichtig nehmen wie unsere eigenen.
- *Zu unserer Autorität stehen:* Kinder respektieren bedeutet nicht, sie einfach machen zu lassen, was sie wollen. Kinder brauchen Autorität und Vorbilder, sie brauchen unsere psychische und moralische Unterstützung in der Auseinandersetzung mit ihrer Umwelt. Unsere Autorität muss jedoch dem Alter und der Persönlichkeit des Kindes angemessen sein. Mit einem Dreijährigen spricht man anders als mit einem 13-Jährigen.

- *Unseren Kindern beistehen:* Gerade gegenüber anderen Autoritäten wie Kindergärtnerinnen und Lehrern brauchen die Kinder unseren Beistand, wenn sie ungerecht behandelt, diskriminiert oder herabgesetzt werden. Beschämung und falsche Anschuldigungen durch Lehrer, Trainer und andere Autoritätspersonen dürfen wir nicht hinnehmen. Wenn wir hier unterwürfig schweigen, beginnen die Kinder, sich für uns zu schämen.
- *Zivilcourage:* Sowohl hier wie in anderen Lebensbereichen lernen die Kinder an unserem Vorbild, was es heißt, zu seiner eigenen Meinung zu stehen, auch wenn man damit gegen den Strom schwimmt. Wenn sie von uns lernen, den Mund aufzumachen, auch wenn es unbequem ist, entwickeln sie Zivilcourage.
- *Selbstkritik:* Es gehört innere Stärke dazu, Kritik anzunehmen. Die Fähigkeit, Fehler einzugestehen und sie wieder gutzumachen, lernen die Kinder ebenfalls an unserem Vorbild. So lernen sie, dass man nicht perfekt sein muss, dass man sich im Leben immer wieder irrt, sich aber auch berichtigen kann.
- *Uns mit unseren eigenen Schwächen und Problemen auseinandersetzen, damit wir sie nicht auf die Kinder projizie-ren:* Dies ist möglicherweise das wichtigste Mittel gegen Scham- und Schuldgefühle. Wenn uns ein bestimmtes kindliches Verhalten stört, sollten wir innehalten und uns fragen, ob wir diese Seite auch bei uns selbst kennen. Wenn wir zu unseren eigenen Schwächen und Proble-

men stehen und versuchen, sie zu bewältigen, hören wir auf, unsere negativen Seiten auf das Kind zu projizieren. Wir geben ihm ein gutes Beispiel dafür, dass man mit seinen eigenen Schwächen leben kann und nicht perfekt sein muss.

Täter und Opfer: Was erleben sie? Was verbindet sie?

Charly Brown fragt Linus, was er werden will.
Linus: »Arzt. Dann bin ich endlich auf der richtigen Seite der Spritze!«

Der Unterschied zwischen der Scham des Opfers und der des Täters

Im vorangegangenen Kapitel habe ich schon kurz zwischen der Scham des Opfers (der primären Scham) und der Scham des Täters (der sekundären Scham) unterschieden. Die Scham des Opfers entsteht durch eine Verletzung seiner Intimsphäre. Es fühlt sich nackt und entblößt und spürt eine unmittelbare Scham. Daher nenne ich sie die *primäre Scham.* Die Scham des Täters ist eine Folge seiner Schuld. Wenn wir uns schuldig fühlen, schämen wir uns ebenfalls. Wir schämen uns, weil wir gegen unsere eigenen moralischen Vorstellungen verstoßen haben. Diese Scham ist eine Folge des Schuldbewusstseins. Deshalb nenne ich dies eine *sekundäre Scham.* Diese Unterscheidung halte ich für eminent wichtig, sonst kommt es leicht zu einer Verwechslung zwischen Opfer und Täter, und das wäre fatal für die Folgerungen, die wir daraus ziehen:

Ein Opfer schämt sich automatisch aufgrund seiner Rolle. Dagegen muss ein Täter sich seiner Scham überhaupt bewusst werden! Seine Scham soll ihn bewegen, sich zu seiner Tat zu bekennen: »Ich bin hier schuldig geworden. Ich habe jemanden verletzt oder ihm geschadet.« Wenn er zu seiner Schuld steht, die Strafe auf sich nimmt und Wiedergutmachung am Opfer leistet, ist er frei von seinem Schuld- und Schamgefühl.

Was ein Opfer, dessen Intimsphäre verletzt worden ist, dagegen braucht, ist unmittelbarer Schutz: Es braucht Verständnis, es braucht Fürsprecher, wenn es sich nicht äußern kann oder will. Seine Nacktheit muss, in realem oder übertragenem Sinne, verhüllt werden. Es muss vor dem Täter in Schutz gebracht werden. Eine sichere Distanz muss zwischen ihm und dem Täter hergestellt und gewährleistet sein. Mithilfe solcher Unterstützung kann das Opfer so stark werden, dass es fähig ist, dem Täter die Folgen seiner Tat klar zu machen: »Das hast du mir angetan. Du hast mir geschadet und mich verletzt.« Wenn das Opfer dem Täter in die Augen schauen und ihm seine Wut und Enttäuschung zeigen kann, hat es seine Scham überwunden. Aus diesem Grund gibt es in den USA Versuche, Opfer und Täter mittels eines Mediators zusammenzuführen, damit das Opfer den Täter konfrontieren kann. Wenn es gutgeht, kann dies bei beiden zu einer emotionalen Klärung und Befreiung führen.*

Nun verstehen wir, weshalb wir die Scham des Opfers nicht mit der des Täters verwechseln dürfen. Es würde

* Siehe dazu: Kenneth Pope und J. C. L. Bouhoutsos: *Als hätte ich mit einem Gott geschlafen,* Hamburg: Hoffmann und Campe 1992, S. 125f.

bedeuten, von einem Opfer zu verlangen, sich zu bekennen. Dies würde es noch mehr entblößen und beschämen. Es würde ein zweites Mal in seiner Intimsphäre verletzt werden.

Genau dies tun leider nicht selten Richter und Staatsanwälte, die in öffentlichen Gerichtsverhandlungen vom Opfer die minutiöse Schilderung eines Tatvorganges verlangen. Der Richter wird dadurch selbst zum Täter. Erfreulicherweise setzt sich in letzter Zeit in der Justiz langsam die Erkenntnis durch, dass man Opfer nicht öffentlich, sondern in einem geschützten Rahmen befragen sollte.

Ebenso fatal ist es, den Täter zu beschützen und zu schonen. Diesen Fehler begehen nicht zuletzt viele Ärzte und Psychologen, indem sie dem Täter zu viel Verständnis entgegenbringen, *bevor er* sich zu seiner Tat bekannt hat. Damit entlasten sie ihn von seinen Scham- und Schuldgefühlen. Er muss aber gerade mit seiner Scham in Berührung kommen, um seine Schuld zu erkennen. Erst wenn er realisiert, was er dem Opfer angetan hat, wird er seine Tat bereuen können. Erst wenn er sich schämt, ist er von sich aus motiviert, sich zu ändern.

Dies zu erreichen ist sehr schwer, weil die meisten Täter ihre Scham gar nicht spüren. Sie fühlen sich meist nicht schuldig. Sie können ihre Scham erst spüren, wenn sie sich daran erinnern, dass sie früher einmal selbst Opfer gewesen sind. Diese Erinnerungen haben Täter in der Regel sehr tief verdrängt.

Die endlose Täter-Opfer-Reihe

Daraus, dass Täter in den meisten Fällen selbst einmal Opfer gewesen sind, ergeben sich endlose Täter-Opfer-Reihen: Jedes Opfer versucht die Erinnerung an sein Trauma loszuwerden, indem es seine Qualen an das nächste Opfer weitergibt.

Wenn wir das Leid eines Opfers in Form eines Steins symbolisieren, gibt jedes Opfer den Stein, den es bekommen hat, an das nächste Opfer weiter. Dann ist das vorherige Opfer, das jetzt zum Täter geworden ist, frei von der Last des Steins. Daher spürt ein Täter selbst keine Schmerzen, er hat kein Mitgefühl für die Schmach und die Qualen seines Opfers. *Denn der Zweck seiner Tat besteht gerade darin, dass er diese schmerzlichen Gefühle weitergibt an das nächste Opfer.* So werden Missbrauch und Misshandlung wie auf einem Fluss immer weitergereicht, bis es irgendwann gelingt, den Strom umzukehren: Die Opfer geben den Stein an ihre Peiniger zurück. Deshalb ist das Ritual der Rückgabe der Steine in der Familienaufstellung so zentral für die Entlastung der Opfer. Nur so können unselige Familientraditionen aus der Welt geschafft werden.

Die Täter-Opfer-Symbiose

Ich habe mich oft gefragt, warum sich Opfer oft tief schuldig fühlen, während die Täter von jedem Schuldbewusstsein frei zu sein scheinen. Außerdem war ich manchmal beeindruckt von der außerordentlich starken gefühlsmäßigen Bindung, die zwischen Opfern und Tätern besteht. Schließlich beschäftigte mich die Frage, wie es dazu kommt, dass die meisten Täter früher einmal selbst Opfer gewesen sind, wie sich die Verwandlung vom Opfer zum Täter vollzieht und warum manche Opfer zu Tätern werden, andere aber nicht.

Aus vielen Beobachtungen in Einzeltherapien und Familienaufstellungen habe ich die folgende Hypothese abgeleitet. Sie ist ein Versuch, den seelischen Prozess beim Täter und Opfer zu rekonstruieren. Ich nenne diese Hypothese die Täter-Opfer-Symbiose und werde sie am Beispiel eines sexuellen Missbrauchs beschreiben. Sie lässt sich aber auch auf andere Formen von Misshandlung, auf Gewalttaten, Völkermord, Folter und Vergewaltigung übertragen.

Abspaltung

Täter und Opfer erleben den sexuellen Missbrauch aus zwei total entgegengesetzten Positionen. Das Erlebnis ist für das Opfer entsetzlich, qualvoll, erniedrigend. Oft ist es so grauenvoll, dass das Opfer es abspalten muss: Wenn wir etwas erleben, das unerträglich ist, spaltet sich unser Bewusstsein von der Realität ab, es geht in eine Trance, die uns schützend einhüllt und davor bewahrt, die entsetzliche Realität in voller Deutlichkeit erleben zu müssen. Das Opfer geht zum Beispiel aus seinem Körper und schaut sich unbeteiligt von oben an.

Täter-Rausch
Der Täter erlebt die Tat dagegen wie einen Rausch. Seine Gewalt erlebt er in einem rauschhaft-lustvollen Zustand. Er genießt das Gefühl von Macht, Wollust und Entgrenzung. Seine Aggression kann er hemmungslos abreagieren. Er ist in Ekstase. Auch er befindet sich in Trance. Diese blendet bei ihm alle unangenehmen Eindrücke und Gedanken aus: Wäre er bei klarem Bewusstsein, müsste er die Qualen seines Opfers registrieren, er müsste doch spüren, was er ihm antut, er müsste sich seiner mitmenschlichen Gefühle entsinnen, er müsste sich seiner selbst schämen und schockiert sein über dieses Monster, das sich in ihm manifestiert, er müsste darüber eigentlich verrückt werden – nichts von alledem. Er sieht im Grunde sein Opfer gar nicht. Ein solches Erlebnis ist suchtbildend, denn der rauschhafte Zustand ist überwältigend. Es drängt nach Wiederholung.

Der Missbrauch ist eine intime Handlung, bei der eine energetische Brücke zwischen Täter und Opfer entsteht
Wir übersehen oft die Tatsache, dass der Missbrauch in den meisten Fällen eine intime Handlung ist: Beim emotionalen Missbrauch (zum Beispiel bei emotionaler Erpressung, Zwang, Manipulation) rückt der Täter dem Opfer gefühlsmäßig zu nahe. Bei der körperlichen Gewalt wird die körperliche Integrität des Opfers verletzt. Beim sexuellen Missbrauch wird die sexuelle Schranke des Opfers durchbrochen. Das Opfer wird, wenn auch höchst

unfreiwillig, in einen intimen Kontakt mit dem Täter gezwungen. Dadurch kommt es zu einem energetischen Austausch zwischen Täter und Opfer.

Austausch der Gefühle zwischen Täter und Opfer

Durch diese energetische Brücke nimmt das Opfer unbewusst das orgiastische Erleben des Täters auf (deshalb wird es später, wenn es selbst zum Täter wird, diesen rauschhaften Zustand wiedererkennen). Es nimmt jedoch zugleich die Schuld- und Schamgefühle des Täters auf (daher wird es sich später schuldig fühlen für den Missbrauch). Besonders die Gefühle, die der Täter ausblendet, nimmt das Opfer umso deutlicher wahr: die Schuldgefühle, die Scham, das Entsetzen über sich selbst, das Gefühl, total verrückt zu sein. In der Intimität des Missbrauchs gibt der Täter seine abgespaltenen Gefühle an das Opfer ab. Hier geschieht also die »Abgabe des Steins« vom Täter zum Opfer. Der Täter hat sich entlastet. Von nun an wird das Opfer die Scham- und Schuldgefühle für den Täter tragen – bis es selbst ein nächstes Opfer findet, an das es diese Last abgeben kann.

Umgekehrt nimmt der Täter auch die Gefühle des Opfers auf. Er sieht und spürt dessen Entsetzen, seine Ohnmacht, seine Demütigung. Er erkennt sie wieder – so hat er sich einst gefühlt, als er es war, der missbraucht wurde. Aber nun steht er auf der anderen Seite, jetzt ist er der Mächtigere, jetzt ist er der Peiniger. Diese Gefühle hat er einst, als er Opfer war, von *seinem* Peiniger übernommen.

In der Psychoanalyse nennt man diesen Vorgang die *Identifikation mit dem Aggressor.* Indem der Täter sein früheres Trauma mit vertauschten Rollen wiederholt, reagiert er die einst erlebte Schmach ab. Nur rächt er sich an der falschen Person!

Durch den intimen Kontakt entsteht eine emotionale Bindung zwischen Opfer und Täter

Eine weitere, schwer wiegende Folge des intimen Kontaktes ist die Entstehung einer persönlichen Bindung zwischen Opfer und Täter. Das Opfer wird durch den ungewollten intimen Kontakt an den Täter emotional gebunden. Es ist erfüllt von wahnsinnigen Ängsten, nachts hat es entsetzliche Albträume. Gleichzeitig könnte es den Täter erwürgen, erstechen, vernichten. Das Opfer möchte das Trauma aus seinem Leben tilgen, fühlt sich aber wie durch tausend Stricke daran gefesselt. Diese Bindung ist umso stärker, je näher die Beziehung zwischen Täter und Opfer (zum Beispiel wenn es Eltern und Kinder sind) und je gewaltsamer und grausamer der Missbrauch gewesen ist.

An dieser Stelle besteht eine – wenn auch perverse – Parallele zum Liebesakt. Auch hier entsteht eine Verschmelzung und Bindung zwischen den Liebenden, das bindende Gefühl ist aber die Liebe. Das Gefühl, das durch den Missbrauch entsteht, ist eine angstbesetzte Faszination beim Opfer *(fasziniert sein* bedeutet lateinisch *gefesselt sein).*

Hassliebe

Da beim Missbrauch ein ähnlicher intimer Kontakt stattfindet wie beim Liebesakt, verwechseln Täter und Opfer manchmal das Gefühl, das sie beim Missbrauch empfinden, mit Liebe. Sie meinen jemanden zu lieben, wenn sie ihn missbrauchen beziehungsweise sich von ihm missbrauchen lassen. Dies ist das Leitmotiv für viele so genannte Liebesdramen, die wir aus Literatur und Film kennen. Auch Heinrich von Kleists Erzählung *Die Marquise von O…* folgt diesem Muster: Das Opfer verliebt sich nach einer Vergewaltigung in den Täter (vor allem, wenn es zum ersten Mal Intimität erlebt hat) – jedoch sind seine Gefühle zum Täter höchst ambivalent. In seine Liebe mischen sich die Gefühle, die es einst als Opfer gespürt hat: Abscheu, Ekel, Hass, Misstrauen, Ohnmacht und Rachebedürfnis. So fühlt sich das Opfer ständig hin und her gerissen im Widerstreit seiner Gefühle. Im Grunde ist es eine Hassliebe, die es empfindet – ein äußerst explosives Gemisch.

Auch der Täter kann sich manchmal in sein Opfer verlieben, wie es in *Die Marquise von O…* beschrieben wird. Aber auch er empfindet ein Gemisch von unterschiedlichsten Gefühlen gegenüber dem Opfer. Manchmal rührt ihn die Hilflosigkeit des Opfers an, er fühlt so etwas wie Mitleid und verspürt das Bedürfnis, es zu beschützen, obwohl gerade er derjenige ist, der ihm Leid zugefügt hat. Irgendwie möchte er es um Verzeihung bitten, bringt es aber nicht über die Lippen. Gleichzeitig fühlt er tief in sich verborgen den sadistischen Wunsch, es noch einmal zu tun.

Missbrauch zwischen Eltern und Kindern

Eine besonders schwere Verwicklung entsteht, wenn Missbrauch zwischen Eltern und Kindern stattfindet. Denn dann vermischen sich zwei Formen der Symbiose, die sich eigentlich ausschließen: die *Eltern-Kind-Symbiose* und die *Täter-Opfer-Symbiose.* Die ursprüngliche Eltern- und Kinderliebe vermischt sich mit der Hassliebe zwischen Täter und Opfer. Aus beiden Gefühlen entsteht ein höchst ambivalentes Spannungsfeld, sodass weder Nähe noch Distanz möglich ist.

Eine wichtige Aufgabe der Therapie (und auch der Familienaufstellung) besteht in solchen Fällen darin, den Missbrauch und die damit verbundene Hassliebe von der Eltern-Kind-Liebe zu trennen. Den Missbrauch und die Schuld gibt das Kind (etwa in Form eines schweren Steins) den Eltern zurück. Diese müssen die Schuld annehmen und dazu stehen. Ein angemessener Abstand zwischen Eltern und Kind muss zum Schutz des Kindes gewährleistet sein. Erst dann hat die ursprüngliche Eltern-Kind-Beziehung eine Chance, sich vorsichtig zu entfalten.

Die Missbrauchserfahrung kann durch einen konditionierten Reiz wiederbelebt werden

Wie kommt es zur Wiederholung des Missbrauchs? Durch

einen konditionierten Reiz, das heißt ein Signal, das die betreffende Person an die ursprüngliche Missbrauchssituation erinnert, kann die traumatische Erinnerung wieder ins Bewusstsein gespült werden.

Ein häufiges Beispiel hierfür: Ein misshandeltes oder missbrauchtes Kind wird erwachsen und bekommt selbst Kinder. Wenn seine Kinder in das Alter kommen, in dem es selbst missbraucht worden ist, spürt es plötzlich den unwiderstehlichen Drang, dem eigenen Kind etwas anzutun.

Dabei wird das rauschhafte Erleben des Täters schneller mobilisiert als das Erleben des Opfers

Dies ist ein entscheidender Punkt: Wenn die Person an den Missbrauch wieder erinnert wird, kommt ihr zuerst das Erleben des Täters ins Bewusstsein, denn dieses ist nur oberflächlich im *Vorbewussten* gespeichert. Die Erfahrung des Opfers ist dagegen so grauenvoll gewesen, dass diese Erinnerung tief im *Unbewussten* vergraben wurde, hinter meterdicken Mauern von Scham – sie kann erst durch mühsame Arbeit an sich selbst, etwa in einer längeren Therapie, wieder dem Bewusstsein zugänglich gemacht werden.

Sucht

Beim Wiederauftauchen der Missbrauchssituation verspürt die Person oft den Impuls, die Tat zu wiederholen: Das rauschhaft-lustvolle Erleben des Täters ist, wie jede Rauscherfahrung, stark suchtbildend. Diese Erinnerung, die normalerweise im Vorbewussten schlummert und dem Alltagsbewusstsein nicht zugänglich ist, kann durch einen konditionierten Reiz sofort und ohne jegliche Vorwarnung wieder ins Leben gerufen werden.

Wenn das frühere Opfer zum Täter wird

In diesen Fällen taucht die betreffende Person – gleichgültig, ob sie vorher Täter oder Opfer war – spontan und ohne bewusste Steuerungsmöglichkeit in das rauschhafte Erleben des Täters ein. Dieses löst im Moment seines Entstehens den Impuls aus, die damalige rauschhafte Erfahrung zu wiederholen. Er drängt die Person zur suchtartigen Wiederholung der Missbrauchserfahrung. Dies bedeutet, dass die Person die gleiche Handlung als Täter verüben wird, und zwar am nächsten unschuldigen Opfer. Das einst missbrauchte Kind missbraucht zum Beispiel seine eigenen Kinder – der Teufelskreis schließt sich.

Wenn ein früheres Opfer nicht zum Täter wird

Es gibt auch Opfer, die nicht zum Täter werden. Hier hat möglicherweise keine starke Verschmelzung zwischen Täter und Opfer stattgefunden, oder das Opfer hat eine starke Persönlichkeit und kann dem Drang zur Wiederholung der Tat widerstehen.

Dann wird es zwar den Täterimpuls spüren (zum Beispiel wird es von der plötzlichen Lust erfasst, sein eigenes Kind anzuschreien oder hart anzupacken), aber es wird sich bremsen und zurückhalten können. Wenn es in diesem Moment genauer in sich hineinhorcht, wird es spüren, wie sich etwas Bedrohliches in ihm regt: Es ist die tief im Unbewussten vergrabene Erinnerung an das damalige traumatische Erlebnis. Um nicht von den grauenhaften Erinnerungen von damals überschwemmt zu werden, mobilisieren sich im Opfer automatisch starke *Abwehrmechanismen,* die das Verdrängte niederhalten und nicht ins Bewusstsein vordringen lassen. Statt der Erinnerung erlebt die Person *Ersatzsymptome:* Angst- und Panikattacken, heftige psychosomatische Reaktionen, hysterische Anfälle, Ohnmacht. Die Abwehrmechanismen und Ersatzsymptome sind sinnvoll, solange das Opfer noch nicht stark genug ist, die traumatischen Erinnerungen zu bewältigen. Um das Verdrängte durchzuarbeiten, braucht es meist therapeutische Hilfe.

Die Funktion der Sucht bei Tätern und Opfern

Solange eine bewusste Verarbeitung nicht geschieht, sucht das Opfer Mittel und Wege, die inneren Qualen zu betäuben. Dazu eignen sich Süchte aller Art. Opfer wie Täter brauchen ihre Sucht, um das Ungeheuerliche des Missbrauchs zu vergessen. Wie ein Beruhigungsmittel wirft die Sucht einen Schleier auf das Geschehen. So werden die Erinnerungen nur verschwommen und abgefiltert durchgelassen, damit die Betroffenen nicht daran ersticken oder von ihren Triebimpulsen überrumpelt werden.

Trance bei der Sucht, Trance beim Trauma

Es gibt noch einen anderen, subtileren Zusammenhang zwischen Traumatisierung in der Kindheit und Sucht. Die Veränderung im Bewusstsein ist eine typische Wirkung vieler Drogen. Selbst bei vielen nicht an Stoffe gebundenen Süchten (wie Arbeitssucht, Sexsucht, Extremsport) entsteht eine Veränderung im Bewusstsein. Der Süchtige ist hoch erregt und gedämpft zugleich, die Wahrnehmung ist deutlich verändert und eingeschränkt. Vor allem ist die freie Willensbestimmung eingeengt. Man ist extrem beeinflussbar und verführbar, wie hypnotisiert.

Solche Tranceerlebnisse sind aber auch typisch für Menschen, die extreme traumatische Erfahrungen durchlebt haben: Von sexuell Missbrauchten, Gefolterten, schwer Verletzten wird immer wieder berichtet, dass sie in den schlimmsten Momenten ihres Leidens plötzlich in einen anderen Bewusstseinszustand gewechselt sind. Sie schweben dann plötzlich über sich und schauen sich ohne besondere Beteiligung von oben an, oder sie betrachten die Muster der Tapete an der Wand und fragen sich, wie diese wohl hergestellt werden. Die Trance, in die sie geraten, enthebt sie der grausamen Wirklichkeit in eine Sphäre, in der sie sich wohlig, geborgen und frei fühlen.

Möglicherweise besteht zwischen Traumatisierung und Suchtanfälligkeit eine nahe Verbindung. Womöglich vermittelt die Trance in der Sucht dem Betreffenden das wohl bekannte Gefühl: Auch wenn es dir ganz schlecht geht, hier in der Trance bist du sicher, außer Reichweite der prügelnden Eltern, der Vergewaltiger, des Krieges, der Angst und des Grauens. Nichts und niemand kann dich jetzt erreichen.

Wenn dies sich als richtig erweisen sollte, verstehen wir vielleicht, weshalb es für Süchtige so schwer ist, sich von ihrer Abhängigkeit zu befreien. Traumatisierte greifen nicht mutwillig zum Suchtmittel, um etwas Interessantes auszuprobieren. Sie brauchen es vielmehr, um sich in Trance zu versetzen, damit all die schrecklichen Erinnerungen an früher verschwinden oder zumindest so gedämpft sind, dass diese sie weniger quälen. Wir können erahnen, welcher Entschlossenheit es bedarf, aus der Sicherheit der Trance und Sucht herauszutreten und dem Schrecken von damals ins Gesicht zu schauen!

Tatsächlich ist es für viele, die sich endlich von einer Sucht befreien, alles andere als leicht weiterzuleben. Statt der erwarteten inneren Befreiung werden sie zunächst mit peinigenden Erinnerungen, qualvollen Gedanken und schmerzlichen Körperempfindungen konfrontiert: Die Nebelschwaden, die bisher das Schreckliche verborgen haben, ziehen ab und geben den Blick frei – und es ist für die betreffenden Menschen überhaupt nicht schön, mit ihrer Realität konfrontiert zu werden. Sie werden nicht nur überschüttet von schrecklichen Erinnerungen, sie merken auf einmal auch, wie unbefriedigend ihr jetziges Leben ist. Sie erkennen zum Beispiel, wie ihre Partnerschaft von gegenseitigen Abhängigkeiten, Lügen und Halbwahrheiten geprägt ist. Doch nun sind sie so weit, dass sie die Konflikte in der Beziehung, die der Partner und sie jahrelang in gegenseitigem Einverständnis verdrängt haben, ansprechen. Dies kann langfristig eine reinigende Wirkung haben.

Wie können Täter und Opfer ihre Bindung auflösen?

Ein Beispiel aus der Familienaufstellung

Die erste Schwierigkeit, der man bei der Konfrontation zwischen Täter und Opfer in der Familienaufstellungsarbeit begegnet, ist die Tatsache, dass viele Täter sich der Tragweite ihrer Tat nicht bewusst sind. Sie finden das, was sie getan haben, gar nicht so schlimm. Sie haben kein oder nur wenig Schuldbewusstsein. So fühlen sie sich oft zu Unrecht angeklagt.

Das Bewusstsein der Täter besteht nämlich aus zwei Schichten: einer oberflächlich liegenden Schicht, in der sie ihre Tat wie eine Art Rausch genießen, ähnlich wie eine Droge. Darunter liegen jedoch, tief verborgen, ihre eigenen traumatischen Erfahrungen als Opfer. Solange wir diese tiefere Schicht nicht erreichen, wird sich der Täter nicht wesentlich ändern können. Er wird sich vielleicht äußerlich dem moralischen Druck seiner Umgebung beugen und die Sanktionen akzeptieren, die ihm auferlegt werden. Vielleicht lernt er auch seine gewaltsamen oder sexuellen Impulse unter Kontrolle zu halten. Aber eine Einsicht in das Leid, das er dem Opfer zugefügt hat, wird er nur erlangen, wenn er sich emotional erinnert, was er einst selbst erlitten hat unter seinem Peiniger.

Dafür muss der Täter mit seinem einstigen Peiniger konfrontiert werden. Dies ist im täglichen Leben eher schwer zu bewerkstelligen, in der Familienaufstellung ist es jedoch möglich.

Ein Mann berichtet, dass er als Kind regelmäßig von seinem alkoholisierten Vater fast besinnungslos geschlagen wurde. Auch sein Vater hat Gewalt vonseiten des Großvaters erlebt.

Wir stellen alle drei Generationen auf. Der Vater befindet sich nun in der Zwischenposition: Er ist sowohl Opfer (seines Vaters) als auch Täter (an seinem Sohn). Jetzt kann er einen Stein an seinen eigenen Vater zurückgeben. Dabei wird er wieder zum Kind und spürt zum ersten Mal die Schmerzen, die ihm sein Vater zugefügt hat. Wenn er sich nun umdreht zu seinem eigenen Sohn, spürt er plötzlich schwere Schuldgefühle. Er realisiert, wie er das Leid, das er von seinem Vater übernommen hat, an seinen Sohn weitergegeben hat. Erst jetzt ist er bereit, den Stein von seinem Sohn zurückzunehmen.

Es ist manchmal nicht leicht für ein Kind, das gequält worden ist, den Stein an den schuldigen Elternteil zurückzureichen. Wir erleben es immer wieder, dass ein Kind sich weigert, den Stein, an dem es so schwer getragen hat, zurückzugeben. Manchmal hält es daran fest, weil es sich so daran gewöhnt hat. Ohne die Last käme es sich wie nackt vor, es wüsste nicht, was es sonst mit seinem Leben anfangen könnte. Manchmal will das Opfer an seiner Wut auf den Täter festhalten. Daraus bezieht es möglicherweise seine Stärke, seinen Sinn im Leben, sein Image. Es ist ihm zur zweiten Natur geworden, gegen den Vater und andere Autoritäten aufzubegehren. Manche Kinder trauen ihren Eltern auch nicht zu, die schwere Last tragen zu können. Sie fühlen sich stärker und zäher als die Eltern, die sie für schwächer halten und im Stillen verachten.

Aus all diesen Gründen tobt ein heftiger Kampf im Opfer, bis es bereit ist, die Last an den Täter zurückzugeben. Es ist nicht einfach, die eigene Identität als Opfer aufzugeben. Genauso schwer ist es, die Fehde mit dem Peiniger zu kündigen und auf die Hassliebe, die es mit dem Täter verbindet, zu verzichten. Die vertraute Opferrolle loszulassen und ein neues Leben zu beginnen, ist oft sehr riskant.

Wenn der Sohn aus dem obigen Beispiel bereit ist, dieses Wagnis einzugehen und den Stein an den Vater zurückzugeben, und wenn der Vater den Stein annimmt und zu seiner Schuld steht, dann können sich Vater und Sohn neu begegnen. Dabei ist es wichtig, dass der Sohn die Nähe, aber auch den Abstand zum Vater bestimmen darf, so, wie es sich für ihn richtig anfühlt. Er lässt sich zum Beispiel vom Vater nicht in den Arm nehmen, weil er ihm gegenüber noch vorsichtig ist. Es reicht ihm, den Vater aus einem Abstand von zwei oder drei Metern freundlich anzuschauen. Die Distanz mag für den Vater vielleicht schmerzlich sein, aber es ist die Konsequenz, die er für seine Tat zu tragen hat. Nun ist das Verhältnis zwischen beiden geklärt. Ihre Beziehung hat eine Chance, sich weiterzuentwickeln.

Tote in der Familie – Vervollständigen, was fehlt

Tote in der Familie stellen immer ein spannendes, manchmal beängstigendes Thema dar. Um tote Verwandte ranken sich oft Geheimnisse, Gerüchte, Tabus. Wir senken häufig die Stimme, wenn von ihnen die Rede ist – auch, weil sie uns unheimlich sind. Tote können jedoch einen starken Einfluss auf eine Familie ausüben. Dies wird vor allem deutlich, wenn wir Familienaufstellungen durchführen. Hier haben wir die Möglichkeit, Stellvertreter für Verstorbene aufzustellen. Diese treten dann quasi lebendig auf, und man kann sehen, welche unmittelbare Wirkung ihre Präsenz auf die gesamte Familie hat.

Eine Frau berichtet, dass viele Geschwister von ihr krank sind. Sie selbst sei eine der Gesunden, aber sie hat Angst, dass auch sie schwer krank werden und sterben könnte. Aus ihrer Familiengeschichte weiß sie, dass ihre Mutter zwei Geschwister hatte, einen älteren Bruder und eine jüngere Schwester, die in jungen Jahren an Kinderkrankheiten gestorben sind.

Wir stellen ihre Familie auf: die Frau (als Klientin), ihre Eltern und ihre Geschwister. Die Stellvertreterin für ihre Mutter steht mitten in der Familie, umringt von ihren Kindern, aber sie schaut keinen an, sondern blickt ins Leere. Dem neutralen Beobachter kommt es vor, als stünden die Kinder da und bewachten die Mutter, damit diese nicht weggeht.

Nun stellt der Therapeut die beiden toten Geschwister der Mutter vor sie. Ihr Gesicht hellt sich auf einmal auf, sie geht freudig auf ihre Geschwister zu und nimmt beide in ihre Arme. Sie dreht sich um und schaut nun ihre Kinder an. Es ist ihr, als wäre sie die ganze Zeit betäubt gewesen. Erst jetzt, nachdem ihre Geschwister wieder da sind, wacht sie auf und sieht, dass sie eine große Familie hat. Nun kann sie zu ihren Kindern gehen. Ihre Geschwister nimmt sie mit.

Dabei stellt sich heraus, dass ein Bruder der Klientin sich dem verstorbenen Onkel nahe fühlt. Er hat sich mit diesem Verstorbenen »identifiziert« und ist daher oft bedrohlich krank. Er begrüßt diesen Onkel freudig, dieser gibt ihm seinen Segen und die Erlaubnis, gesund zu sein.

Dies ist eine typische Familienaufstellung, in der Verstorbene eine Rolle spielen. In Familiensystemen bleiben die Verstorbenen quasi lebendig, das heißt, ihre Energie wirkt weiterhin in der Familie und hat einen positiven oder negativen Einfluss auf die Familienmitglieder. Diejenigen Toten, die in guter Erinnerung behalten werden, wirken segensreich in der Familie. Sie blicken wohlwollend auf ihre lebenden Familienangehörigen und geben ihnen Kraft und Zuversicht. Dies kennen die meisten von uns, wenn wir zum Beispiel an liebe Großeltern zurückdenken. Wir haben das Gefühl, sie passen wie Schutzengel auf uns auf. In manchen Situationen denken wir spontan an sie. Wir spüren ihre Anwesenheit oder sprechen sogar innerlich zu ihnen. Das Gleiche geschieht, wenn wir ihre Gräber besuchen und pflegen.

Wenn es jedoch Tote gibt, die aus dem Gedächtnis der Familie verdrängt wurden (weil ihr Tod für die damalige Familie zu schmerzlich war oder weil ihr Tod sie zu peinlich berührte, etwa bei einem Selbstmord oder nach einer geistigen Umnachtung), dann passiert etwas Seltsames:

- Die Familienmitglieder haben das Gefühl, dass etwas oder jemand fehlt, als wäre ein Loch in der Familie, als wartete man ständig auf jemand, aber man weiß nicht, auf wen.
- Diejenigen Familienmitglieder, die den Tod nicht verwunden haben, sind oft geistig abwesend. Sie sind innerlich »besetzt« durch ihre nicht gelebte Trauer, sie schauen wie im vorherigen Beispiel »ins Leere«. Manche möchten dem Verstorbenen in den Tod folgen, haben Suizidgedanken oder werden lebensbedrohlich krank.
- Wenn ein Toter ganz tabuisiert und totgeschwiegen wird, kann es passieren, dass eines der später geborenen Kinder ihn quasi »vertritt«. Er nimmt in der Familie die Stelle des Totgeschwiegenen ein, gewissermaßen als lebende Erinnerung an diesen. Diesem mit dem Toten identifizierten Kind geht es meistens nicht gut, es fühlt sich fremd in seiner Haut, es hat oft die gleichen Gefühle oder körperlichen Symptome wie der

Tote. Man könnte fast meinen, es sei »von einem bösen Geist besessen«.

Jedoch erweist sich in Familienaufstellungen, dass es sich hier nicht um einen »bösen Geist«, sondern um einen totgeschwiegenen Familienangehörigen handelt. Sobald man diesen in der Familienaufstellung wieder erscheinen lässt, reagieren alle erleichtert, als wäre ihnen eine Riesenlast von den Schultern genommen. Es ist wie jedes Geheimnis – solange es verschwiegen wird, wirkt es unheimlich und bedrohlich. Sobald es gelüftet ist, fühlen sich alle Beteiligten wie befreit.

Die Vervollständigung einer Familie

Ein Mann ist Einzelkind. Er hat das Gefühl, seine Eltern seien nie da gewesen für ihn. Sein Vater trinkt und kümmert sich um nichts, die Mutter ist depressiv. Bei seiner Familienaufstellung erwähnt der Mann beiläufig, dass die Mutter vor ihm zwei Abtreibungen gehabt hat. Der Therapeut stellt zwei Stellvertreter für die beiden abgetriebenen Kinder auf. Die Stellvertreterin für die Mutter bricht daraufhin in Tränen aus und nimmt die Kinder in den Arm. Diese freuen sich, dass sie endlich zur Familie gehören dürfen. Der Vater, der bisher abgewandt dagestanden ist, wacht wie aus einem Traum auf und geht zurück zu seiner Frau und seinen Kindern. Der Sohn, der bisher gedacht hat, er sei Einzelkind, ist zuerst überrascht, dass er überhaupt Geschwister hat. Dann freut er sich sehr, dass er nicht mehr allein ist. Er lässt sich von seinen älteren

Geschwistern in die Mitte nehmen und freut sich, jüngstes Kind zu sein – ihm fällt die Verantwortung für seine Eltern von den Schultern, an der er bisher schwer getragen hat. Nun hat er das Gefühl, eine ganz neue Familie zu haben. Zu fünft stehen sie im Halbkreis zusammen, wo die drei vorher völlig isoliert jeder für sich gestanden sind.

Es mag zunächst makaber anmuten, dass abgetriebene Kinder, die nicht mehr als einige Wochen oder Monate gelebt haben, als »richtige« Personen aufgestellt werden. Bei dieser Familie hat aber der Verlust der beiden ersten Kinder möglicherweise eine Depression bei der Mutter ausgelöst. Die Eltern entfremdeten sich, weil sie nicht imstande waren, über die Abtreibung und die damit verbundenen Schuldgefühle und ihre Trauer miteinander zu sprechen. Der Vater begann zu trinken und entfernte sich aus der Familie. Als der jüngste Sohn zur Welt kam, wurde er in eine Familie hineingeboren, in der Depression und Sprachlosigkeit die Atmosphäre bestimmten.

Entscheidend ist hier, dass die beiden abgetriebenen Kinder verschwiegen und verdrängt wurden (der Sohn erfuhr erst davon, als er schon erwachsen war), sodass die Familie in dem Zustand »eingefroren« geblieben ist, als die zwei toten Kinder aus dem Familiengedächtnis verschwunden waren. Von ihnen ist ja keine Spur geblieben, so konnten die Eltern auch nicht um diesen Verlust trauern und nicht zu der Schuld stehen, dass sie die Kinder haben abtreiben lassen. Nur indem die beiden Kinder sichtbar gemacht wurden, konnte die Familie wieder

»auftauen« und zur Lebendigkeit zurückfinden: Die Mutter konnte ihren Schmerz zulassen, den sie sich damals vor lauter Schuldgefühlen nicht zugestanden hat. Der Vater konnte zurück in die Familie kehren. Der jüngste Sohn konnte die Geschwister, die er nie kennen gelernt hatte, begrüßen und einen neuen Platz in seiner Familie finden.

Es geht also um die *Vervollständigung der Familie,* wenn wir Verstorbene aufstellen, nicht um »Geisterbeschwörung« oder ähnliche okkulte Riten. Wir haben das Bedürfnis, dass alle Angehörigen im Gedächtnis der Familie einen ihnen gebührenden Platz haben. Dann fühlen wir uns als Familie vollständig. Dann müssen wir uns nicht mehr auf die Suche nach dem Missing Link, dem fehlenden Bindeglied, machen.

Genau aus diesem Grund ist es wichtig, dass peinliche, unangenehme, gefürchtete Personen, die bislang aus der Familienchronik gestrichen und aus dem kollektiven Gedächtnis gelöscht worden sind, in der Familienaufstellung wieder auftauchen dürfen – damit die Familie wieder vollständig werden kann. Auch hierzu ein Beispiel:

Ein Mann hat zwar einen guten Beruf, eine liebe Frau und lebhafte Kinder, aber er selbst fühlt sich fremd, wie tot. Sein Vater, ein Choleriker, trank und starb schließlich daran. Als der Mann seine Familie aufstellt, stellt er sich selbst (in der Gestalt seines Stellvertreters) mit dem Gesicht dicht an die Wand. Die Familie ist überallhin verstreut. Eine unheimliche Spannung liegt in der Luft.

Aus der Familiengeschichte ist bekannt, dass der Großvater des aufstellenden Klienten (der Vater seines Vaters) ein aktiver Nationalsozialist war, der während des Krieges irgendetwas mit einem Konzentrationslager zu tun hatte. Nach Kriegsende brachte er sich um, bevor er zur Rechenschaft gezogen werden konnte. In der Familie wurde er schamvoll verschwiegen.

Der Leiter stellt den Großvater auf. Sofort löst sich die Spannung im Raum auf. Der Stellvertreter für den Klienten dreht sich von der Wand um in den Raum. Die Familie schart sich zusammen und geht in Distanz zum Großvater. Der Großvater schaut jedoch ganz unschuldig in die Runde und weiß nicht, weshalb seine Familie Angst vor ihm hat. Sein Sohn (der früh verstorbene, alkoholkranke Vater des Klienten) bricht jedoch in Schluchzen aus und fällt zu Boden. Der Leiter gibt ihm einen riesigen, schweren Stein und bittet ihn, diesen seinem Vater (dem Großvater des Klienten) zurückzugeben. Er kniet sich vor seinen Vater und spricht die rituellen Sätze: »Lieber Vater, ich achte dich in deinem Schicksal und lasse es bei dir. Was du im Krieg auch getan hast, hast du zu verantworten, es geht mich nichts an. Ich habe diese Riesenlast von dir übernommen. Es gehört mir nicht. Bitte nimm sie wieder zu dir.« Er gibt dem Großvater den Stein. Dieser nimmt ihn zögerlich, doch als er den Stein in seinen Händen fühlt, spürt er auf einmal, dass er in der Tat etwas Schreckliches während des Dritten Reiches getan hat. Nun steht der Großvater zu seiner Schuld. Er bittet seinen Sohn um Verzeihung und geht mit dem Stein aus dem Raum.

Daraufhin fällt eine riesige Last vom Klienten ab – er geht zu seinem Vater und gibt ihm seinerseits einen kleineren Stein dafür, dass der Vater ihn als Kind oft grundlos verprügelt und seine Launen an ihm ausgelassen hat. Der Vater sieht nun, was er seinem Sohn angetan hat, er nimmt den Stein an, danach nimmt er den Sohn in den Arm. Der Sohn fühlt sich endlich angekommen.

An solchen Beispielen kann man ersehen, welche therapeutische Wirkung die Familienaufstellung haben kann, besonders dann, wenn es um ungelöste Familiengeheimnisse und Familientabus geht. Man kann in der Einzeltherapie viel spekulieren oder mutmaßen, erst durch die Familienaufstellung kommt das Fehlende ans Licht. Manchmal gelingt dies nicht sofort mit der ersten Familienaufstellung, manchmal braucht man einige Aufstellungen, damit sich die ineinander verschlungenen Knoten Stück für Stück lösen. Aber es ist immer wieder wie ein kleines Wunder, wie über Jahrzehnte festgefahrene Verstrickungen durch eine oder mehrere Familienaufstellungen plötzlich aufgelöst oder zumindest gelockert werden können.

Die Familien müssen aber auch bereit sein, die Geheimnisse zu lüften. Es gibt durchaus Familiengeheimnisse, deren Kräfte noch so am Wirken sind, dass die Familie nicht so weit ist, das Verborgene preiszugeben. Dies muss man respektieren und warten, bis die Tür zur verschlossenen Kammer vielleicht irgendwann aufgeht.

Was wir tun können, damit unsere Kinder nicht mit früheren Toten aus der Familie belastet werden

- Das Wesentlichste ist, den Prozess des Trauerns zu verstehen und zuzulassen. Wenn wir etwas oder jemanden verlieren, den wir lieben, ist es natürlich, dass wir trauern. Wenn wir den Schmerz der Trauer spüren, ist es ein Zeichen dafür, dass wir etwas, das wir lieben und festhalten möchten, aus den Händen geben müssen. Es gibt keine Liebe ohne den zugehörigen Abschiedsschmerz. Wer nicht liebt, braucht nicht zu trauern. Aber er kennt die Liebe auch nicht. Wenn wir fertig getrauert haben, haben wir das, was wir geliebt haben, losgelassen. Wir fühlen uns leer und sind wieder frei.
- Daher ist es gut, dass wir uns erlauben zu trauern, wenn wir etwas Liebes oder jemanden Lieben verlieren. Damit geben wir unseren Kindern ein gutes Beispiel dafür, dass man trauern darf. Sätze wie »Jungen weinen nicht!« oder »Reiß dich zusammen, die Welt geht nicht unter, wenn dein Hamster stirbt. Du kriegst morgen einen neuen!« unterdrücken die natürliche Trauer des Kindes. Dadurch verhindern wir gerade das Loslassen des verlorenen Gegenstandes, des geliebten Tieres oder des geliebten Menschen. Dann bleiben diese Dinge oder Wesen unsichtbar bei uns und fangen an »herumzuspuken«.

- Wenn unsere Trauerarbeit abgeschlossen ist, ist es gut, dem Verstorbenen einen guten Platz in unserem Herzen, vielleicht auch einen guten Platz in unserem Leben zu geben – etwa durch Fotos, die man öfters austauscht, durch ihre Lieblingsmusik oder durch frische Blumen auf dem Grab.
- Über Verstorbene können wir sprechen wie über Lebende. Wenn sie uns während des Tages einfallen oder im Traum erscheinen, können wir darüber mit Familienangehörigen und Freunden sprechen, selbstverständlich auch mit unseren Kindern auf eine für sie passende Weise. Dann bleiben die Verstorbenen bei uns lebendig und sind als freundliche Geister oder Schutzengel bei uns.
- Wir können auch eine innere Zwiesprache mit nahen Verstorbenen halten. Dies ist ganz natürlich. Auch dadurch bleiben sie in uns lebendig. Sie können uns antworten, uns bei schwierigen Fragen helfen, uns durch den Tag begleiten. Verstorbene sind nur unsichtbar, sie sind manchmal ferner, manchmal näher bei uns, aber sie sind da.
- Auch gegenüber bösartigen, verleugneten oder unliebsamen verstorbenen Angehörigen können wir den gebührenden Respekt zeigen. Ein Großvater bleibt ein Großvater, auch wenn er ein Nazi gewesen ist. Eine Großmutter bleibt eine Großmutter, auch wenn sie die Mutter misshandelt hat. Dies mag uns schwerfallen, weil wir ihr damaliges Verhalten missbilligen oder

weil wir zu unserer Mutter halten möchten. Wenn wir aber die schlimme Geschichte, die damals passiert ist, bei den Beteiligten lassen können (das heißt ihnen ihr Schicksal zurückgeben, ohne dieses zu verharmlosen), dann behalten wir sie als Großeltern liebevoll in Erinnerung, und sie können im Geiste gütig auf uns Enkel herunterschauen, unabhängig davon, was sie einst im Leben angerichtet haben. Dann trennen wir das ungute Erbe von uns und lassen es hinter uns und können das Gute, das sie uns geben können, dankbar annehmen. Ungutes wird nicht besser, wenn wir es fortsetzen oder dafür stellvertretend büßen. Wir können aber versuchen, einen besseren Lebensweg einzuschlagen.

Was können Eltern tun, damit sie möglichst wenig Last an ihre Kinder weitergeben?

Nach all dem, was wir bisher über den Einfluss der Eltern auf das spätere Leben ihrer Kinder erfahren haben, stellt sich die Frage, was Eltern tun können, damit ihre Kinder möglichst unbelastet in die Zukunft gehen können. Hier sind einige Punkte, die sich aus dem bisher Gesagten ergeben:

- auf die Bedürfnisse des Kindes achten, ihnen den Vorrang vor den eigenen Bedürfnissen geben,
- gut für sich selbst sorgen,
- Hilfe holen, wenn man überfordert ist,
- sich in Frage stellen,
- die eigenen Probleme lösen,
- Projektionen aufs Kind zurücknehmen,
- dem Kind einen stützenden Hintergrund bieten, ohne sich ihm aufzudrängen,
- dem Kind zeigen, dass man es liebt.

Dem Kind zeigen, dass man es liebt

Beginnen wir mit dem letztgenannten Punkt. Meine Frau hat einmal gesagt, die Kunst im Elternsein besteht nicht nur darin, die Kinder zu lieben (denn dies tun fast alle Eltern), sondern sich auch so zu verhalten, *dass sich die Kinder geliebt fühlen.* Sie sollen spüren, dass sie wirklich geliebt und verstanden werden. Sie sollen das Gefühl haben, dass die Eltern ihnen zuhören, dass sie von ihnen ernst genommen und verstanden werden.

Manchmal tendieren Eltern dazu, Dinge für selbstverständlich zu nehmen. »Natürlich liebe ich meine Kinder, das wissen die doch!« Aber wenn man sich scheut, sie in den Arm zu nehmen, oder wenn man sich nicht die Zeit nimmt, sie zu fragen, wie es ihnen geht oder wie der Tag im Kindergarten oder in der Schule für sie gewesen ist, empfangen die Kinder möglicherweise zu wenig Signale, dass sich die Eltern wirklich für sie interessieren.

Im Alltag sind Eltern oft ungeduldig, der Terminkalender muss eingehalten werden: Schule, Hausaufgaben, Musikunterricht, Mithilfe im Haushalt usw. drängen sich hintereinander. Man hat kaum Zeit, sich eine Minute mit dem Kind still hinzusetzen und sich in die Augen zu schauen. So fühlen sich die Kinder zwar betreut und umsorgt, aber vor lauter Tun vergessen Eltern und Kinder ihre *Beziehung* – ähnlich wie bei einem alten Paar, dessen Alltag so ineinander verzahnt ist, dass sie vergessen, ihre Liebesbeziehung zu pflegen.

Bei Kindern sind also Aus-Zeiten wichtig. Das sind Zeiten, in denen man sich ausklingt aus der Alltagsroutine und nur füreinander da ist, zum Beispiel beim Ins-Bett-Gehen: kuscheln, über den vergangenen Tag erzählen, etwas vorlesen oder vorsingen – das vermittelt Kindern und Eltern das Gefühl, dass sie füreinander wichtig sind. Selbst wenn die Mutter oder der Vater ungeduldig darauf wartet, dass das Kind einschläft, damit man noch ein wenig Zeit für sich selbst hat, ist es in diesen rituell freigehaltenen Zeiten wichtig, ganz da zu sein und nicht schon mit den Gedanken bei der nächsten Erledigung zu sein.

Dies ist eine harte Schule für Eltern: ihre eigenen Bedürfnisse hintanzustellen und die Bedürfnisse der Kinder wichtiger zu nehmen als die eigenen. Es erfordert sehr viel Selbstdisziplin und Selbstbeherrschung, die eigenen Impulse zu zügeln und auf die sofortige Befriedigung eigener Bedürfnisse zu verzichten oder diese aufzuschieben. Darin besteht wohl die primäre Aufgabe von Eltern: *für die Kinder da zu sein.*

Geht es den Eltern gut, geht es auch den Kindern gut

Das Hintanstellen eigener Bedürfnisse zugunsten der Kinder gelingt nur dann gut, wenn die Eltern im Großen und Ganzen zufrieden sind. Wenn wir das Gefühl haben, es geht uns gut, wir sind ausgeschlafen und ausgeruht, wir haben gute Freunde und Freundinnen, wir fühlen uns selbst von unseren Eltern und unserem Partner geliebt und gesehen, wir haben eine anregende Arbeit – dann ist es leicht, für die Kinder da zu sein. Wir haben dann das Gefühl, aus dem Vollen schöpfen zu können, wenn wir mit den Kindern zusammen sind. Wir schöpfen wie aus einem vollen Brunnen, statt den letzten Tropfen aus einem eingetrockneten Wasserloch herauszukratzen.

Wenn wir ausgeruht sind, wenn wir keine großen Sorgen haben, dann können wir gemeinsam mit den Kindern Spaß haben oder mit ihnen konzentriert an eine Aufgabe herangehen. Dann merken die Kinder auch, dass es uns gut geht, und sie können sich mit Freude der gemeinsamen Sache zuwenden. Wenn sie aber das Gefühl haben, dass wir uns durch das gemeinsame Spiel quälen, dass wir uns nur gezwungenermaßen zu ihnen gesetzt haben, mit unseren Gedanken aber ganz woanders sind, wenn sie spüren, dass wir innerlich traurig oder wütend sind, dann fangen sie an, entsprechend auf uns zu reagieren. Sie werden vielleicht versuchen, uns mit einem Witz wieder aufzumuntern. Oder sie übernehmen unsere Spannung und werden ihrerseits unleidlich und quengelig. Kinder sind oft ein Spiegel unserer eigenen Befindlichkeit.

Daher ist es grundsätzlich wichtig, dass wir als Eltern gut für uns selbst sorgen, damit wir für die Kinder gut sorgen können. Zufriedene Eltern haben zufriedene Kinder, so sehr hängt der Gemütszustand des einen mit dem des anderen zusammen. Da wir als Erwachsene verantwortlich sind für die Gestaltung unseres Zusammenseins, ist es wichtig, dass wir immer wieder dafür sorgen, dass wir mit uns selbst im Einklang und im Lot sind.

Stresssituationen kurz halten

Dies ist nicht immer leicht. Ein neugeborenes Kind fordert so viel Aufmerksamkeit und Fürsorge, dass Eltern rasch an den Rand ihrer körperlichen und psychischen Kräfte kommen. Unausgeschlafen zu sein ist ein Kennzeichen junger Eltern. Man quält sich durch die Tage und Wochen und zweifelt daran, ob diese Zeit überhaupt vorbeigehen wird. Aber auch wenn die Kinder größer und selbstständiger geworden sind, gibt es im Leben mit ihnen so viel Unvorhersehbares, dass wir nicht immer nur ruhig und entspannt sein können. Wenn sich ein Kind im Straßenverkehr unaufmerksam verhält, müssen wir sofort reagieren, manchmal auch ärgerlich. Wenn sich ein Kind verletzt hat oder plötzlich krank wird, sind wir besorgt und verängstigt. Aber auch in solchen Situationen ist es wichtig, schnell wieder die Fassung zu gewinnen, auch wenn wir zeitweilig alarmiert sind.

Das Leben bringt immer kleinere und größere Katastrophen mit sich, genauso wie kleinere und größere Glücksmomente. Es wäre unrealistisch zu meinen, wir könnten immer sorglos leben. Aber es ist wichtig, dass wir uns darum kümmern, dass es uns nicht über längere Zeit schlecht geht, dass das Unglücklichsein nicht zum chronischen Dauerzustand wird. Es sind die chronischen Sorgen und Ängste, die bei Kindern dauerhafte negative Wirkungen mit sich bringen, es ist der chronische Dauerstress, der ihnen schwer zusetzt. Auf kurze Belastungen und Stresssituationen können die meisten Kinder adäquat reagieren. Sie erholen sich schnell davon. Sie weinen oder sind kurz aggressiv, dann ist es wieder gut – wenn die Eltern für sie da und als Trostpflaster verfügbar sind.

Hilfsgeister

Manchmal sind Eltern aber wirklich überfordert. Nach der dritten Nacht ohne Schlaf müssen wir das Kind an unseren Partner abgeben, damit wir uns endlich ausschlafen können. Nach einem Jahr ohne einen freien Abend brauchen wir einen Babysitter, um endlich zu zweit abends wieder ausgehen zu können. Zuverlässige Helfer gehören zum A und O einer guten Selbstfürsorge von Eltern. Daher ist es wichtig, möglichst frühzeitig geeignete Bezugspersonen fürs Kind zu finden. Diese sollten regelmäßig – nicht nur im Notfall – mit dem Kind Kontakt haben, damit sich das Kind daran gewöhnt, von mehreren Bezugspersonen betreut zu werden und nicht allein auf die Mutter fixiert zu sein. Eine gute Nachbarin, ein lediger junger Onkel, eine kinderlose Tante, rüstige Großeltern, gute Hausfreunde und -freundinnen, andere Kindergarteneltern, Freunde mit gleichaltrigen Kindern usw. bieten ein Reservoir an Bezugspersonen, die einspringen können, wenn Not am Mann oder an der Frau ist.

Erkennen, was wir in unsere Kinder projizieren

Ein Mann hat ein schwieriges Verhältnis zu seinem Vater. Dieser war immer ängstlich und besorgt. Er hat den Sohn in vielem eingeschränkt. Statt mit Freunden auszugehen, musste er beim Vater bleiben. Nach einem schweren Konflikt gelingt es dem Sohn, sich vom Elternhaus zu befreien. Er besucht gegen den Willen des Vaters, der ihn lieber als Beamter gesehen hätte, die

Musikschule und bekommt eine gute Arbeit als Orchestermusiker.

Nun hat er selbst einen kleinen Sohn. Schon bald zeigt sich bei diesem ebenfalls ein musikalisches Talent. Der junge Vater ist ganz stolz, dass sein Sohn schon mit vier Jahren in den Klavierunterricht möchte. Nach einigen Jahren hat der Sohn aber keine Lust mehr. Er übt nicht mehr gerne und macht keine Fortschritte mehr. Der Vater spürt es und versucht ihn zu ermutigen, dranzubleiben. Als Berufsmusiker kennt er solche Durststrecken. Wenn der Sohn jetzt mit dem Unterricht aufhören würde, wäre alle Mühe umsonst gewesen.

Eines Tages schaut der Vater zu, wie der Sohn die Noten lustlos einpackt und mit hängenden Schultern aus dem Haus geht. Da erinnert er sich plötzlich daran, wie es ihm früher ähnlich gegangen ist, als er zu Hause beim Vater bleiben musste, obwohl er lieber spielen gegangen wäre. Als er realisiert, dass sein Sohn für ihn, den Vater, in den langweiligen Klavierunterricht geht, gibt er dem Sohn die Erlaubnis aufzuhören. Ihm sei es egal, ob sein Sohn Musiker wird oder nicht. Von ihm aus könne er Polizist oder Steuerberater oder was auch immer werden. Das Kind strahlt, beide sind glücklich und erleichtert. Von nun an geht der Vater begeistert mit dem Sohn auf den Sportplatz. Er fängt selbst an, in einer Seniorenmannschaft Fußball zu spielen.

Dieser junge Vater hat erkannt, dass er, ähnlich wie sein Vater, die eigenen Wünsche in das Kind projiziert hat.

Obwohl sein Sohn anfangs selbst gerne musiziert hat, machte er es mit der Zeit immer mehr dem Vater zuliebe. Jedes Mal, wenn er sich ans Klavier setzte, spürte er, wie stolz der Vater war. Ohne Erlaubnis des Vaters, dass er aufhören dürfe, hätte er nie gewagt zu fragen, ob er den Klavierunterricht abbrechen dürfe. Er liebte seinen Vater zu sehr, um ihn zu enttäuschen. Zu deutlich spürte er dessen untergründige Erwartung, dass er eines Tages auch Musiker werde.

Für den Vater war es ein schweres Stück innere Arbeit, seine frohen Erwartungen an sein Kind loszulassen. Die Vorstellung, eines Tages zusammen mit seinem Sohn als Duo vor einem großen Publikum aufzutreten, war zu schön. Es fiel ihm nicht leicht, diese Illusion aufzugeben, zumal er die Musikalität seines Sohnes deutlich erkannte. Zum Glück realisierte er rechtzeitig, dass er dabei war, im Sohn eine *narzisstische Widerspiegelung* seiner selbst zu sehen. Da er am eigenen Leib erfahren hat, wie schwer es war, sich aus dem Schatten seines Vaters zu lösen, konnte er den Sohn aus dem Auftrag, ebenfalls Musiker zu werden, entlassen. Es steht nun dem Sohn frei, zu werden, was er will. Vielleicht wird er später zurückfinden zur Musik und sie als Hobby pflegen. Vielleicht wird er eines Tages doch Musiker, aber dann aus freien Stücken.

Carpe diem!

Dieses Stück Verzichtarbeit zu leisten ist für uns Eltern wie ein kleiner Tod. Wir merken, dass wir sterblich sind, und mit uns werden auch alle unsere Sehnsüchte und Träume eines Tages mit uns sterben. Es liegt an uns, unsere eigenen Sehnsüchte zu verwirklichen, und zwar nicht in unbestimmter Zukunft – »carpe diem!«, nutze den Tag! Aber es wird immer auch Wünsche geben, die sich nicht erfüllen. Dann müssen wir trauern und sie loslassen. Dieses Loslassen lieb gewonnener Projekte fällt uns oft schwer. Es bringt viel Trauer hoch. Aber danach sind wir befreit und wieder offen für das Neue.

Ohne Frage, viele von uns sähen es gerne, wenn unsere Kinder unser Werk vollenden würden. Noch stärker wird dieser Wunsch, wenn wir in unserem Leben daran gehindert worden sind, unsere eigenen Sehnsüchte zu verwirklichen. Dann projizieren wir diese nur zu gerne auf unsere Kinder, manchmal auch auf unsere Schüler oder jüngeren Kollegen. Diese mögen doch bitte in unsere Fußstapfen treten. Wir fallen zurück, aber sie sollen weitergehen. Sie wären dann jedoch wie Roboter, von unseren Wünschen ferngesteuert. Sie kämen nicht dahin, sich selbst zu fragen, was sie *für sich* im Leben erreichen wollen. Statt sie zu fördern, hätten wir ihnen ein großes Hindernis in den Weg gestellt. Am Ende kommt niemand am Ziel an. Wir können es nicht mehr. Sie wollen es eigentlich nicht, selbst wenn sie dort ankämen.

Im Zen-Buddhismus gibt es einen Koan (Koans sind

widersprüchliche oder rätselhafte Sätze eines Meisters für seine Schüler, die diese zur Meditation anregen sollen), der lautet:

Triffst du Buddha unterwegs, töte ihn!

Nun müssen wir wissen, dass Buddha das größte Vorbild für angehende Schüler ist, da er den höchsten Grad der Erleuchtung erreicht hat. Wenn diese auf ihrem Weg dieser Lichtgestalt begegnen, sollen sie ihn töten? Eine ungeheure Vorstellung! Der Spruch bedeutet aber: Nimm keinen zum Vorbild, auch wenn er der Höchste ist. Auf dem Weg zur Befreiung gibt es keinen, der dir vorangeht. Du musst deinen Weg selbst finden.

Dieser radikale Satz gilt letztlich auch für unsere Kinder. Sie sollen uns als Eltern so lange als Rückhalt und Vorbilder benutzen, wie sie uns brauchen. Aber ihren Lebensweg müssen sie alleine gehen. Ihr Lebensziel müssen sie selbst finden. Darin besteht menschliche Freiheit.

Eine junge Frau war lange Zeit an ihre Mutter gebunden. Diese war streng, hatte klare Vorstellungen von richtig und falsch. Die Tochter war aber lebenslustig und fröhlich. Sie wurde gegen den Willen ihrer Mutter Gymnastiklehrerin. Es war ein steiniger Weg, da sie von der Mutter nicht unterstützt wurde. Lange haderte sie innerlich mit ihr. In der Therapie gelingt es ihr, ihren »Stein« der Mutter zurückzugeben. Sie ist der Mutter nicht mehr böse, kann diese lassen, wie sie ist.

Irgendwann bemerkt sie eine Wandlung in ihrer Mutter. Diese hat in ihren alten Tagen angefangen, ihre brachgelegenen Seiten zu pflegen: Sie beginnt im Kirchenchor zu singen und geht in einen Gymnastikkurs für Senioren. Die Tochter staunt nicht schlecht, als die Mutter ihr anvertraut, als Kind sei sie selbst musisch begabt gewesen. Durch den Krieg habe sie aber einen anderen Weg einschlagen müssen. Die Tochter ist verblüfft, da sie immer gedacht hat, sie sei mit ihrer tänzerischen und musischen Seite die absolute Außenseiterin in ihrer Familie. Jetzt erst erkennt sie, dass ihre Mutter diese verdrängte Seite an sie delegiert hat (das heißt ihr als unbewussten Auftrag aufgegeben hat). Nun können sie sich endlich miteinander über ihr gemeinsames Interesse an Musik und Tanz austauschen, ohne dabei ein schlechtes Gewissen zu haben.

Unseren Platz im Leben finden

Liebe, Sexualität und Partnerschaft

Eine verheiratete Frau hat nach zehn Jahren ihre große Liebe immer noch nicht vergessen. Sie hatte diesen Mann während einer Kur kennen gelernt. Ihr Herz war gleich aufgegangen, etwas, das sie vorher noch nie erlebt hatte. Da sie beide glücklich verheiratet waren, verzichteten sie schweren Herzens auf eine Liebesbeziehung. Nach zehn Jahren hat er ihr aber geschrieben, dass seine Frau an Krebs verstorben sei. Nun sei er frei. Sie fühlt sich hin- und hergerissen zwischen der Treue zu ihrem Mann und ihrer Sehnsucht. Sie hat auch Angst, dass sich ihr Traum am Ende als Illusion entpuppt, wenn sie alles stehen und liegen ließe und zu ihm ginge. Dann hätte sie alles verloren.

Ein Mann findet keine richtige Partnerin. Obwohl er liebenswert und zuverlässig ist, hält es keine Frau lange bei ihm aus. Die letzte Freundin hat ihn wegen eines Frauenhelden verlassen mit der Begründung, das Leben neben ihm sei so langweilig, sie habe sich von ihm sexuell nicht angesprochen gefühlt. Er ist sehr betroffen, weiß aber nicht, was er tun sollte. Die Sexualität ist ihm eigentlich ein Buch mit sieben Siegeln. Er steht davor wie ein dummer Schuljunge.

Ein anderer Mann ist zwar glücklich verheiratet mit einer wunderbaren Frau. Aber er kann einfach nicht treu sein. Jede Frau auf der Straße zieht ihn unwiderstehlich an. Er beteuert seiner Frau, dass er sie liebt. Aber über seine Leidenschaft habe er einfach keine Kontrolle. Es gibt Tage, an denen er an nichts anderes denken kann als an Sex. Langsam hat er das Gefühl, es ist eine Sucht.

Liebe und Sexualität gehören zu den wichtigsten Themen im Leben. Sie berühren jeden Menschen zutiefst, sie können uns in Seligkeit tauchen oder todunglücklich machen. Sexualität hat eine solche Macht über uns, weil sie einerseits ein biologischer Trieb ist, der unsere Urinstinkte wachruft, andererseits gehören sexuelle Erfahrungen zu den intimsten Erlebnissen eines jeden Menschen, sie berühren uns im Wesenskern und können uns von Grund auf verwandeln. Außerdem sind unsere wichtigsten sozialen Beziehungen auf Sexualität und Fortpflanzung begründet: Partnerschaft, Ehe und Familie.

Woher kommt die Fähigkeit zu lieben?

Viele meinen, Liebesglück sei etwas Schicksalhaftes. Es träfe uns wie der Liebespfeil von Amor. Andere glauben, jeder sei seines Glückes Schmied. Es läge nur in unserer Hand, den richtigen Partner zu finden und zu halten.

Wir seien selbst schuld, wenn wir nach jahrelanger Suche immer noch Single sind. Darum gibt es so viele Ratgeber in Beziehungsfragen. Darum gehen so viele Menschen zum Psychotherapeuten, weil sie meinen, etwas stimme mit ihnen nicht, wenn sie keinen für sie passenden Partner finden.

Die Wahrheit liegt wohl dazwischen: Zwar ist die Fähigkeit zu lieben nichts Angeborenes, aber sie wird uns gewissermaßen in die Wiege gelegt. Denn die Erfahrung, als Kind von unseren nächsten Bezugspersonen geliebt zu werden, bildet die wichtigste Grundlage für die Fähigkeit, einen anderen Menschen zu lieben.

Wer von seinen Eltern und Geschwistern geliebt wird, hat es in den meisten Fällen später leichter, Liebe von einem Partner anzunehmen und ihm Liebe zu schenken, als jemand, der dies nicht erfahren hat. Liebe ist etwas Zirkuläres: Lieben und Geliebtwerden gehen Hand in Hand. Wenn wir uns geliebt fühlen, wird automatisch in uns das Bedürfnis erweckt, die Liebe zu erwidern. In einer guten Liebesbeziehung kreist die Liebe: Wir fühlen uns geliebt, zugleich haben wir das Bedürfnis, unserem Partner Liebe zu schenken. Es besteht eine Balance zwischen der Liebe, die wir empfangen, und der Liebe, die wir geben. Dagegen hat eine Beziehung wenig Chancen, langfristig zu bestehen, wenn nur ein Partner liebt oder wenn seine Liebe viel größer ist als die der Gegenseite.

In diesem Kapitel geht es darum, verständlich zu machen, wie stark unsere Liebesfähigkeit beeinflusst wird von der Mutter- und Vaterliebe, die wir als Kinder empfangen haben. Mutter und Vater waren die wichtigsten Bezugspersonen unserer Kindheit. Wenn wir später eine Liebesbeziehung aufnehmen, werden wir unbewusst auf die Grunderfahrungen zurückgreifen, die wir mit ihnen als Kinder gemacht haben. Wir werden unwillkürlich die alten Beziehungsmuster in unseren Liebesbeziehungen wiederholen. Ob wir einen Partner nahe an uns herankommen lassen oder ihn auf Distanz halten, ob wir ihm vertrauen oder ihn eifersüchtig bewachen, ob wir uns körperlich hingeben oder Angst vor körperlicher Intimität haben, all dies wird von dem inneren Kind in uns mit beeinflusst.

Dies heißt jedoch nicht, dass wir nichts dagegen tun können, wenn wir von unseren Eltern nicht oder falsch geliebt worden sind. Es bedeutet nur: Wir werden es schwerer haben als Menschen, denen die Liebe in die Wiege gelegt worden ist. Wir werden mehr Klippen und Hindernissen auf unserem Weg zu einer erfüllten Liebesbeziehung begegnen. Aber wir haben auch die Chance, sehr viel mehr über die Liebe zu lernen. Wir können herausfinden, woran es liegt, wenn uns Liebe nicht auf Anhieb gelingt. Wir können unsere Liebesmuster erkennen und daran arbeiten, sie zu verändern. Wir können zurückgehen zu den Wurzeln, wo unsere Liebeserfahrungen begonnen haben, und anfangen, nach den Ursachen unserer Schwierigkeiten zu graben. In vielen Fällen ist die Mutter- und Vaterliebe, die wir nicht erfahren haben, nur verschüttet. Oder sie ist falsch geleitet worden, etwa in den Fällen, wenn unsere Eltern uns wie einen Liebespartner oder wie einen Spiegel von sich selbst geliebt haben. Wenn wir uns die Mühe machen, diese frühen Liebeserfahrungen aufzuarbeiten, werden wir auf die Quellen stoßen, aus denen unsere Liebesfähigkeit gespeist wird.

In diesem Kapitel werde ich auf folgende Themen eingehen:

- Die mütterliche Liebe in der ersten Lebensphase
- Das Verhältnis zwischen Großmutter, Mutter und Tochter
- Das Verhältnis zwischen Vater, Mutter und Kind
- Wenn ein Kind die erotischen Sehnsüchte eines Elternteils verkörpert
- Die Übernahme von Hass und Rache aus einer früheren Generation

Die mütterliche Liebe in der ersten Lebensphase

Liebe und Sexualität beginnen bereits im Mutterleib. Wenn die Mutter sich auf das Kind freut, wenn die Partnerschaft sie »trägt«, dann spürt das ungeborene Kind, dass es willkommen ist. Es wird sich wohl fühlen im Uterus, in welchem es schwerelos im Fruchtwasser wie ein Fisch im Wasser schwimmt. Wir wissen heute aus der Forschung, wie viel der Fötus im Mutterleib schon wahrnimmt. Er spürt den mütterlichen Herzschlag. Er bekommt die mütterlichen Stimmungen und Gefühle unmittelbar mit. Er fühlt, ob er von einer freundlichen, ruhigen Umwelt umgeben ist oder von einer hektisch lauten. Diese enge körperlich-seelische Symbiose mit der Mutter wird er durch die Zeit der Schwangerschaft hindurch bis zur Geburt beibehalten. So nimmt er teil an ihrer Freude, genauso wie an ihrem Leid. Die Beziehung zur Mutter ist die erste in seinem Leben, und sie ist die prägendste. »Mama und ich, wir sind eins.«

Auch die Mutter unterhält eine enge innere Beziehung zu ihrem Kind im Bauch. Es ist wie ein Teil von ihr, gleichzeitig spürt sie seine Bewegungen und Reaktionen – es hat auch sein Eigenleben. So bildet sich eine stille, innige Kommunikation zwischen Mutter und Kind. Auch für sie gilt: »Das Baby und ich, wir sind eins.«

Dieser paradiesisch anmutende Zustand wird jäh unterbrochen durch die Geburt – es ist die erste Trennung, die das Kind erlebt. Darum ist es wichtig, dass dieser Übergang möglichst sanft fürs Kind verläuft. Wenn Mutter und Kind die Geburt gut überstehen und die Mutter das Kind gut empfängt, dann kann die enge Beziehung aufrechterhalten und ausgebaut werden.

Das Kind ist in dieser Zeit vor allem ein körperliches Wesen. Es nimmt seine Umwelt mit all seinen Sinnen auf. Wenn es die Mutter und die Umwelt als einen freundlichen, aufmerksamen, zugewandten Ort erlebt, wird es sich mit allen Poren wohl fühlen in der Welt.

Dieses leibliche Wohlfühlen in der Welt ist die Grundlage für eine gute Sexualität. Denn Sexualität heißt Sinnlichkeit, Genießen, Hingabe. Wenn wir beobachten, wie ein Baby sich an die Brust der Mutter schmiegt und quasi mit seinem ganzen Wesen nuckelt, um dann wohlig in den Schlaf zurückzusinken, dann erleben wir Hingabe und Befriedigung pur, wie es in der sexuellen Umarmung nicht schöner sein kann. Hier, in der kindlichen Geborgenheit, liegt die Wiege unserer späteren Liebesfähigkeit.

Wenn mütterliche Liebe fehlt – Das Verhältnis zwischen Großmutter, Mutter und Tochter

Was ist, wenn die mütterliche Liebe fehlt, wenn es der Mutter nicht gelingt, liebevolle und fürsorgliche Gefühle zu entwickeln? Wir nehmen es für selbstverständlich, dass Frauen mütterliche Gefühle haben oder entwickeln, sobald sie ein Baby bekommen. Wieso eigentlich? Wir erwarten ja auch nicht von jedem Mann, dass er sofort väterliche Gefühle empfindet, wenn er sein erstes Kind in die Arme nimmt. Gibt es wirklich einen Mutterinstinkt? Wenn ja, gibt es auch einen Vaterinstinkt? Darüber ließe sich lange spekulieren. Auch die Verhaltensforschung wird uns keine zuverlässigen Aussagen liefern können, da das menschliche Verhalten von so vielen Faktoren abhängig ist.

In der psychotherapeutischen Praxis erlebe ich immer wieder Fälle, in denen Mütter und Väter keine starke Zuneigung zu ihren Kindern oder einem ihrer Kinder haben, obwohl sie sich darum bemühen. Sie versuchen gute Eltern zu sein, aber sie spüren einfach nicht die fürsorgliche, aufopfernde Liebe zu ihrem Kind, wie sie es von sich selbst erwarten. Darüber bekommen sie häufig furchtbare Schuldgefühle und schämen sich.

Es gibt viele Gründe, weshalb eine Mutter keine fürsorglichen und liebevollen Gefühle zu ihrem Kind aufbauen kann. Einige davon habe ich bereits im Kapitel »Angst vor dem Leben« beschreiben. Hier möchte ich auf eine besondere Konstellation eingehen, die besonders oft zwischen Großmüttern, Müttern und Töchtern vorkommt. Ich nenne sie das Großmutter-Mutter-Tochter-Dreieck. Ein Beispiel:

Eine Frau erlebt immer wieder panische Angst, wenn sie sich auf eine nähere Beziehung einlässt. Sie hält es bei keinem Mann länger aus, besonders dann, wenn der Mann Kinder mit ihr haben will. Sie hat zwar schon eine langjährige Beziehung gehabt, aber mit dem damaligen Partner hat sie wie Bruder und Schwester zusammengelebt.

Ihre Mutter ist früher sehr hart ihr gegenüber gewesen und hat sie oft verprügelt. Sie hat der Tochter oft vorgeworfen, dass sie genauso sei wie die Großmutter (die Mutter der Mutter). Die Tochter fühlt sich tatsächlich der Großmutter näher. Diese hat sie aufgezogen, als die Mutter nach ihrer Geburt wieder arbeiten ging. Sie wohnte die Hälfte der Zeit bei der Großmutter. Von ihr hat sie sich geliebt gefühlt wie von einer richtigen Mutter. Ihre leibliche Mutter kam ihr eher vor wie eine ältere Schwester. Erst nach dem Tod der Großmutter ist sie ganz zu ihrer Mutter gezogen. Sie haben miteinander aber nur eine Beziehung gehabt, die durch Streit gekennzeichnet gewesen ist.

Bei der Familienaufstellung stellte sich heraus, dass die Großmutter die Mutter als uneheliches Kind bekommen hat. Als ledige und alleinstehende Mutter hatte es die Großmutter schwer gehabt, sich mit dem Kind durchzuschlagen, und so hat sie ihren ganzen Frust auf die Tochter abgeladen. Nun wird die Familiendynamik verständlich: Die Großmutter hat die Mutter abgelehnt, die Mutter ist genauso abweisend ihrer Tochter gegenüber. Die Großmutter konnte erst bei der Enkelin so etwas wie Mutterliebe empfinden, so liebte sie die Enkelin »wie eine Mutter«. Darüber wurde die Mutter eifersüchtig auf ihre eigene Tochter und ließ es sie auch spüren.

So hat die Tochter gelernt, Nähe zu misstrauen. Vor allem hat sie Angst, selbst eine Tochter zu bekommen, da sie befürchtet, sie könnte ähnlich grausam zu ihrem Kind sein, wie ihre Mutter ihr gegenüber war. Daher verlässt sie jedes Mal panikartig eine Beziehung, wenn der Mann den Wunsch äußert, Kinder mit ihr haben zu wollen.

Solche »verschachtelten« Großmutter-Mutter-Tochter-Beziehungen kommen recht häufig vor. Das Problem ist hier zum einen die fehlende Mutterliebe. Die Großmutter konnte die Mutter nicht lieben, die Mutter kann heute ihre Tochter nicht ausstehen. Zum anderen »überspringt« die Liebe jeweils eine Generation: Die Großmutter liebt statt ihrer eigenen Tochter ihre Enkelin, sie »adoptiert« sozusagen ihre Enkelin als Tochter, sodass sich die Mutter zwangsläufig ausgeschlossen fühlen muss.

Wenn wir uns fragen, warum in bestimmten Familien die Mutterliebe fehlt, müssen wir zuerst auf die äußeren Umstände schauen, unter denen eine Mutter ihr Kind empfängt: Vor allem in früheren Generationen herrschte oft große Armut, Kinderreichtum oder Krieg. Die Mutter ist vielleicht ledig und alleinstehend. Sie ist sozial isoliert oder ausgestoßen. Jedenfalls steht sie meistens unter äußerst hoher Belastung. Typisch ist am obigen Beispiel, dass die Großmutter die Mutter unehelich bekommen hat. In früheren Zeiten war es eine Schande, wenn eine Frau ein uneheliches Kind zur Welt brachte. Zu den normalen Belastungen einer Mutter kamen noch die Beschämung und die soziale Diskriminierung hinzu.

So war es nicht verwunderlich, dass die Großmutter ihre Tochter ablehnte und offen zugab, sie wünschte, diese wäre nie geboren. Erst viele Jahrzehnte später, als sie selbst Großmutter wurde, konnte sie die Mutterliebe in sich entwickeln, aber gegenüber der falschen Person: Es war die Enkelin. Nun tat sie ihrer Tochter ein weiteres Unrecht an, indem sie ihr die Tochter wegnahm (wenn auch mit der Absicht, sie entlasten zu wollen). Die Mutter ist nach beiden Seiten hin eifersüchtig: Sie ist eifersüchtig auf ihre Tochter, weil diese die Liebe der Großmutter erhält, die eigentlich ihr zusteht, und sie ist eifersüchtig auf ihre Mutter, weil ihre Tochter lieber zur Oma will als zu ihr.

Im Grunde haben alle drei ein schlechtes Gewissen, da die Mütter ihre Töchter nicht lieben und die Töchter ihre Mütter nicht respektieren können. Alle fühlen sich unwohl in ihrer Haut. Tief drinnen lehnen sie sich als Frauen und Mütter ab. Ihre gegenseitige Ablehnung und ihr Argwohn sind ein Zeichen für ihre tiefe Selbstverachtung.

Eine solche Dreieckskonstellation lässt sich nur auflösen, indem sich das jeweilige Mutter-Tochter-Paar versöhnt. Dies geht im betreffenden Fall in der Familienaufstellung so vor sich, dass die Großmutter ihren ehemaligen Partner, mit dem sie die Mutter gezeugt hat und der sie nicht geheiratet hat, also den Großvater, wieder zur Seite gestellt bekommt. Die Mutter kann nun dem Großvater und der Großmutter je einen Stein zurückgeben dafür, dass sie sich als Eltern nicht um sie gekümmert haben. Nachdem sie derart entlastet ist, kann sie sich ihrer Tochter zuwenden. Auch diese kann einen Stein zurück an die Mutter geben als Symbol für die Ablehnung, die ihr entgegengebracht wurde. Durch diesen Prozess der Rückgabe der Lasten kommen Großmutter und Mutter sowie Mutter und Tochter einander wieder näher. Nun kann die Großmutter zur Mutter stehen (in der Familienaufstellung dadurch symbolisiert, dass die Großmutter sich hinter die Mutter stellt und die Mutter hinter ihre Tochter). Die Mutter spürt die Wärme der Großmutter im Rücken und kann ihrerseits ihre Liebe an die Tochter weitergeben. Nun ist die Generationenreihe wieder vollständig. Keine der drei Frauen ist mehr ausgeschlossen. Die Tochter kann jetzt zuversichtlicher in die Zukunft blicken und ist offener für eine Partnerschaft, vor allem für eine eigene Tochter.

Das ödipale Dreieck – Das Verhältnis zwischen Vater, Mutter und Kind

Eine bekanntere Dreieckskonstellation ist das ödipale Dreieck, benannt nach König Ödipus aus der griechischen Sage, der, ohne es zu wissen, seinen Vater tötete und seine Mutter heiratete.

Eine solche Konstellation kommt zum Beispiel vor, wenn eine Mutter, die in Not ist, nicht wie im eben erwähnten Beispiel eine Tochter, sondern einen Sohn bekommt. In einer patriarchalisch geprägten Gesellschaft haben Söhne meistens einen höheren Stellenwert als Töchter. Daher tendieren Mütter oft dazu, ihre Söhne zu idealisieren, während sie ihre Töchter mit sich selbst identifizieren (und diese verachten, falls sie sich selbst minderwertig fühlen). Hierzu ein typisches Beispiel:

Ein Mann fühlt sich oft grundlos depressiv, außerdem hat er Angst vor Nähe. Er ist zwar glücklich verheiratet, aber er hat das Gefühl, als verdiente er solch eine gute Frau nicht, wie er sie hat. Jedes Mal, wenn seine Frau ihm näher kommen will, spürt er, wie es ihn wegzieht. Er bekommt dann eigentümlicherweise Lust auf andere Frauen, obwohl er noch nie untreu gewesen ist. Und er leidet unter der Distanz zu seiner Frau.

Seine Familiengeschichte sieht so aus: Er ist Einzelkind. Sein Vater war ein grobschlächtiger Mann, die Mutter eher zart. Sie hatte schon viel durchgemacht, ihr Vater starb, als sie gerade sechs Jahre alt war. Sie freute sich sehr über die Geburt des Sohnes und liebte ihn über alles. Dabei distanzierte sie sich immer mehr von ihrem Mann. Wenn sich die Eltern stritten, stand der Sohn stets auf der Seite der scheinbar schwächeren Mutter. Als er in die Pubertät kam und sich gerade für Mädchen zu interessieren begann, starb sein Vater völlig überraschend an einem Herzinfarkt. Die Mutter fühlte sich nun sehr allein gelassen. Es zeigte sich, dass sie in vielen Alltagsfragen völlig hilflos war. Der Sohn wurde Mutters rechte Hand, er verzichtete auf Mädchenfreundschaften, las aber heimlich in Sexheften. Zu seiner Überraschung trauerte die Mutter dem Vater sehr nach, nun wurde dieser auf einmal auf den Sockel gehoben, nicht mehr der Sohn.

Sein Verhältnis zu seinen Eltern ist heute noch sehr ambivalent. Seinem Vater gegenüber hat er ein schlechtes Gewissen, weil er über dessen Tod eigentlich erleichtert war – unter dessen cholerischen Anfällen hatte er früher sehr gelitten. Erst später hat er begonnen, seinen Vater zu vermissen, als er in seinem Verhältnis zu Frauen nach einem männlichen Vorbild suchte. Er realisiert, wie seine Mutter zwischen ihm und dem Vater gestanden ist.

Mit seiner Mutter verbindet ihn eine Hassliebe. Nach dem Tod des Vaters haben sie sich gegenseitig gebraucht.

Noch als Student wohnte er zu Hause. Jetzt leben sie zwar getrennt, er hat seine eigene Familie und sie einen Freund. Aber er hat immer noch ein schlechtes Gewissen, wenn er sich länger nicht bei ihr meldet. Er fühlt sich innerlich noch intensiv mit ihr verbunden. Gegenüber ihren Bedürfnissen fühlt er sich ziemlich wehrlos und »dünnhäutig«. Ihre Meinungen und Urteile beeinflussen ihn ebenfalls noch stark. Zum Beispiel reagiert er recht sensibel gegenüber kritischen Untertönen von ihr in Bezug auf seine Frau, und er hat Mühe, zu dieser zu stehen.

Bei diesem Mann kommen mehrere belastende Faktoren zusammen, die insgesamt sein Erwachsenwerden als Mann erschweren:

- Er ist Einzelkind. Als solches waren alle Erwartungen der Eltern auf ihn gerichtet. (Bei mehreren Kindern verteilen sich die Wünsche der Eltern.)
- Seine Eltern verstanden sich nicht. So wurde er von seiner Mutter unbewusst als Mann-Ersatz angesehen. Sie projizierte alle ihre partnerschaftlichen Wünsche in ihn und idealisierte ihn. Damit zog sie ihn auf ihre Seite im Streit gegen ihren Mann. Zwischen Vater und Sohn entstand dadurch eine Kluft. Er konnte sich als Mann nicht mit dem Vater identifizieren.
- Durch die Polarisierung (hier der gute Sohn, dort der böse Vater) ist sein Männerbild gespalten: Er ist ein guter Junge, wenn er sich anders verhält als sein Vater, das heißt wenn er dem (weiblichen) Wunschbild seiner

Mutter entspricht. Aber ohne das Vorbild des Vaters konnte er nicht richtig Mann werden. Er blieb ein von Frauen bestimmter Mann, ein »Softie«. Ihm fehlt die aggressive Potenz. In seinem Wesen ist er auf der jugendlichen Stufe stehen geblieben, denn aus der Sicht seiner Mutter darf er nicht erwachsen werden, er darf sich nicht von ihr emanzipieren.

- So hat er seine männlichen Wünsche verdrängt (mit Mädchen auszugehen). Er wagte nur, ihnen heimlich nachzugehen oder in Sexheften zu lesen, was ungefährlicher war als wirklicher Kontakt.
- Erschwerend kam hinzu, dass sein Vater starb, als er gerade im Begriff war, sich in der Pubertät vom Elternhaus zu distanzieren. Durch den Tod des Vaters wurden seine (natürlichen) Rivalitätsgefühle dem Vater gegenüber auf einmal wie durch ein Vergrößerungsglas aufgebläht: Er fühlte sich schuldig, dass er über dessen Tod erleichtert war – als hätte er dem Vater den Tod gewünscht und dieser Wunsch wäre in Erfüllung gegangen. (Solche kindlichen Fantasien sind durchaus natürlich. Wenn sie aber »in Erfüllung gehen«, fühlt sich das Kind wie jemand, der über todbringende Kräfte verfügt.) Der Sohn fühlte sich nun als Vatermörder und Usurpator, tatsächlich holte ihn die Mutter an die Stelle des Vaters als Ratgeber und Helfer.
- In seinen Schuldgefühlen verbietet er sich glücklich zu sein, deshalb hat er das Gefühl, er verdiene seine liebe Frau nicht. Eine eigene glückliche Ehe stünde im Wi-

derspruch zu der unglücklichen Ehe seiner Eltern. Das wäre in seinen Augen eine Anmaßung sondergleichen.

- So sehr war er damit beschäftigt, die Mutter über ihren Schmerz über den Verlust ihres Mannes hinwegzutrösten, dass er gar nicht dazu kam, über seinen eigenen Verlust des Vaters zu trauern. Daher wurde er depressiv – Depression ist so etwas wie »eingefrorene Trauer«.
- Da er immer noch sehr von seiner Mutter »besetzt« ist, kann er seine Ehefrau nicht richtig als Lebenspartnerin nehmen. Denn das hieße, seine Mutter zu verraten. Als Einzelkind fühlt er sich als einzige Stütze seiner Mutter. Innerlich steht er ständig Gewehr bei Fuß, falls sie wieder einmal in Not geraten und ihn brauchen würde. Und da sie älter und gebrechlicher wird, macht er sich zunehmend Sorgen um sie und entfernt sich innerlich zusehends von seiner Frau. Wenn er ehrlich ist, ist die Beziehung zu seiner Mutter immer noch die primäre, seine Ehe kommt erst danach. Er fühlt sich der Mutter ewig zu Dank verpflichtet, weil sie ihn als Kind so geliebt hat.

Dieser Mann teilt das Schicksal mit vielen anderen Männer und Frauen, die an ihren gegengeschlechtlichen Elternteil ödipal gebunden sind. Sie wirken oft jünger, als sie vom Alter her wirklich sind, sie leben oft allein oder haben »halbe« Beziehungen: Sie leben in einer Wochenendbeziehung, der Partner ist mit einer anderen Person verheiratet oder anderweitig (vielleicht ebenfalls ödipal) gebunden, sie haben einen viel jüngeren oder viel älteren Partner (mit dem sie einiges, was ihnen vom Alter her gemäß wäre, nicht richtig teilen können) und repräsentieren damit ein Spiegelbild ihrer ödipalen Beziehung mit Vater oder Mutter – oder sie haben keine Kinder. Sie fühlen sich oft als nicht ganz sie selbst, als spielten sie eine Rolle, die einem anderen Menschen gehört.

Sie spielen tatsächlich einen anderen Part: Der Mann im obigen Beispiel hat nicht nur die Stelle seines Vaters übernommen, sondern möglicherweise auch die seines Großvaters (des Vaters der Mutter) – dieser war verstorben, als die Mutter sechs Jahre alt war. Die Mutter hat ihren eigenen Vater wahrscheinlich sehr vermisst und hat zeitlebens nach einem Ersatz für diese Lücke gesucht (die der Sohn später ausfüllte, als er seine Mutter in allem unterstützte). Daher war die Mutter auch nicht frei für ihren Mann und hat auf ihn heruntergeschaut – an ihren Traumvater kam er nicht heran. Auch sie war ödipal gebunden. So wird die ödipale Bindung von Generation zu Generation weitergereicht.

Eine Lösung fände der Mann, wenn er in einer Familienaufstellung erleben würde, wie sein Großvater (dargestellt durch einen Stellvertreter) an die Seite seiner Mutter zurückkehren würde. Dann würde seine Mutter innerlich zur Ruhe kommen. Der Sohn brauchte dann seinen Großvater und seinen Vater nicht mehr zu vertreten und könnte mit gutem Gewissen von seiner Mutter weggehen. Er könnte sich dann seinem verstorbenen

Vater wieder zuwenden und seine verdrängte Trauer um den Verlust seines Vaters endlich zulassen.

Wenn er den inneren Knoten mit seinen Eltern gelöst hätte, wäre er endlich frei für die Beziehung zu seiner Frau. Er könnte mit ihr glücklich sein, ohne dem Muster der Ehe seiner Eltern folgen zu müssen.

Wie schon angesprochen, gibt es auch ödipale Bindungen zwischen Vätern und Töchtern:

Eine attraktive Frau findet keinen passenden Partner. Mit ihrem ersten Partner hat sie eine »wilde Ehe« geführt, gegen den Willen ihres Vaters. Danach gerät sie wiederholt an ältere Männer, die sie auf Händen tragen wollen. Das wird ihr regelmäßig zu viel, sodass sie immer wieder Reißaus nimmt.

Ihr Vater hatte nach dem Krieg aus dem Nichts ein großes Geschäft aufgebaut. Ihre Mutter ist neben ihm schier untergegangen. Als einzige Tochter hat sie den Vater bewundert und die Mutter verachtet. Als sie in die Pubertät kam, hat der Vater sie statt der unscheinbaren Mutter auf repräsentative Veranstaltungen mitgenommen und sich mit ihr geschmückt. Kein Mann war ihm gut genug für sie. So musste sie ihm »untreu« werden, um die Männer überhaupt zu entdecken. Aber selbst nachdem sie mit einem Mann weggelaufen war, band ihr Vater sie mit seiner finanziellen Unterstützung an sich. Als er krank wurde, rief er nach ihr. Sie verließ daraufhin ihren Partner und ging zurück, um ihn zu pflegen. Sie hat zwar Karriere gemacht, ganz so, wie es sich der Vater gewünscht hat (der ihr einst scherzhaft gesagt hat, sie sei zu schade für einen gewöhnlichen Mann), aber eigentlich weiß sie nicht, wohin die Reise gehen soll, seit er tot ist. Sie fühlt sich verlorener als ihre Mutter, die nach dem Tod des Vaters eher erleichtert war und ihren eigenen Weg begonnen hat zu gehen. Nur langsam und zögerlich beginnt eine Annäherung zwischen Mutter und Tochter.

Neben der ödipalen Bindung zum Vater ist hier die Tochter auch ein Stück mit dem Vater identifiziert. Sie lehnt die Mutter (und die Mutterrolle) ab und nimmt im Leben eher die männliche Rolle ein, deshalb hat sie die Karriere der Familie vorgezogen. Ihre »wilde Ehe« war ein Protest gegen den Vater, sie hat sich damit gegen ihn abgrenzen wollen. Doch als er krank wurde, zog sie zu ihm zurück – am Ende blieb sie ihm doch treu. Da sie im Herzen eigentlich mit ihm »verheiratet« war, fühlt sie sich eher wie seine Witwe als ihre Mutter. Daher ihre tiefe Trauer nach seinem Tod. Mit ihm schien ihr Leben zu Ende zu gehen.

Bei einem solchen Lebenslauf muss die Tochter viel Energie und Lebenswillen mobilisieren, um aus ihrer Depression herauszukommen. Sie müsste erkennen, dass sie im Grunde vom Vater emotional ausgenutzt wurde: Er hat sie egoistisch an sich gebunden, statt sie in ihr eigenes Leben ziehen zu lassen. Erst wenn sie den Zorn auf ihn wieder entdeckt, kann sie sich ein Stück von ihm abgrenzen und distanzieren. Helfen könnte ihr die langsame Wiederannäherung an die Mutter, die sich von ihrem verstorbenen Mann emanzipiert hat. Wenn die Tochter bereit wäre, ihrer Mutter den Platz neben ihrem Vater zu überlassen, wäre sie frei.

Eine andere Frau hat ihren Vater ähnlich verehrt. Ihre ersten Lebensjahre mit ihm waren wunderbar, sie waren ein Herz und eine Seele. Als jedoch ihr jüngerer Bruder geboren wurde, ließ sie ihr Vater von heute auf morgen links liegen. Sie tat alles Mögliche, um seine Liebe zurückzugewinnen, doch vergebens. Er starb, ohne sie weiter sonderlich beachtet zu haben.

Sie hegt nun einen tiefen Groll auf alle Männer. Viele bemühen sich um sie, sie lässt sie jedoch jedes Mal spüren, wie sehr sie sie verachtet. Einen Mann wählt sie zwar aus, um ein Kind mit ihm zu zeugen, aber sie lässt ihn wie eine heiße Kartoffel fallen, nachdem sie schwanger geworden ist.

An diesem Beispiel können wir sehen, dass man negativ an einen Elternteil gebunden sein kann. Die Tochter konnte hier nicht akzeptieren, dass ihr Vater sie nicht mehr liebte, nachdem der Bruder als Stammhalter auf die Welt gekommen war. Sie hatte ihr Leben lang versucht, die Gunst des Vaters wiederzugewinnen, und da es ihr nicht gelang, hasste sie fortan alle Männer (und in ihnen ihren Vater und ihren Bruder). Dem Vater ihres Kindes zeigte sie, dass sie ihn als Mann nicht brauchte. Ihn ließ sie abblitzen, so, wie ihr Vater sie einst hatte fallen lassen.

Wenn ein Kind die erotischen Sehnsüchte eines Elternteils verkörpert

Eine besondere Form der ödipalen Bindung finden wir bei Familien, in denen ein Elternteil oder beide Eltern vor der Ehe eine andere Liebesbeziehung hatten: Wenn diese früheren Beziehungen von den Eltern nicht verarbeitet worden sind, verbleibt ein Rest in der nächsten Beziehung und beeinflusst die Kinder auf ungute Weise. Auch hierzu ein Beispiel:

Eine Frau liebte einen Mann, einen Künstler. Als er in den Krieg ziehen musste, verlobten sie sich und schworen sich ewige Treue. Er fiel. Sie trauerte sehr. Am liebsten wäre sie ihm in den Tod gefolgt, aber sie biss die Zähne zusammen und sagte sich, es gebe Menschen, die es noch schlimmer hätten als sie, sie werde noch gebraucht. Nach einigen Jahren traf sie einen Mann, der depressiv und bedürftig war. Von ihm erfuhr sie, dass er seine Mutter als Dreijähriger verloren hatte. Auch er hatte vor dem Krieg eine Frau geliebt, eine Jüdin, die aus Deutschland fliehen musste. Sie verstanden sich gut in ihrer Trauer und heirateten. Zu spät erkannten sie, dass sie nicht füreinander geschaffen waren. Die Ehe war alles andere als glücklich.

Sie hatten zwei Kinder, einen Sohn und eine Tochter. Der Sohn wurde sehr bald zur rechten Hand der Mutter. Er lehnte sich gegen den Vater auf und forderte ihn heraus, wo er nur konnte. Die Tochter stand ziemlich verloren da in der Familie. Sie hätte sich gerne an die Mutter angelehnt, aber diese zeigte ihr die kalte Schulter. Mit dem schwachen Vater hatte sie zwar Mitleid, aber seine Zuneigung war ihr ein Stück zu erotisch gefärbt.

Beide Kinder hatten Probleme, als sie erwachsen wurden. Der Sohn wurde Musiker, sehr zum Leidwesen seines Vaters, der ihn lieber als Nachfolger für sein Geschäft gesehen hätte. Er war ein zorniger junger Mann, legte sich mit Autoritäten an, trank, hatte nur flüchtige Beziehungen und hatte mehr als einmal versucht, sich das Leben zu nehmen. Seine Schwester geriet in ihren Beziehungen immer wieder in ähnliche Konstellationen: Sie lebte mit einem Mann zusammen und war ihm äußerlich treu, während sie gleichzeitig in einen anderen, unerreichbaren Mann verliebt war.

Die Eltern hatten versucht, sich gegenseitig über den Verlust des ehemaligen Partners hinwegzutrösten. Sie hätten wahrscheinlich gute Freunde werden können, aber als Paar passten sie überhaupt nicht zueinander. Nicht nur das: Ihre Herzen waren besetzt durch die vorangegangenen Beziehungen. Es war kein Platz da für einen zweiten Partner.

Die beiden Kinder übernahmen unbewusst den Platz der ehemaligen Partner ihrer Eltern. Der Sohn stand der Mutter zur Seite und wehrte (stellvertretend für diese) den Vater ab, er hielt ihn auf Distanz. Er ergriff einen künstlerischen Beruf wie der frühere Verlobte der Mutter, ja, in ihren Augen schien er diesem in vieler Hinsicht ähnlicher zu sein als seinem leiblichen Vater. In seinem Herzen jedoch sehnte sich der Sohn nach seinem Vater.

Er durfte ihm aber nicht näher kommen, da er sonst seine Mutter verraten hätte. So lebte er in ständigem Zwiespalt, hegte eine Hassliebe gegenüber dem Vater und anderen männlichen Autoritätsfiguren. Ihm gelang es nicht, längere Liebesbeziehungen aufzubauen, weil er innerlich so eng mit seiner Mutter verbunden war – auch sein Herz war besetzt: Die Einheit mit seiner Mutter war so stark, dass er deren Todessehnsucht übernahm und mehrmals versuchte, freiwillig aus dem Leben zu scheiden.

Die Tochter übernahm im Grunde die Einsamkeit ihres Vaters. Er hatte seine Mutter in früher Kindheit verloren und wurde von Verwandten aufgezogen. Seine ungestillte Sehnsucht zu seiner Mutter übertrug er auf seine jüdische Freundin, doch tragischerweise musste sie fliehen, und so verließ sie ihn wie einst seine Mutter. Seine Frau »rettete« ihn zwar aus seiner Depression, indem sie sich seiner annahm, aber als Mann lehnte sie ihn ab und hielt ihn sexuell auf Distanz. Die Tochter, von der Mutter ebenfalls abgewiesen, suchte die Nähe zum Vater, wurde aber von dessen sexuellen Begehrlichkeiten abgeschreckt. Sie wollte von ihm nur als Tochter geliebt werden, nicht als Geliebte. So blieb sie lieber allein in der Familie – ein Abbild ihres Vaters, der auch allein aufgewachsen war.

Später wiederholte sie das Verhaltensmuster ihrer Mutter. Sie lebte mit einem Mann zusammen, den sie zwar mochte, aber nicht liebte. Heimlich aber sehnte sie sich nach einem anderen Mann, den sie nicht haben konnte.

Eine unglückliche Familie: Jeder sehnte sich nach jemand anderem – die Mutter nach ihrem Verlobten, der Vater nach seiner Mutter und seiner Freundin, der Sohn nach dem Vater, die Tochter nach der Mutter. Jeder rannte einem anderen nach. Keiner kam je ans Ziel. Die unerfüllte Sehnsucht als gemeinsames Lebensthema einte sie.

Die Übernahme von Hass und Rache aus einer früheren Generation

Eine Frau hat zwar viele Männer gehabt, aber sie hat sie eigentlich alle verachtet. Sie fand ihre Zuneigung lästig und ließ sie alle irgendwann abblitzen. Dann verliebte sie sich aber leidenschaftlich in einen verheirateten Mann. Zu spät merkte sie, dass sie von ihm nur ausgenutzt wurde. Sie fühlte sich schwer gedemütigt und schämte sich sehr. Tief innen fühlte sie sich jedoch in ihrer Männerverachtung bestätigt.

Trotzdem leidet sie sehr unter ihrer Einsamkeit. Im Grunde ihres Herzens sehnt sie sich nach einer ganz einfachen Beziehung. Aber so etwas scheint es für sie nicht zu geben. Bei ihr muss immer alles kompliziert sein.

Aus ihrer Biografie erfährt man, dass sie eine schöne Kindheit erlebt hat und liebevolle Eltern hatte. Ihre Großmutter wurde jedoch als Mädchen von deren Vater verachtet und zutiefst gedemütigt. Er jagte sie aus dem Elternhaus, weil sie es gewagt hatte, aufzubegehren. Diese Großmutter nahm sich einen schwachen Mann, den sie ihrerseits verachtete und unterdrückte. Ihren Sohn machte sie zum Hanswurst, ihre Tochter (die Mutter der

Frau) ließ sie auch nicht näher an sich heran. Aber die Enkelin liebte sie von Herzen, da sie ihr ähnlich war in ihrer Willensstärke. Von klein auf ermahnte sie diese: »Lass ja keinen Mann an dich ran! Sie sind alle Waschlappen oder Schufte!«

Die Enkelin beherzigte tatsächlich den Rat der Großmutter und ließ alle Männer abblitzen. Es waren entweder »Waschlappen« oder, wie ihre letzte große Liebe, »Schufte«, genau wie es ihre Großmutter vorausgesagt hatte. Sie fühlt sich in ihrer Überzeugung bestätigt. Wenn sie die Großmutter hinter sich fühlt, könne sie es mit einem Herkules aufnehmen!

Soweit die äußere Schicht.

Tief innen hat die Frau als Kind jedoch die verborgene Not der Großmutter gespürt. Diese ist von ihrem Vater grausam gedemütigt worden – er hat sie verprügelt, sie eine Hure genannt und aus dem Haus gejagt. Die Enkelin spürte noch die Wunden, die diese Demütigung bei der Großmutter hinterlassen hat. Irgendwo ahnte sie auch, ganz tief versteckt, die ungestillte Sehnsucht der Großmutter nach deren Vater, mit dem sie in Hassliebe verbunden war. Mit jedem Mann, den die Großmutter verachtete, rächte sie sich stellvertretend an ihrem Vater. Damit nicht genug, sie gab auch der ihr in ihrer Willensstärke ähnelnden Enkelin den Auftrag, ihren Rachefeldzug gegen die Männer fortzuführen. Diese führt ihn nun gewissenhaft aus, ohne zu merken, dass sie ihr eigenes Leben damit verbaut, da sie sich immer »Waschlappen«

oder »Schufte« als Partner nimmt, die Anständigen aber unbeachtet links liegen lässt.

Dies ist kein ungewöhnliches Frauenschicksal. Solche über Generationen überlieferte Geschlechterkämpfe sind typisch für eine Zeit, in der Frauen immer noch diskriminiert werden. In solchen Situationen gibt es immer wieder starke Frauen, die aufbegehren, wie die oben beschriebene Großmutter, die gegen tatsächlich erlebtes Unrecht aufstehen und kämpfen. So weit, so gut. Die Sache gerät jedoch aus den Fugen, wenn eine Frau den eigenen Kampf auf die nächsten Frauengenerationen überträgt, ohne zu berücksichtigen, unter welchen Lebensumständen diese aufwachsen. Die Töchter und Enkelinnen übernehmen blind den ehrenvollen Auftrag und opfern dabei ihre eigenen Beziehungen.

Auch wenn es sich hier um ein wichtiges gesellschaftliches Thema handelt, das wir ernst nehmen müssen, muss jeder Einzelfall differenziert betrachtet werden. Im obigen Beispiel folgt die junge Frau vorbehaltlos einem alten, von der Großmutter tradierten Muster. Sie urteilt über »die« Männer, ohne zu überprüfen, ob alle Männer so sind, wie ihre Großmutter es ihr einst prophezeit hat. Sie gibt sich und den Männern, denen sie begegnet, keine Chance, eine echte Beziehung aufzubauen. Ihr Hass und ihr Rachebedürfnis überdecken die Sehnsucht nach einer einfachen Beziehung, und sie findet keinen Ausweg aus ihrer Einsamkeit.

Wie können wir unseren Kindern helfen, später eine glückliche Partnerschaft zu leben?

Diese Frage ist nicht so zu verstehen, dass wir direkten Einfluss auf die Sexualität und Partnerschaft unserer Kinder nehmen sollten. Das wäre anmaßend und ein Eingriff in ihre Intimsphäre. Wie unsere erwachsenen Kinder ihr Liebesleben leben, geht nur sie etwas an. Das ist ihre Angelegenheit, in die wir uns nicht einzumischen haben.

Dies zu sagen ist einfach, es zu verwirklichen ist viel schwerer. Denn es bedeutet, dass wir unsere eigenen Normen und Maßstäbe für uns behalten und sie nicht auf unsere Kinder projizieren. Gerade in Bezug auf Liebe und Sexualität haben wir aber sehr tief sitzende Vorstellungen über richtig und falsch, die durch unsere eigenen persönlichen Erfahrungen geprägt worden sind. Es sind meist emotional besetzte, stark negative oder positive Erlebnisse, die unser sexuelles Weltbild formen. Unsere Vorstellungen über das spätere Liebes- und Sexualleben unserer Kinder und deren Partnerschaft bewegen uns meistens stärker als beispielsweise unsere Gedanken über ihre spätere Berufstätigkeit.

Eine Mutter erzählt zum Beispiel, dass sie sehr schockiert reagiert hat, als ihr Sohn ihr eröffnete, dass er schwul sei. Ihr liberales Image von sich wurde durch diese Erfahrung ziemlich erschüttert. Sie brauchte eine Zeit lang, um sich mit diesem neuen Bild ihres Sohnes anzufreunden. Mittlerweile hat sie seinen Partner kennen gelernt und schätzt ihn sehr.

Hier einige Anregungen, was wir als Eltern beachten können:

- *Kinder lernen das Wesentliche über Liebe, Sexualität und Partnerschaft direkt aus dem Vorbild ihrer Eltern*
  Bei den Eltern finden Kinder direktes Anschauungsmaterial: Alles über Liebe, Sehnsüchte, Leidenschaft, körperlichen Genuss, Ekstase, Zärtlichkeit, Tabus, Scham, intime Grenzen, gute und falsche Partnerwahl und vieles andere mehr lernen sie direkt von den Eltern. Da erspüren sie alles, es gibt nichts auf diesem Gebiet, was wir vor unseren Kindern verheimlichen können. Entweder »wittern« sie das, was wir vor ihnen verstecken, oder sie übernehmen dieses Verdrängte später in ihren eigenen Liebesbeziehungen. Das Beste, was wir tun können, ist, in unserer eigenen Sexualität und Partnerschaft klar und ehrlich uns selbst gegenüber zu sein. Damit bereiten wir einen guten Boden für die sexuelle Entwicklung unserer Kinder.
- *Belastungen aus unserer Familiengeschichte aufarbeiten*
  Es ist gut, das, was von unseren Eltern und den Generationen vor uns an partnerschaftlichen und sexuellen Konflikten unverarbeitet geblieben und an uns übertragen worden ist, zu bearbeiten (gegebenenfalls mit psychotherapeutischer Hilfe) und hinter uns zu lassen. Dann brauchen wir diese Konflikte nicht an unsere Kinder weiterzugeben.
- *Unbewältigte Konflikte aus unserem eigenen Leben aufarbeiten*

Genauso wichtig ist es, unsere eigenen unerledigten »Beziehungskisten« zu durchforsten. Konflikte sollten bereinigt, Vergangenes sollte betrauert und abgeschlossen werden. Erst dann können wir uns ganz unserer gegenwärtigen Beziehung zuwenden.

- *Den Liebespartnern von einst und heute einen guten Platz in unserem Herzen geben*
  Liebe lässt sich nicht erzwingen. Unsere Gefühle zu unseren Partnern können wir nicht zurechtschneidern, aber wir können ehrlich sein. Wenn wir den Menschen, die wir im Laufe unseres Lebens geliebt haben, einen guten Platz in unserem Herzen geben, kommt Ruhe in unsere Beziehungen. Dies tut nicht nur uns und unserem Partner gut, sondern auch unseren Kindern. Selbst schmerzliche Wahrheiten wie die Trennung von Eltern lassen sich besser ertragen, wenn die Eltern ehrlich miteinander umgehen, anstatt sich und den Kindern etwas vorzumachen.
- *Klare intime Grenzen ziehen gegenüber unseren Kindern*
  Jedes Familienmitglied soll in seiner Privatsphäre respektiert werden, selbst wenn man beengt wohnt. Ebenso soll die sexuelle Intimsphäre der Eltern klar von den Kindern abgegrenzt werden. Sie haben hier nichts zu suchen. Genauso sollen Eltern die Intimsphäre ihrer Kinder respektieren, angefangen von ihren persönlichen Sachen über Tagebücher und Briefe bis hin zu ihren Freundschaften und Liebesbeziehungen. Dabei sollen Eltern aufmerksam sein für Notsignale von den

Kindern und ihnen zur Verfügung stehen, wenn die Kinder, ob klein oder groß, mit Kummer und Sorgen zu ihnen kommen.

- *Das Vorbild der Eltern ist die beste Aufklärung für die Kinder*
  Wenn Fragen über die Sexualität auftauchen (diese werden schon von kleinen Kindern gestellt), können wir sie ehrlich und persönlich beantworten, indem wir zum Beispiel über die eigenen sexuellen Erfahrungen sprechen – selbstverständlich dem Alter des Kindes angemessen in Bezug auf Form und Inhalt und unter Wahrung der eigenen Schamgrenzen und der des Kindes.
- *Dem Kind erlauben, nein zu sagen*
  Auch gegenüber Erwachsenen, Autoritäten und dem anderen Geschlecht sich zu behaupten und abzugrenzen ist ein wirksamer Schutz gegen sexuellen Missbrauch und Ausbeutung.
- *Die körperliche Beziehung mit dem Kind genießen*
  Die erste Kommunikation zwischen Eltern und Kindern ist körperlich. Sie bildet die Basis ihrer Beziehung und die Basis für Liebe und Sexualität generell. Eine altersadäquate körperliche Beziehung ist die beste Grundlage für das Gefühl von Geliebtsein und Geborgenheit.
- *Spielen, Toben, Herumtollen sind das Salz des Lebens*
  Diese spielerischen Umgangsformen sind eine schöne und natürliche Vorbereitung für ein freudiges Sexualleben. Überhaupt bietet das kindliche Spiel die beste Voraussetzung für die Fantasie, den spontanen

körperlichen Kontakt, das lustvolle Erkunden, das Juchzen und Jauchzen, das volle Eintauchen ins Hier und Jetzt, das wir in der Sexualität so genießen. In unserem kindlichen Ich sind all die spielerischen Elemente vorhanden, die unsere Sexualität so lebendig machen, wir brauchen sie nur freizulassen. Wenn wir mit unseren Kindern diese Seiten ausleben, erhalten sie automatisch die Botschaft, dass es erlaubt und schön ist, Spontaneität und Lust später auch als Erwachsene auszuleben.

- *Eltern brauchen keine Angst zu haben vor inzestuösen Gefühlen, solange ihre eigene Partnerbeziehung intakt ist*
  Inzestuöse oder ödipale Bindungen mit unseren Kindern entstehen meistens dadurch, dass der Liebespartner an unserer Seite fehlt. Solange wir dafür sorgen, dass unsere erwachsenen Liebes- und Kontaktbedürfnisse gestillt werden, greifen wir nicht auf das Kind als Ersatz zurück. Wenn inzestuöse Impulse in uns auftauchen, sollten wir überprüfen, ob wir ödipale oder inzestuöse Erfahrungen in unserer Kindheit gemacht haben. Möglicherweise wiederholen wir sie unbewusst.
- *Die Liebe zwischen den Geschwistern fördern*
  Geschwisterliebe ist neben der Elternliebe die engste persönliche Beziehung, die unsere Kinder haben. Sie ist für jedes Kind ein großes Geschenk. Rivalität ist dabei etwas ganz Natürliches unter Geschwistern. Wenn wir jedes Kind in seiner individuellen Art lieben, kommt keines zu kurz. Bevorzugungen und geheime Bündnis-

se sollten wir jedoch vermeiden, da dies die Konkurrenz unter den Geschwistern schürt und ihr Verhältnis untereinander belastet.

- *Unseren Kindern zutrauen, dass sie ihren eigenen Lebensstil und ihren Lebenspartner finden werden*
  Wenn die Kinder erwachsen sind, sollten wir sie ihre Segel hissen und aus unserem Elternhafen hinaussegeln lassen. Durch alle Ängste und Sorgen hindurch sollten wir ihnen unsere Hoffnung und unsere guten Wünsche mit auf den Weg geben. Gute Reise!

Beruf und Berufung

Ein Mann, angesehen in seinem Beruf, gut verheiratet, ist mit sich unzufrieden. Er kann sich nicht entspannen, in ihm herrscht immer der Zwang, sich noch mehr anstrengen und beweisen zu müssen. Was er auch tut, es reicht nicht. Tief drinnen nagt eine untergründige, latente Angst, er könnte beruflich abstürzen und in die Lage kommen, seine Familie nicht mehr ernähren zu können.

Sein Vater, eine Frühwaise, kam aus ärmsten Verhältnissen und baute sich unter größten Entbehrungen eine kleine Bäckerei auf. Die ganze Familie stand unter dem Druck, den Betrieb aufrechtzuerhalten. Die Mutter stand den ganzen Tag hinter der Theke, dahinter war die Küche, in der die Kinder sich aufhielten. Die Kinder mussten, sobald sie alt genug waren, morgens um vier Uhr aufstehen und die Brote und Brötchen für den Tag anfertigen, egal, ob sie Schule oder Ferien hatten. Besonders zu ihm, dem einzigen Sohn, war der Vater hart und unerbittlich. Er sollte einmal den Betrieb übernehmen. Er erinnert sich, wie er eines Morgens erschöpft und krank im Bett lag. Der Vater kam herein, scheuchte ihn auf und beschimpfte ihn als Faulenzer.

Die ganze Anstrengung hat aber nichts genützt. Der Betrieb ging bankrott, als in unmittelbarer Nähe ein Supermarkt eröffnet wurde. Sein Vater bekam dort einen Job als Lagerarbeiter und schämte sich, wenn er von seinen früheren Kunden angesprochen wurde.

Der Sohn machte auf dem zweiten Bildungsweg Abitur und studierte. In seinem Beruf hat er Erfolg, aber er ist nicht froh darüber. Mit seinen akademischen Kollegen fühlt er sich unwohl, er gehört nicht in deren Kreise, spricht nicht deren Sprache. Wenn er ins Elternhaus kommt, leidet er umgekehrt unter der kleinbürgerlichen Atmosphäre, die dort herrscht. Seine Frau, die aus gutem Hause stammt, kann mit ihrer fröhlichen Natur seine Strenge ein Stück weit kompensieren, aber gegenüber seinen beiden Kindern spürt er bisweilen eine ähnliche Unerbittlichkeit in sich aufsteigen, wie er sie von seinem Vater her kennt. Obwohl er sie liebt und sich wünscht, dass sie es leichter hätten als er, ist er manchmal richtig neidisch auf sie.

Als sein ältester Sohn erwachsen wird, studiert er nach dem Willen des Vaters Jura, obwohl er mathematisch begabt ist. Das Studium fällt ihm schwer, er hat wenig Spaß daran. Er schafft das Zwischenexamen mit einer Drei, was für ihn und seinen Vater eine große Enttäuschung ist. Daraufhin sattelt er um und studiert Physik. Er macht ein hervorragendes Examen, promoviert und schreibt an seiner Habilitation an einem bekannten Kernforschungszentrum. Ihm wird eine glänzende Karriere vorhergesagt. Aber kurz vor Abschluss seiner Arbeit kündigt er. Er fällt in eine Depression. Nach einigen weiteren Arbeitsversuchen bewirbt er sich schließlich bei der Schulbehörde und wird als Physiklehrer eingestellt. Er fühlt sich als totaler Versager.

Drei Generationen, drei tüchtige Männer, aber alle fühlen sich als Versager in ihrem Beruf. Warum?

Wenn wir das Thema Beruf und Berufswahl anschauen, könnten wir auf den ersten Blick meinen, hier gehe es um ein rein sachliches Thema. Manche Berufsberater vom Arbeitsamt sehen das durchaus so, wenn sie die Berufswünsche eines Schulabgängers abhaken: »Welchen Schulabschluss haben Sie? Was sind Ihre Interessen? Wie viel wollen Sie später verdienen?« Vielleicht muss der junge Mensch noch einen Persönlichkeitstest absolvieren. Am Ende bekommt er eine Liste mit geeigneten Berufen. Fertig! Noch Fragen? Na dann, viel Glück! Eigentlich könnte man diese Berufsberater durch einen Computer ersetzen – und dieser würde noch objektiver arbeiten!

Wenn man vom objektiven Standpunkt ausgeht, müssten die drei Männer im obigen Beispiel mit ihrer Arbeit zufrieden sein. Alle haben ihren Wunschberuf ergriffen, zumindest die beiden Jüngeren haben Erfolg. Aber sie sind unglücklich und fühlen sich deplatziert. Was ist es, was der (potenzielle) Computer nicht hat erfassen können?

Lassen Sie uns das Thema deshalb einmal von der subjektiven Seite anschauen. Welche persönlichen Motive bestimmen die Berufswahl eines Menschen?

- *Die soziale Herkunft*

Die Herkunft spielt auch heute noch eine wichtige Rolle bei der Berufswahl, allen sozialpolitischen Bemühungen zum Trotz. »Schuster, bleib bei deinem Leisten«, heißt es seit alters her. Wo stamme ich her, wohin will ich gehen? Lassen sich meine Herkunft und mein Berufsziel miteinander in Einklang bringen, oder stehen sie im Widerstreit miteinander? Der gesellschaftliche Status – ob wir jung oder alt, männlich oder weiblich, In- oder Ausländer sind, aus der Arbeiterschicht oder aus dem Bürgertum stammen – bestimmt und begrenzt in starkem Maße unsere beruflichen Möglichkeiten, und zwar nicht nur wegen des sozioökonomischen Status. Bei der Berufswahl spielt die *Identifikation* mit unseren Eltern und Vorfahren eine entscheidende Rolle. Wenn wir uns positiv identifizieren können mit dem Beruf und Stand unserer Familie, spüren wir uns getragen von einer mächtigen Kraft, die aus der Tradition gespeist wird. Wenn wir uns in ein fremdes Berufsmilieu begeben, fühlen wir uns dagegen erst einmal fremd und haltlos. Es fehlt der vertraute »Stallgeruch«. Soziale Aufsteiger fühlen sich zum Beispiel in ihrem neuen Milieu wie ausländische Immigranten im Gastland. Sie kommen sich fremd vor, sie kennen die Umgangsformen und -regeln nicht, sprechen eine andere Sprache. Was für die »Einheimischen« vertraut ist, müssen sie mühsam erlernen – jede Geste, jeden Ton. Sie kommen sich wie Falschspieler vor, fühlen sich leicht durchschaut und schämen sich.

- *Die Wünsche der Eltern*

Da viele Jugendliche beim Schulabschluss noch nicht genau wissen, was sie werden möchten, verlassen sie sich oft auf die Vorstellungen der Eltern. Dies ist in den meisten Fällen durchaus sinnvoll, weil Eltern die Stärken und Schwächen ihrer Kinder am besten kennen. Bei ehrgeizigen Eltern können jedoch ihre eigenen Wünsche und Träume eine solch große Rolle spielen, dass sie das Kind in eine Richtung drängen, in die es gar nicht will. Umgekehrt können pessimistische oder missgünstige Eltern die Berufswünsche ihrer Kinder schon von vornherein im Keim ersticken, indem sie sie zum Beispiel gar nicht erst auf eine höhere Schule gehen lassen.

- *Die Träume und Sehnsüchte des Kindes*
  »Was will ich einmal werden?« – Diese Frage stellt sich jedes Kind. Zwischen »Polizist« und »Irgendwas mit dem Umweltschutz« mögen Jahre vergehen, aber die Träume und Sehnsüchte von Kindern und Jugendlichen sind immer präsent und schlummern latent in ihnen. Sie sind ein wichtiger Bestandteil der seelischen Entwicklung jedes Kindes. In ihnen stecken die Ideale und Lebensziele, in denen sich das Kind verwirklichen möchte.*
- *Den eigenen Lebensunterhalt verdienen*
  Noch vor den Lebensträumen kommen erst einmal die existenziellen Notwendigkeiten. Ungeachtet unserer Vorlieben muss sich ein jeder seinen Lebensunter-

* In *Casablanca oder wohin die Sehnsucht dich trägt* (a.a.O.) bin ich näher auf die Sehnsüchte von Kindern eingegangen.

halt verdienen. Das wird besonders deutlich in Zeiten der Not wie in der Nachkriegszeit oder in den ärmeren Regionen unserer Erde. Da geht es ums nackte Überleben, wenn man auf Arbeitssuche geht. Selbst in unseren reichen mitteleuropäischen Ländern gibt es Langzeitarbeitslose, die soziale Härten in Kauf nehmen müssen, um eine Arbeit zu finden. Aber auch im Existenzkampf gibt es individuelle Unterschiede: Manche Menschen sind zäh, sie beißen sich durch, während anderen der Lebenswille fehlt, wenn die Stürme des Lebens über sie hinwegfegen.

- *Der Beruf als »Überlebensstrategie«*

Kehren wir zurück zu unserem obigen Beispiel. Der Großvater kam aus ärmsten Verhältnissen, er war schon als kleines Kind Vollwaise geworden und hatte die Härten des Lebens früh kennen gelernt. Daraus hatte er für sich den bitteren Schluss gezogen: »Das Leben ist hart, dir wird nichts geschenkt, du musst dich durchbeißen!« Er lebte nach dieser Devise, seinen Sohn prügelte er dorthin (»Nur zu seinem Besten«, hätte er gesagt). Ironischerweise war der Großvater ein begnadeter Bäcker. Für andere backte er zarte Brötchen und leckere Torten, während er und seine Familie sich die Zähne am harten täglichen Brot ausbissen. Innerlich verharrte er immer noch im Existenzkampf seiner Kindheit, selbst als es ihm wirtschaftlich besser ging. Dieses Lebenskonzept hat ihm vielleicht geholfen, die bittere Not seiner Kindheit zu überleben (deshalb sprechen wir hier von einer *Überlebensstrategie).* Aber später war es nicht mehr sinnvoll. Es machte ihn, vor allem aber seine Kinder, unglücklich. Und es hinderte ihn daran, sich umzustellen, als die Zeiten für kleine Einzelgeschäfte vorbei waren. Er war nicht flexibel genug. So landete er tragischerweise am Ende seiner beruflichen Laufbahn wieder dort, wo er einst als Waisenkind gestartet war: Er schämte sich vor anderen Menschen.

Wenn Eltern ihren Kindern die eigenen Sehnsüchte aufzwingen

Sein Sohn sollte es einmal besser haben – deshalb hat ihm der Vater ein hartes Überlebenstraining auferlegt. Viele Eltern pressen ihre Kinder in ihre eigenen Vorstellungen und merken nicht, wie ihre Wunschträume für die Kinder zur Horrorvision werden. Sie stecken ihre Kinder in Zwangsjacken und wundern sich, wenn diese sich wehren oder, vielleicht noch schlimmer, sich aufgeben und überhaupt keine Initiative mehr ergreifen. Die Kinder werden passiv, stumpf und lassen sich willenlos knebeln.

Wohlgemerkt: Es geht nicht darum, alle Wünsche der Eltern für die Zukunft ihrer Kinder pauschal zu verurteilen. Wenn es den Eltern in ihrem eigenen Beruf gut geht – warum sollen sie ihren Kindern nicht vorschlagen, etwas Ähnliches zu erlernen? Entscheidend ist die Frage, ob die Eltern mit ihrem eigenen Lebensweg zufrieden sind oder nicht. Wenn Eltern zufrieden sind, wirken sie wie gute Vorbilder ermutigend für ihre Kinder. Sie müssen gar nicht viel dazu tun, um ihre Kinder zu motivieren. Außerdem verspüren solche Eltern nicht den inneren Druck, ihre Kinder zu ihrem »Glück« zwingen zu müssen.

Die Familie Bach war beispielsweise eine Musikerfamilie, die eine lange, über Generationen reichende Tradition hatte. Es ist überliefert, dass die Familie jedes Mal, wenn sie zu einem Treffen zusammenkam, spontan in vielstimmige, frei improvisierte Gesänge mit zum Teil derben Inhalten ausbrach (heute würde man wohl *Jamsessions* dazu sagen). In einer solchen musikalischen Atmosphäre wuchs der junge Johann Sebastian auf – kein Wunder, dass er vielstimmige Chor- und Instrumentalstücke komponieren konnte. Es lag ihm im Blut. Er musste gar nicht zum Musikerberuf »geprügelt« werden.

Das Zwanghafte kommt nur dann auf, wenn die Eltern selbst unter Druck stehen, wenn sie mit sich und ihrem eingeschlagenen Lebensweg unzufrieden sind. Dann werden sie erfasst vom Bedürfnis, ihre Kinder zu ihrem Glück zu zwingen. Dabei übersehen sie, dass es ihnen im Grunde nicht um das Glück der Kinder geht, sondern um ihr eigenes! Sie können dies nicht sehen, weil sie sich mit ihren Kindern *projektiv identifizieren* – sie sehen sich selbst in den Kindern, wie in einem Spiegel. So können sie nicht erkennen, wie ihre Kinder wirklich sind. Sie wollen es auch gar nicht wissen, denn das könnte zu sehr von ihren Idealvorstellungen abweichen.

Das Tragische dabei ist: Selbst wenn Kinder ihren eigenen Berufswunsch aufgeben würden, um ihren Eltern eine Freude zu machen, würde ihnen das letztlich nicht gelingen. Kinder können unglückliche Eltern nicht glücklich machen. Die Not der Eltern lässt sich nur durch sie selbst lösen, indem sie sich mit ihrer eigenen Vergangenheit auseinandersetzen und diese hinter sich lassen. Erst dann können sie ihre Kinder als eigenständige Personen erkennen, die anders sind als sie selbst.

Wenn Eltern unglücklich sind, können es sich ihre Kinder schwer zugestehen, glücklich zu sein

Warum wiederholte sich im obigen Beispiel das Schicksal des Großvaters in den beiden nächsten Generationen? Sein Sohn hat doch einen akademischen Beruf gefunden, der zu ihm passte. Warum wurde er nicht glücklich?

Hier kamen mehrere Faktoren zusammen. Zunächst einmal fühlte er sich unwohl in der akademischen Welt. Die meisten seiner Kollegen stammten aus dem gehobenen Bürgertum, während er aus einer Handwerkerfamilie kam. Er fühlte sich hier fremd, wie ein Eindringling. So schämte er sich besonders dann, wenn er zu einem Empfang oder einer Cocktailparty eingeladen wurde. In der Arbeit konnte er selbstbewusst auftreten, weil er sich seiner Kompetenz sicher war. Aber in der lockeren Atmosphäre einer informellen Party kam er sich vor wie ein kleiner Bäckerjunge, der sich auf einen großen Empfang verirrt hat. Er hielt sich an seinem Sektglas fest wie an einem Rettungsring. Am Tisch wusste er nicht, welches Besteck er zu welchem Gericht nehmen sollte. Anfangs nahm er zu viel vom Horsd'œuvre und war überrascht, dass weitere Gerichte folgten. An die langen Pausen zwischen den Gängen musste er sich erst gewöhnen.

Ein zweiter Grund für seine Unzufriedenheit lag darin, dass er, obwohl er sich äußerlich von den Vorgaben des Vaters befreit hatte, sich innerlich immer noch mit seinem Vater verbunden fühlte. Die Härte, unter der er einst so gelitten hatte, fand er auf einmal in sich selbst. Diese innere Klammer ließ sich viel schwerer abschütteln. Er hatte die Existenzangst seines Vaters so tief eingesogen, dass er immer noch um sein Überleben bangte, obwohl er finanziell abgesichert war. Das Schicksal seines Vaters hatte er noch immer deutlich vor Augen.

Ein dritter Grund für seine Unzufriedenheit bestand paradoxerweise in der Tatsache, dass er seinen Vater überflügelt hatte. Er hatte es geschafft – sein Vater war dagegen gescheitert. Da sich der Vater immer noch über den Verlust seines Geschäfts grämte, gönnte er dem Sohn den Erfolg nicht, auch wenn er äußerlich stolz auf ihn war. Über den Vater zu triumphieren, während dieser am Boden lag, war einfach zu viel für den Sohn – das wäre zu viel für jeden Sohn. Er sollte ja schließlich Nachfolger des Vaters werden, bevor die Bäckerei bankrottging, wie hätte er sich ruhigen Gewissens seines neu gewonnenen Status freuen können?

Dieses letzte Motiv, die Treue des Sohnes zum Vater,

ließ auch den Enkel scheitern. Hoch begabt, kurz vor einer sicheren Hochschulkarriere, knickte er ein, sehr zu seiner eigenen Beschämung und der seiner Familie. In seinem Scheitern liegt jedoch eine bedingungslose Treue, eine gnadenlose Konsequenz. Der Enkel fühlt sich innerlich der Tradition seines Großvaters verpflichtet, der einst gesagt hat: »Das Leben ist hart! Dir wird nichts geschenkt!« Ihm, dem Enkel, ist zu viel geschenkt worden. Eine solche Leichtigkeit lässt sich nicht mit dem schweren Familienerbe vereinbaren. Der Fall vom hoch dotierten Wissenschaftler zum Physiklehrer an einer gewöhnlichen Schule tut weh, aber merkwürdigerweise ist etwas in ihm zur Ruhe gekommen. Er entspricht jetzt dem Familienskript.

Wege aus der Sackgasse

Wie finden wir den Ausweg aus solchen unglückseligen Schicksalsfolgen? – Indem jede Generation versucht, mit ihrem eigenen Schicksal fertig zu werden und die nächste Generation davon zu verschonen.

Wir müssen unterscheiden zwischen guten Traditionen, die es fortzuführen lohnt, und Schicksalsschlägen, die betrauert und begraben werden sollten. Wenn wir beruflich scheitern oder aus irgendeinem Grund unseren Wunschberuf nicht ergreifen können, müssen wir selbst mit diesem Schicksal fertig werden. Unsere Kinder und Enkelkinder sind nicht dafür verantwortlich, unsere Misserfolge zu korrigieren und unsere Wunden zu heilen.

Jedes Leben hat seine Höhen und Tiefen – wenn wir es annehmen, wie es ist, dann bekommen selbst schlimme traumatische Erfahrungen ihren Platz. Und wir erhalten unsere Würde.

Überlegen wir uns einmal, was mit den Männern aus der beschriebenen Familie geschehen wäre, wenn sie mit ihrem jeweiligen Schicksal fertig geworden wären. Wenn der Großvater sein Leben einmal Revue passieren lassen würde, wie er als Waisenkind ohne jegliche Unterstützung eine Existenz aufgebaut hat, wie er über die Jahre nicht nur seine Familie ernähren konnte, sondern auch unzähligen Menschen ihr tägliches Brot gegeben hat, hätte er wirklich stolz auf sich sein können. Wenn er dann noch sein Geschäft in Dankbarkeit zum Abschluss hätte bringen können, weil dessen Uhr abgelaufen war, hätte er im Frieden alt werden können.

Sein Sohn hätte dann ruhigen Gewissens seiner Karriere nachgehen können. Er hätte dem Vater zeigen können, was er geschafft hat, und dieser hätte stolz auf ihn sein können. Im Elternhaus hätten sie zusammen über die seltsamen Tischsitten der oberen Zehntausend lachen können und ihre Mahlzeit am gemütlichen Küchentisch genießen können. Dann hätte der Enkelsohn aus der dritten Generation sich nicht zu schämen brauchen, dass er bis zur wissenschaftlichen Spitze aufgestiegen ist. Alle hätten für den bemerkenswerten Aufstieg ihrer Familie dankbar und glücklich sein können. Stolz und Dankbarkeit wäre an die Stelle von Scham getreten.

Jedes einzelne Familienmitglied hätte seinen beruflichen Traum verwirklichen können. Vielleicht wäre der zweite Enkelsohn Handwerker geworden – die Fähigkeit dazu hat er von seinem Großvater geerbt. Der Wert eines jeden Berufs würde nicht nach dessen Prestige gemessen werden, sondern nach der Befriedigung, die er dem Betreffenden verschafft. Die Familie würde bunter werden und an Vielfalt gewinnen.

Frauen und Beruf

Solche familiären Konflikte treten natürlich auch bei Frauen auf. Doch hier kommen noch einige frauentypische Gesichtspunkte dazu:

Eine Frau stammte aus einer vielköpfigen Familie. Sie gehörte zu den mittleren Kindern, die »von alleine« aufwachsen mussten. Kaum aus der Hauptschule entlassen, wurde sie schwanger. Sie musste heiraten. Die Partnerschaft war nicht gut, aber sie ertrug die Streite und Schläge, weil es für sie keine Alternative gab. Ihr Mann brachte schließlich das Geld nach Hause. Nachdem das Kind aus dem Gröbsten war, musste sie mitverdienen.

Ihrer Tochter schärfte sie ein, ja einen Beruf zu erlernen, damit sie später unabhängig von einem Mann sein konnte. Die Tochter machte eine Lehre und bekam eine vergleichsweise gute Arbeitsstelle. Aber auch sie wurde früh schwanger, beschloss jedoch, alleine zu bleiben, weil sie nicht in einer schlechten Ehe landen wollte wie ihre Mutter. Die Mutter passte auf die Kleine auf, während sie arbeiten ging. Die Ehe ihrer Eltern wurde indes immer schlechter, sie versuchte ihre Mutter zur Scheidung zu bewegen. Aber die Mutter sträubte sich. Jetzt sei es sowieso zu spät. Sie könnte von dem Geld, das sie nach einer Scheidung von ihrem Mann bekommen würde, nicht leben. Und sie hätte nichts gelernt. Außerdem hätte sie sich an das Gezanke gewöhnt. Sie wüsste nicht, was sie alleine mit ihrem Leben anfangen sollte.

Nun, da sie selbst eine kleine Tochter hat, schärft die jüngere Mutter der Tochter ein, einen guten Beruf zu erlernen und ja nicht zu früh schwanger zu werden. Die Tochter wird erwachsen und verlässt ohne viel Aufsehen das Haus. Statt einen Beruf zu erlernen, jobbt sie hier und dort. Sie hat viele Männerbeziehungen, denkt aber nicht daran, sich zu binden. Die Mutter sitzt nun allein zu Hause, sie hat ihr bisheriges Leben fürs Kind geopfert und muss schauen, wie sie nun mit ihrer Einsamkeit zurechtkommt. In ihrem Alter noch einen passenden Partner zu finden, der frei ist, wird schwierig sein.

Eine unspektakuläre Geschichte. Sie wirft jedoch einige Schlaglichter auf die komplizierte Beziehung zwischen Frauen und Beruf:

- Frauen sind heute, bei allen gegenteiligen Beteuerungen von der männlichen Seite und der Politik, immer noch weitgehend allein zuständig für das Aufziehen der Kinder und die Pflege alter Eltern (und Schwiegereltern). Auch wenn Männer heute ein näheres Verhältnis zu ihren Kindern haben als früher, eine *echte* Arbeitsteilung im Haushalt und in der Kindererziehung ist statistisch kaum feststellbar. Sie nimmt auch mit zunehmender Kinderzahl ab. Daher beobachten wir die zunehmende Tendenz zur Ein-Kind-Familie, denn hier kann eine Frau ihre Berufstätigkeit rascher wieder aufnehmen.

- Weil Frauen heute immer noch hauptsächlich für Kinder und Haushalt zuständig sind, sind für sie Beruf und Familie keine voneinander unabhängigen Themen wie für Männer. Sie sind stets miteinander verbunden. Selbst wenn heute immer mehr junge Frauen ihr Leben auf Arbeit und Karriere ausrichten, das Risiko, unerwartet ein Kind zu bekommen, müssen sie stets im Auge behalten. Daher sind eindimensionale Lebensziele, wie Männer sie häufig haben, bei Frauen eher die Ausnahme. Doppelgleisig zu fahren ist hier eher die Regel.
- Dadurch entsteht fast automatisch eine ambivalente Haltung sowohl dem Beruf als auch den Kindern gegenüber. Jedes für sich genommen stellt ein erstrebenswertes Ziel dar. Beides *zusammen* jedoch macht das Leben einer Frau zu einem schwierigen Balanceakt.
- Mit den Möglichkeiten moderner Empfängnisverhütung stehen die heutigen jungen Frauen paradoxerweise vor einer schwereren Entscheidung als ihre Mütter. Diese hatten keine Wahl und mussten mit der Situation fertig werden, wenn Kinder kamen. Heute haben die Frauen die Qual der Wahl zwischen Beruf und Familie.

- Ein Kind zu haben ist ein (mindestens) über zwei Jahrzehnte dauerndes Unterfangen. Die Erziehung eines Kindes lässt sich nicht beliebig unterbrechen. Eine berufliche Tätigkeit schon eher. Streng genommen aber lässt sich auch eine Karriere nicht so einfach stückeln. Wenn eine Frau etwa ihre Ausbildung zu früh wegen eines Kindes unterbricht, muss sie später eventuell von vorne beginnen, oder sie findet beruflich keinen Anschluss mehr. So gleicht die berufliche Laufbahn von Frauen eher einem Flickenteppich denn einer geraden Leiter.
- Daher sehen sich viele junge Frauen gezwungen, sich noch vor ihrer Berufswahl zu entscheiden, ob sie ein Kind in jungen Jahren bekommen wollen oder nicht. Und diese familiäre Entscheidung bestimmt zu einem großen Teil ihre Berufswahl! Manche Berufe, die eine lange Ausbildung erfordern, schließen sich fast von vornherein aus, wenn die Frau ein Kind mit einkalkuliert.
- Eine Entscheidung für Familie *und* Beruf macht ihr Leben zum Flickwerk. Eine Entscheidung für das eine und gegen das andere bedeutet aber auch den Verzicht auf eine wesentliche Lebenserfüllung. Daher halten sich viele berufsorientierte Frauen ein Hintertürchen offen für eine späte Schwangerschaft, mit dem Risiko, frühere Schwangerschaften abzubrechen; keinen passenden Partner zu haben, wenn sie bereit für ein Kind sind; den Zeitpunkt zu verpassen, wo sie noch

fruchtbar sind; und schließlich als ältere Schwangere ein genetisch krankes Kind zu bekommen. Dafür erleben sie eine zusammenhängende Zeit, in der sie unbeschwert ihr eigenes Leben, ihren Beruf und ihre Partnerschaft(en) genießen können.

- Frauen, die sich für ein Kind in jüngeren Jahren entscheiden, verzichten auf den konsequenten Aufbau einer Karriere. Während der Familienzeit werden sie sich mit anspruchsloseren Tätigkeiten, Teilzeit- oder ehrenamtlicher Arbeit begnügen müssen, es sei denn, sie haben einen der wenigen Berufe gewählt, die relativ familienfreundlich sind (zum Beispiel Lehrerin, Psychotherapeutin). Sie haben dafür den Vorteil, recht früh aus der eigentlichen Familienphase entlassen zu werden, wenn ihre Kinder groß sind (solange diese altersmäßig nicht weit auseinanderliegen). Dann können sie eine zweite Ausbildung beginnen – wobei es nicht immer leicht ist, als ältere Frau eine passende Stelle zu finden.

Beruf und Berufung

Es gibt im Allgemeinen verschiedene Abstufungen, wenn wir über verschiedene Arbeitsmöglichkeiten nachdenken: Job – Arbeit – Beruf – Berufung. Ein Job ist eine zeitlich begrenzte Gelegenheitsarbeit, sein Inhalt kann recht beliebig sein. Eine *Arbeit* beinhaltet schon eine längerfristige Perspektive. Einen *Beruf* hat man meist erlernt, er setzt eine Ausbildung voraus. Durch dieses Hineinwachsen in den Beruf identifizieren wir uns auch mit ihm: Ich bin ein/e …

Eine *Berufung* bedeutet noch eine Steigerung der Intensität: Wenn wir uns zu einer Tätigkeit berufen fühlen, identifizieren wir uns mit unserer ganzen Person damit und setzen uns dementsprechend für die betreffende Aufgabe ein. Wenn wir uns zu etwas berufen fühlen, haben wir das Gefühl, die Tätigkeit deckt sich vollkommen mit unserer Person: Unser Beruf und unsere Person verschmelzen ineinander. Wir spüren so etwas wie einen inneren Auftrag. Da ist eine Stimme, die nach uns ruft (Be-ruf). Wir fühlen eine innere Verpflichtung, ihr nachzugehen. Im *Herkunftswörterbuch* ist nachzulesen, dass der Begriff zum ersten Mal von Martin Luther geprägt worden ist. In der Bibel verwendete er das Wort »berufen«, wenn vom Ruf Gottes an den Menschen die Rede ist. Auch wenn wir heute in einer säkularisierten Welt unseren Beruf eher funktional betrachten, schwingt doch in unserer Idealvorstellung von einem Beruf die ursprüngliche geistige Bedeutung noch mit.

In meinem Buch über die Sehnsucht habe ich den Begriff der *zentralen Leidenschaft* geprägt.* Für mich hat die Selbstverwirklichung im Beruf einen hohen Stellenwert, der ähnlich viel wiegt wie privates Glück. Wenn ich mit Menschen arbeite, frage ich sie, welche Lebens- und Berufsziele sie haben. Jeder Mensch hat das Recht, sich in

* *Casablanca …* (a.a.O.), S. 217ff. 206

dem zu verwirklichen, was er tagtäglich tut. Darum lohnt es sich, sich leidenschaftlich im Beruf zu engagieren. Die eigenen Talente und Fähigkeiten umzusetzen bereitet eine ungeheure Freude. Wir haben dann das Gefühl, einen ganz persönlichen Beitrag für die Allgemeinheit zu leisten. Wir finden darin einen Lebenssinn.

Wie helfen wir unseren Kindern, einen guten Beruf zu finden und mit ihm zufrieden zu sein?

Kinder lernen am stärksten am Vorbild der Eltern. Im eingangs dargestellten Beispiel haben wir gesehen, wie das negative Selbstbewusstsein eines Elternteils die berufliche Zufriedenheit der Kinder beeinträchtigen kann. Viele Eltern, die mit ihrem eigenen Leben unzufrieden sind, möchten, dass ihre Kinder es einmal besser haben sollten, und investieren ihre ganze Energie (und ihr ganzes Geld), den Kindern eine gute Schul- und Berufsausbildung zu verschaffen.

Ihre Kinder spüren jedoch die Not ihrer Eltern, die hinter ihren Erwartungen steht. Da sie ihre Eltern lieben, bemühen sie sich, die Erwartungen der Eltern nicht zu enttäuschen. Das setzt sie jedoch unter einen ungeheuren Erfolgsdruck – dieser macht sie bisweilen krank, die Schwächeren unter ihnen zerbrechen womöglich gar daran. Auf jeden Fall leiden Kinder darunter. Sie fühlen sich unfrei und auf die Erfolgsschiene gezwungen – nicht zu ihrem Besten, wie ihnen oft gesagt wird, sondern zum Besten der Eltern.

- Daher ist die erste Frage, die Eltern sich stellen sollten: Was ist mir wichtiger, die Erfüllung meiner Träume oder die Zufriedenheit meines Kindes? Das ist eine Gewissensfrage, die jede Mutter und jeder Vater ehrlich für sich beantworten sollte. Wir geben dem Kind mehr Bewegungsraum und mehr Luft zum Atmen, wenn wir unsere eigenen Erwartungen zurücknehmen. Wir lassen ihm die Freiheit, seine eigenen Interessen und Neigungen zu entwickeln. Damit haben wir ihm das Wesentlichste gegeben, damit es später mit seinem Leben zufrieden ist: die Erlaubnis, seinen eigenen Weg zu finden. Das ist vielleicht das größte Geschenk, das Eltern ihren Kindern machen können.
- Wenn wir die kindlichen Bedürfnisse ernst nehmen, sehen wir das Kind, wie es wirklich ist – und nicht so, wie wir es uns wünschen. Ein Kind sehen, wie es ist, ist eine sehr große Bestätigung seiner selbst. *Wenn es spürt, dass es gesehen wird, wie es ist, und dass es in Ordnung ist, wie es ist, dann kann es sein, wie es ist.* Dann fühlt es sich bei sich zu Hause. Es ist zufrieden mit sich und der Welt. Dann entfaltet sich in ihm, was auch immer in ihm stecken mag. Es wird wachsen und gedeihen, aus sich heraus, wie ein Samenkorn. Wir haben mit der Zeugung jedes Kindes das Samenkorn gesetzt, jetzt brauchen wir nur dafür zu sorgen, dass es die Erde, die Sonne und den Regen bekommt, die es braucht.
- Wenn wir das Kind sehen, wie es ist, ist es ein Leichtes, es zu fördern. Wir werden seine Stärken und Fähigkei-

ten wahrnehmen, und es wird uns eine Freude sein, es darin zu fördern. Seine Schwächen sind für uns nicht mehr so schlimm, da sie zu ihm gehören. Wir brauchen sie dann nicht mehr als Defizite anzusehen, die ausgetilgt werden müssen. In manchem brauchen Kinder tatsächlich Ermutigung und Anleitung, damit sie sich mit etwas auseinandersetzen, was ihnen nicht liegt. Aber das sollte nur bis zu der Grenze gehen, wo sie genug davon haben. Das Nein eines Kindes ist immer ernst zu nehmen. Viele so genannte Defizite resultieren hauptsächlich aus dem Vergleich mit anderen Kindern, der einen Durchschnittswert widerspiegelt. Weshalb muss jedes Kind aber wie der Durchschnitt sein?

- Wenn es nun dem Kind gut geht, was fangen wir als Eltern mit unseren eigenen Defiziten, Minderwertigkeitsgefühlen und Unzufriedenheiten an? Hier müssen wir für uns selbst sorgen. Vielleicht müssen wir zurückgehen zu der Zeit, wo wir vor unseren Eltern standen und diese von uns etwas erwartet haben, damit es ihnen besser ging. Vielleicht sollten wir ihnen einen Stein zurückgeben, eine Last, die wir für sie bislang getragen haben. Vielleicht bekommen wir endlich von ihnen die Erlaubnis, so zu sein, wie wir sind. Dann könnten wir in uns hineinfühlen und das entdecken, was bisher brachgelegen ist, und uns erlauben, diese Schatztruhe zu öffnen.

Geld und Erwachsenwerden

Das Thema Geld gehört unbedingt zum Erwachsenwerden dazu, ist doch der große Wunsch von Heranwachsenden, ihr eigenes Auto, ihre eigenen vier Wände und ihr eigenes Geld zu haben, wenn sie später erwachsen sind.

»Was fällt Ihnen zum Thema Geld und Erwachsenwerden ein?« Diese Frage habe ich einer Reihe von Menschen gestellt. Es kamen die unterschiedlichsten Antworten. Hier nur drei Beispiele dafür:

Einem Mann mittleren Alters fällt sofort seine eindrücklichste Erfahrung mit Geld ein: Als er 17 wurde, sei sein Großvater mit ihm auf die Bank gegangen und habe für ihn Wertpapiere im Wert von 600 Mark gekauft. Das sei für ihn eine nachhaltige Botschaft dafür gewesen, wie man mit Geld umgeht. Seither lege er sein Geld regelmäßig an. Vom Ertrag gönne er sich ab und zu gerne eine gute Flasche Wein oder ein schönes Möbelstück.

Eine Frau erzählt, dass bei ihnen zu Hause der Vater die Hoheit über das ganze Geld hatte. Die Mutter musste ihn um jeden Pfennig anbetteln, was die Tochter als furchtbar demütigend empfand. Sie habe nie Taschengeld bekommen. Wenn sie Geld für einen Schulausflug brauchte, habe sie den Vater bei einem günstigen Augenblick abpassen müssen, wenn er mal guter Laune war. Das sei ein riesiger Stress gewesen, sie habe vorher nächtelang nicht schlafen können. Heute habe sie immer noch ein schlechtes Gewissen, wenn sie sich irgendeinen kleinen Luxus gönnt.

Eine andere Frau wurde von klein auf von ihrem Vater finanziell verwöhnt. Alles, was sie wollte, bekam sie. Ihr Vater las ihr alle Wünsche von den Augen ab. Sie musste sich um nichts kümmern und bekam mit ihrer Volljährigkeit einfach eine Kreditkarte. Ihre Eigentumswohnung wurde von ihrem Vater bezahlt, ihr Auto hat er ihr geschenkt. Irgendwann lernte sie einen Habenichts kennen und lief mit ihm davon. Mit ihm führt sie heute ein karges, entbehrungsreiches Leben. Auch wenn sie sich manchmal nach der Sorglosigkeit ihrer Jugend sehnt, wollte sie nie wieder in die frühere Abhängigkeit zurück.

Drei verschiedene Schicksale, drei verschiedene Sozialisationen im Umgang mit Geld.

Zusammenhänge zwischen psychischer Gesundheit und Geld

Seit einigen Jahren entdecke ich in meiner therapeutischen Arbeit immer mehr Zusammenhänge zwischen psychischer Gesundheit und dem Umgang mit Geld. Darüber war ich zuerst überrascht. Die meisten Menschen, die zur Therapie kommen, klagen über Depressionen, Suchtprobleme, Konflikte in Beziehungen usw. Kaum einer kommt, weil ihm der Umgang mit Geld Schwierigkeiten bereitet.

Es kommt jedoch regelmäßig vor, dass ein Klient einige Zeit nach Beginn der Therapie erzählt, dass er Probleme mit Geld habe. Das wird meist nur nebenbei erwähnt, etwa dass er jetzt überlegen müsse, eine kleinere Wohnung zu nehmen, weil er sich seine bisherige nicht mehr leisten könne. Oder eine Frau erzählt, dass ihr Partner schon wieder Geld von ihr geliehen habe. Oder ein Klient sagt, er müsse sich um einen Nebenverdienst kümmern, weil seine Frau eine neue Küche bestellt habe.

Früher habe ich solche Bemerkungen oder Andeutungen eher überhört. Heute horche ich auf, wenn finanzielle Unregelmäßigkeiten erwähnt werden. Ich frage dann nach Einzelheiten und mache dabei immer wieder die Erfahrung, dass Geldprobleme ein Schlaglicht auf die jeweilige Störung werfen. Oft sind finanzielle Schwierigkeiten mit *Scham* belegt, da es vielen von uns peinlich ist, wenn wir zugeben müssen, dass uns die Finanzen über den Kopf gewachsen sind. Daher wird das Thema Geld im Laufe einer Therapie erst spät erwähnt, wenn überhaupt. Der Klient muss erst das Vertrauen haben, dass der Therapeut ihn nicht auslacht oder ihn verurteilt, wenn er zugibt, dass er finanzielle Probleme hat.

Ein Beispiel:

Ein Mann erzählt nach einem halben Jahr Therapie, dass ihm seine Eltern regelmäßig unter die Arme greifen. Er habe zwar einen guten Job, aber er schaffe es einfach nicht, seine Ausgaben im Zaum zu halten. Wenn er etwas sieht, was ihm gefällt, müsse er es sofort kaufen. Er sei vor allem Büchern verfallen. Wenn er in eine Buchhandlung geht, komme er nie ohne eine pralle Tüte heraus. Seine Wohnung sei schon zum Bersten voll von Büchern.

Seine Frau bitte ihn schon ganz verzweifelt, einen Teil seiner Bücher zu verkaufen, aber er bringe es einfach nicht übers Herz, diese Schätze aus den Händen zu geben. Wenn seine Eltern ihm nicht immer wieder aus der finanziellen Schieflage helfen würden, wäre er bestimmt schon überschuldet.

Der Klient ist eigentlich wegen seiner Eheprobleme zur Therapie gekommen. Die Sache mit den Büchern hat er nur am Rande erwähnt. Er hat sie bisher als Lappalie abgetan, er sieht darin eher eine Überempfindlichkeit seiner Frau. Er selbst hat ja keine Probleme mit seinen Büchern. Er findet auch nichts Besonderes daran, dass seine Eltern ihm regelmäßig Geld zustecken. Es ist schon immer so gewesen.

Ihm ist nicht klar, dass die finanzielle Unterstützung vonseiten seiner Eltern ihn in kindlicher Abhängigkeit hält. Er wäre ohne sie längst bankrott. Finanziell hat er sich noch nicht abgenabelt, bildlich gesprochen hängt er ökonomisch immer noch an der Flasche. Daraus könnte man schließen, dass er möglicherweise noch so an seine Eltern gebunden ist, dass er innerlich nicht ganz frei ist für seine Frau. Kein Wunder also, dass er Eheprobleme hat.

Die Leidenschaft für Bücher entpuppt sich im Laufe der Gespräche als eine wahre Sucht, der er wehrlos verfallen ist. Eine Sucht ist in finanzieller Hinsicht so etwas wie ein Riesenloch, das nicht nur das ganze Geld, sondern auch alle Werte, die sich der Süchtige und seine Angehörigen erschaffen, verschlingt und zunichte macht. An diesem Punkt treffen sich die Abhängigkeit des Mannes von seinen Eltern und seine Büchersucht: Sie offenbaren eine sehr große psychische Bedürftigkeit. Möglicherweise hat er als Kind etwas Entscheidendes von seinen Eltern nicht bekommen, sodass er im Erwachsenenalter immer noch so viel Zuwendung (geldliche Zu-Wendung) von ihnen braucht.

Als dem Mann dieser Zusammenhang bewusst wird, beschließt er seine Büchersucht einzudämmen. Er bittet einen Freund, ihm zu helfen, die Bücher auszusortieren, die er nicht braucht, und zum Antiquariat zu bringen. Er beginnt über seine Einnahmen und Ausgaben Buch zu führen. Seinen Eltern gegenüber grenzt er sich mehr ab. Er wagt es mehr, nein zu ihren materiellen Angeboten zu sagen und bei diesem Nein auch zu bleiben.

Was hat Geld mit Erwachsenwerden zu tun?

- Erwachsensein bedeutet, für sich selbst sorgen zu können. Der Kinderstatus zeichnet sich dagegen aus durch materielle und seelische Abhängigkeit.
- Geld und Arbeit hängen unmittelbar zusammen. Erwachsensein bedeutet, für unseren Lebensunterhalt zu arbeiten. Menschen, die andere für sich arbeiten lassen, sind in diesem Sinne nicht erwachsen.
- Geld bedeutet Selbstständigkeit, Sicherheit und Freiheit – drei wichtige Attribute des Erwachsenseins.
- Geld hat viel mit dem »Erbe« zu tun, das wir von un-

seren Eltern bekommen und an unsere Kinder weitergeben. Es verbindet die Generationen miteinander. Es gibt Erbe, das uns bereichert und befreit. Es gibt aber auch Erbe, das uns belastet, bindet und uns daran hindert, unser eigenes Leben zu führen.

- Geld hat mit Nehmen und Geben zu tun. Was nehmen wir zu uns (an materiellen Dingen, aber auch an Nahrung, Liebe, Zuwendung)? Was geben wir weiter? Wie steht es mit dem Gleichgewicht zwischen Geben und Nehmen (Ausgaben und Einnahmen)?
- Unsere sozialen Beziehungen werden ganz entscheidend von unserem finanziellen Status geprägt. Macht und Ohnmacht, Eigenmacht und Abhängigkeit werden in unserer Gesellschaft vorwiegend über das Geld definiert. Der Wert eines Menschen wird oft an seinem Besitz gemessen.
- Geld prägt auch das Verhältnis zwischen den Geschlechtern.
- Unser Selbstwertgefühl wird ebenfalls durch Geld und Besitz beeinflusst.
- Die Vorsorge für die Ausbildung der Kinder ist mit entscheidend für ihren späteren Lebensweg.
- Die Altersvorsorge trägt entscheidend zu unserem Wohlbefinden beziehungsweise zu unserer Not im Alter bei (»Die Armut ist kinderreich, alt und weiblich«).

Was ist Geld?

Diese Auflistung zeigt uns, wie wichtig es ist, über Geld nachzudenken, wenn wir über das Erwachsenwerden sprechen. Unser Verhältnis und unser Umgang mit Geld prägen entscheidend unseren Lebensweg. Daher ist es eigentlich unverständlich, dass wir in der Schule über alles Mögliche unterrichtet werden, das Thema Geld wird jedoch schamhaft ausgespart, als wäre es unwichtig oder ein Thema, das nur in die Privatsphäre gehört. Dabei gehen der Volkswirtschaft jährlich Millionen verloren, weil Menschen ihr Geld für ihre Süchte ausgeben, Schulden machen und bankrottgehen.

Was bedeutet Geld? Geld ist ein *Tauschmittel für* Leistungen und Güter. In der Tauschwirtschaft früherer Zeiten wurden Dienstleistungen und Güter direkt gegeneinander getauscht: Das Brot, das ich gebacken habe, tausche ich gegen zehn Eier, die deine Hühner gelegt haben. Mit der Erfindung des Geldes wurde ein Äquivalent, ein Gegenwert für die Leistungen und Güter als Preis festgelegt: Ein Brot kostet zwei Euro, ein Ei 20 Cent. Damit sind wir viel beweglicher geworden: Mit genügend Geld in der Tasche kann ich meine Bedürfnisse befriedigen, ohne Rücksicht darauf, ob der, von dem ich es bekomme, meine persönlichen Dienste oder Produkte benötigt. Mit dem Geld, das ich ihm zahle, kann er sich kaufen, was er möchte.

Diese Beweglichkeit des Geldes macht seine Faszination aus. Mit Geld gewinnen wir Freiheit, Selbstständigkeit und Sicherheit. Mit genügend Geld auf dem Konto und einer Kreditkarte in der Tasche kann man heute eine Flugreise buchen und in ein fremdes Land fliegen, ohne eine Zahnbürste mitnehmen zu müssen. Mit Geld ist alles zu haben. Dieser Faszination unterliegen bereits Kinder, sobald sie die Bedeutung des Geldes entdecken: »Mit einem Euro kannst du drei Packungen Kaugummi kaufen!«

Geld als Trostspender

Bis zu einem bestimmten Grad lässt sich sogar persönliche Zuwendung durch käufliche Dinge, etwa ein teures Spielzeug oder ein Computerspiel, ersetzen. Das finden wir in dem Schicksal der »armen reichen Kinder«, die von ihren freigebigen Eltern allein gelassen werden. Dadurch lernen Kinder, fehlende Wärme und Liebe durch materielle Dinge zu ersetzen. Geld und Besitz dienen hier der Angstabwehr und der Abwehr von Einsamkeit und Verlassenheit. Kinder klammern sich an ihr Kuscheltier, wenn sie nachts allein im Bett liegen.

Erwachsene besänftigen ihre Depression mit einem schicken Auto, kostbarem Schmuck oder einem Gang zum prall gefüllten Kühlschrank. Manche Menschen, die ihre Heimat durch Krieg und Vertreibung verloren haben, können nicht genug Geld haben, als könnten sie sich mit ihrem Besitz gegen den drohenden Verlust versichern. Andere kompensieren ihre Angst vor dem Tod mit ihrem materiellen Besitz.

All diese Versuche, unsere Ängste durch materielle Dinge zu besänftigen oder zu verdrängen, sind letztlich zum Scheitern verurteilt, da Geld nur ein billiger Ersatz ist für das, was wir wirklich brauchen. Geld allein macht nicht glücklich. Gegen unsere Ängste hilft nur inneres Vertrauen. Wenn ein Kind darauf vertrauen kann, dass seine Eltern bald nach Hause zurückkommen, wenn Heimatvertriebene die Zusage bekommen, sie können irgendwann wieder in ihre Heimat zurückkehren, wenn Furchtsame die Erfahrung machen, dass sie selbst im Sterben getröstet sind, brauchen sie keinen materiellen Trost.

Geld, Macht und Abhängigkeit

Kinder lernen früh, dass ihnen Geld die Möglichkeit gibt, Konsumwünsche zu befriedigen. Daher versuchen manche Eltern, ihre Kinder mithilfe des Taschengelds zu disziplinieren, deren Noten zu beeinflussen, sie zur Mitarbeit im Haushalt zu bewegen. Hier wird Geld im Sinne der Verhaltenstherapie als »Verstärker« benutzt, als eine Belohnung für erwünschtes Verhalten. Oft haben die Eltern damit Erfolg, jedoch um den Preis, dass die Kinder zwar das von ihnen Verlangte tun, nicht aber, weil sie den Sinn der elterlichen Bitte verstehen, sondern weil sie sich einen materiellen Vorteil von ihrem kooperativen Verhalten versprechen. Wohlverhalten wird von den Eltern belohnt, Fehlverhalten »gelöscht«. Damit schmälern die Eltern langfristig ihre eigene moralische Autorität, denn ihre Macht hört auf, sobald die Kinder alt genug sind, um ihr eigenes Geld zu verdienen. Außerdem lernen sie von den Eltern, Geld als Mittel für Verführung und Erpressung zu missbrauchen.

Es wäre ratsamer, Wohlverhalten und Geld völlig unabhängig voneinander zu behandeln. Erziehung hat weniger mit Belohnung oder Bestrafung zu tun als vielmehr mit dem gelebten Vorbild der Eltern und konsequentem Handeln. Was das Geld betrifft, sollten Eltern ihren Kindern ein regelmäßiges, dem Alter des Kindes angemessenes Taschengeld geben, unabhängig von ihrem Wohlverhalten, und sie anleiten, vernünftig mit dem Geld umzugehen. Wenn sie so alt sind, dass sie kleine Jobs wie das Austragen von Zeitungen, Babysitten, technische Hilfsarbeitern oder Bedienen übernehmen können, sollten Eltern Jugendliche dazu ermutigen, ihr Taschengeld aufzubessern. So lernen Kinder früh den Zusammenhang von Arbeit und Verdienst kennen – eine wichtige Lektion im Leben, denn Erwachsensein bedeutet, den eigenen Lebensunterhalt mit Arbeit zu verdienen.

So bringen Eltern ihren Kindern bei, sich allmählich von der finanziellen Abhängigkeit von ihnen zu lösen. Gute Erziehung ist auch eine Erziehung zur Emanzipation von den Erziehern. Kinder sollen, wenn sie erwachsen werden und ausgelernt haben, ökonomisch auf ihren eigenen Beinen stehen können, und dies fördert man nicht, indem man ihnen ständig unter die Arme greift, sondern indem man sie ermutigt, sich selbstständig auf ihren Weg zu machen.

Geschenke und Erbschaften

Das Gleiche gilt für Geldgeschenke, die wir Kindern machen, und das Erbe, das wir ihnen nach unserem Tod vermachen werden. Geldgeschenke und Erbschaften sollten nicht an Bedingungen geknüpft sein. Sonst wäre es kein Geschenk, sondern ein Auftrag, im schlimmsten Fall eine Erpressung und eine Fessel. Bei einem wirklichen Geschenk hat der Beschenkte die Freiheit, damit zu machen, was ihm beliebt.

Eine Frau erbte beispielsweise von ihrem Vater eine Villa mit einer wertvollen Gemäldesammlung. Sie lebte recht bescheiden und war daher zunächst gar nicht glücklich über das Erbe, da sie überhaupt nichts damit anfangen konnte. Zudem hatte ihr Vater des Öfteren bemerkt, es wäre gut, wenn sie das selbst erbaute Haus und die handverlesenen Bilder zusammenhalten würde. Dies alles zu erhalten hätte für sie jedoch eine hohe Belastung bedeutet, da sie weit weg vom Elternhaus wohnte und gerne an ihrem Wohnort lebte, da sie dort ihre Arbeit und ihren Freundeskreis hatte. Eine Zeit lang überlegte sie tatsächlich, ob sie nicht ihre Zelte abbrechen und ins Vaterhaus zurückziehen sollte, da sie ihm schließlich viel zu verdanken hatte. Aber dann käme sie sich im riesigen Anwesen wie eine Museumswärterin vor! Konnte ihr Lebenssinn darin bestehen, Nachlassverwalterin ihres Vaters zu sein?

Sie besprach diese Frage ausführlich mit einigen Freunden. Schließlich hielt sie auch ein inneres Gespräch mit ihrem verstorbenen Vater und fragte ihn, ob er damit einverstanden sei, wenn sie seinen Besitz verkaufen und mit dem Erlös dort, wo sie lebte, eine schöne Eigentumswohnung kaufen würde. Zu ihrer Überraschung lächelte er vor ihrem inneren Auge und nickte zustimmend.

Sie nahm sich daraufhin einige Wochen Urlaub, fuhr zurück in ihre Vaterstadt und suchte mit Sorgfalt einen Käufer aus, der von dem Haus sehr angetan und bereit war, es schön zu renovieren. Sie behielt einige wenige Bilder, mit denen sie liebe Erinnerungen an ihren Vater verband, und übergab die anderen einer Galeristin zum Verkauf, die ihren Vater gut gekannt hatte und die wusste, was er an den Bildern geschätzt hatte. Mit dem Erlös kaufte sich die Frau eine schöne Wohnung in einer Gegend ihrer Stadt, in der sie sich wohl fühlte. Einen Teil legte sie als Altersvorsorge zurück. Den Rest spendete sie einer Organisation, von der sie wusste, dass ihr Vater ihre Arbeit auch unterstützt hätte.

Wenn Eltern ihren Besitz ihren Kindern übergeben, dann befindet sich dieser Besitz meist noch in der Form, in der die Eltern ihn wertgeschätzt haben – seien es das selbst gebaute Haus und die selbst ausgesuchten Bilder wie im obigen Beispiel, seien es Wertpapiere, ein altes Auto, eine alte Stereoanlage samt Platten, Schmuck oder altes Besteck. Die erwachsenen Kinder stehen oft ambivalent diesen Besitztümern gegenüber: Einerseits wissen sie, wie lieb und wichtig diese Wertgegenstände ihren Eltern gewesen sind, andererseits können sie selbst mit ihnen gar nichts oder nur wenig anfangen. Sie haben einen anderen Geschmack, können die vermachten Sachen nicht gebrauchen. Manchmal haben sie ideologische Bedenken gegen Grundbesitz oder Wertpapiere, oder sie kennen sich damit nicht aus. Mit persönlichen Andenken haben sie weniger Probleme, diese behalten sie gerne. Es sind die Wertgegenstände, die ihnen Kopfzerbrechen bereiten.

Auch Eltern kommen nicht selten in Konflikt, wenn sie ihren Kindern ein größeres Geld- und Wertgeschenk machen möchten oder ihre Hinterlassenschaft regeln. Einerseits würden sie gerne ihren Kindern das Geschenk in einer Form anbieten, die sie als Eltern schätzen – etwa als Lebensversicherung, Bausparvertrag oder Eigentumswohnung –, andererseits ahnen sie, dass ihre Kinder über das Geschenk beziehungsweise Erbe vielleicht gar nicht so erfreut wären, ja, dass sie es sogar als Belastung empfinden könnten, weil sie damit gebunden wären: Sie müssten zum Beispiel in die geschenkte Eigentumswohnung ziehen, sie bekämen das Geld von der Lebensversicherung erst in 40 Jahren ausbezahlt usw.

Im Wunsch, etwas ihren Kindern so zu hinterlassen, wie die Eltern es gerne hätten, steckt häufig das, was wir weiter oben als projektive Identifikation und Delegation genannt haben: Die älter werdenden Eltern möchten ihren eigenen Lebensweg in den Kindern ein Stück weit fortsetzen, sie möchten, bewusst oder unbewusst, in ihrer Hinterlassenschaft weiterleben. Darin liegt *der Wunsch nach Unsterblichkeit, die Vermeidung des Trauerns, die Weigerung des Loslassens.*

Mit ihrem Festhalten an der Vergangenheit verbauen sie aber womöglich ihren Kindern die Zukunft. Sie stellen ihnen etwas in den Weg, den diese erst mühsam abräumen müssen, bevor sie ihre Reise fortsetzen können. Manchmal bindet man sie so sehr, dass sie die wertvollste Zeit ihrer Jugend damit verbringen müssen, das Erbe der Eltern weiterzuführen oder es aufzulösen.

Ein Mann hatte zum Beispiel von seinen Eltern den Betrieb geerbt, der gerade in einer Krise steckte. Er sollte ihn weiterführen, da er von den Geschwistern der Tüchtigste und Treueste war. Er übernahm tatsächlich die Firma, obwohl er gerade sein Examen abgeschlossen hatte und ihm eine Traumstelle angeboten wurde. Es dauerte einige Jahre, bis der Betrieb aus den roten Zahlen war. Als er sah, dass alles gut lief, überließ er die Geschäftsführung einem guten Mitarbeiter und konnte endlich in seinem eigentlichen Beruf arbeiten. Aber er musste mehrmals in der Woche zur Firma fahren und nach dem Rechten sehen, wodurch er einer Doppelbelastung ausgesetzt war. So blieb er ohne Partnerin und Familie, hatte nur kurze Affären, die zu nichts Dauerhaftem führten.

Nach einigen Jahren stellte sich heraus, dass der Betrieb nicht mehr rentabel war. Der Mann gab seinen Beruf auf und setzte noch einmal seine ganze Energie ein, um die Firma so weit zu bringen, dass er sie mit Gewinn verkaufen und seine Geschwister auszahlen konnte. Nun war er aber schon zu alt, um nochmals in seinen eigentlichen Beruf zurückzukehren. Er lebte zwar in einem schönen Haus, das er von seinem Anteil gekauft hatte, aber viel wusste er nicht mit seinem Leben anzufangen. Wegen dieser Leere begann er eine Therapie.

Die Eltern haben dem jungen Mann den Betrieb vererbt, obwohl er schon im Studium war und ganz andere Pläne hatte. Wäre es für sie denkbar gewesen, ihre Firma schon zu Lebzeiten zu verkaufen und das Erbe gleich an die Kinder zu verteilen, anstatt sie bis zum Tode fortzuführen in der Erwartung, der Sohn werde schon alles richten?

Jede Generation hat ihre eigene Aufgabe. Jede Generation muss auch ihre eigene Form finden, in die sie das Ererbte gießt. Daher muss jede Elterngeneration das, was ihr einmal wichtig gewesen ist, am Ende wieder loslassen. Trauerarbeit ist angesagt. Wenn man am Ende des Lebens die Firma, das selbst gebaute Haus, den schönen Garten, das teure Auto, die umfangreiche Bibliothek, die gute Aussteuer zurücklassen muss, dann ist es angebracht zu trauern. Trauer ist das Gefühl, das uns beim Loslassen von etwas Liebgewonnenem begleitet. Wir können nichts mitnehmen, wenn wir sterben.

Daher sollte man sich überlegen, die Dinge, die einem am Herzen liegen, rechtzeitig an Menschen zu verschenken, die mit ihnen etwas anfangen können. Ihre Freude und Dankbarkeit tröstet über die Trauer hinweg.

Danach fühlt man sich befreiter. Was man nicht verschenken kann, sollte man verkaufen, denn mit dem Geld »verflüssigen« wir quasi unseren Besitz, sodass er mühelos weitergegeben werden kann.

Das, was man den Kindern vermachen möchte, sollte man ihnen mit der ausdrücklichen Erlaubnis übergeben, dass sie damit machen dürfen, was sie wollen. Sie »müssen« nichts konservieren, nur weil die Eltern es wollten. Sie können das, was sie nicht persönlich brauchen, verschenken, spenden oder an eine Stiftung geben. So fließt der Besitz wieder in den lebendigen Kreislauf zurück und kann anderen Menschen helfen und sie erfreuen.

Für erwachsene Kinder ist es wichtig, unterscheiden zu lernen zwischen einem Erbe, das bereichert und Freude bringt, und einem, das belastet und fesselt. Das Erste können sie dankbar annehmen, das Zweite dankend zurückgeben oder, wenn es nicht auszuschlagen ist, weitergeben an Menschen oder Institutionen, die es gut gebrauchen können.

Wenn Kinder nämlich nicht nein sagen können und das Geschenk oder das Erbe widerwillig annehmen, dann verdirbt dieses oft wie faulendes Obst in ihren Händen. Lebensmittel, die nicht gegessen werden, verderben und werden giftig. Werkzeuge, die nicht benutzt werden, verrosten. Nicht erwünschte Geschenke und Erbschaften können somit zu einem großen Ballast werden.

Eine kleine Anekdote aus meiner Studentenzeit: Zum Jahresende erhielten wir in der Wohngemeinschaft oft

Weihnachtspakete von zu Hause, voll gepackt mit Gebäck und anderen Leckereien, die von unseren Müttern liebevoll gebacken und eingepackt worden waren. Manches mochte der oder die Beschenkte überhaupt nicht und wurde beiseitegelegt – aber die anderen, die um den Küchentisch standen, nahmen die Plätzchen und Stollen dankbar an und ließen es sich schmecken. Nichts blieb stehen und verdarb.

Geld, Macht und Geschlecht

Geld ist in unserer Gesellschaft immer noch eine vorwiegend männliche Domäne. Das meiste Geld liegt in männlichen Händen und unterliegt männlicher Kontrolle. Männliche Macht steht vor allem auf zwei Säulen: auf dem (primitiveren) physischen Gewaltmonopol in der Form von brachialer Gewalt, Polizei und Armee und auf dem (subtileren) finanziellen Verdienst- und Verfügungsmonopol. Dies können wir unschwer auf der gesellschaftlichen Ebene erkennen, wo es beispielsweise immer wieder zu schwer durchschaubaren Allianzen zwischen Politik und Wirtschaft kommt. Wir finden dies aber auch in der Privatsphäre der Familie wieder: Mit physischer Gewalt und finanzieller Abhängigkeit versuchen manche Männer, ihre widerspenstigen Ehefrauen (und Kinder) zur Räson zu bringen.

In dem einen Beispiel am Anfang dieses Kapitels hat der Familienvater die Verfügungsgewalt über das ganze Geld in der Familie. Seine Frau muss ihn um jeden Pfennig anbetteln. Mit dem Geld ist es ähnlich wie mit anderen Machtmitteln, es wird von Menschen, die keine starke persönliche Autorität und kein großes Selbstbewusstsein haben, gerne als Ersatzmittel missbraucht. Da, wo es ihnen an einem respektvollen, liebevollen, zugeneigten Umgang fehlt, versuchen sie eine Beziehung über die Macht des Geldes und ihre körperliche Überlegenheit herzustellen. (Wobei die körperliche Überlegenheit des Mannes weniger in der tatsächlichen Kraft als vielmehr in seiner höheren Gewaltbereitschaft begründet liegt: Viele Frauen wären ihren Partnern durchaus physisch ebenbürtig, wenn sie ihre anerzogene Aggressionshemmung ablegen und »weibliche« Formen physischer Gewalt wie Kratzen, Beißen und Spucken anwenden würden. Nur sind diese ihnen nicht selten durch die »gute Erziehung« abtrainiert worden.)

Ungleichheit zersetzt jedoch langfristig das Verhältnis der Geschlechter zueinander. Solange Macht und Abhängigkeit als Bindeglied zwischen Mann und Frau stehen, so lange bleibt ihre Beziehung gespannt. Sie werden nicht gleichwertig miteinander kommunizieren können. Eine wirkliche intime Nähe, in der sie sowohl ihre Gemeinsamkeiten genießen als auch ihre Unterschiede schätzen können, wird sehr erschwert. So steht es im Interesse beider Geschlechter, das physische und finanzielle Gefälle zwischen ihnen abzubauen oder, wo es fortbesteht, durch gesetzliche und persönliche Regelung zu neutralisieren. Deshalb sind formale Regelungen wie die Strafverfolgung bei Vergewaltigung in der Ehe, der finanzielle Ausgleich in der Ehe und nach der Scheidung usw. von eminenter Bedeutung für die Emanzipation beider Geschlechter. Gesetzliche Regelung macht den persönlichen Einsatz in unseren privaten und beruflichen Beziehungen zwar nicht überflüssig, beide Aspekte ergänzen aber einander. Mädchen und Frauen müssen in ihren privaten Beziehungen und am Arbeitsplatz die Rechte in Anspruch nehmen, die das Gesetz ihnen in vielen Bereichen schon einräumt. Lassen sie diese ungenutzt, können sie ihnen schnell wieder genommen werden, wenn eine konservativere Regierung den Ton angibt oder die Zeiten wirtschaftlich schwieriger werden.

Die Frau im erwähnten Beispiel muss lernen, sich von ihrem Mann finanziell abzugrenzen und finanziell unabhängig zu werden, auch wenn ihre Mutter, die selbst unter dem Vater leidet, darüber den Kopf schütteln mag.

Geld und Selbstwert

Wenn Menschen ständig verschuldet sind, wenn ihre Konten nur mehr rote Zahlen aufweisen, dann ist nicht nur ihre wirtschaftliche Lage aus den Fugen geraten. Wie im Beispiel des »Büchersüchtigen« ist damit häufig auch ein psychisches Problem, manchmal auch ein Beziehungsproblem verbunden. Ein anderes Beispiel:

Eine Frau kam zur Therapie wegen Depressionen und Schlaflosigkeit. Sie konnte nicht verstehen, weshalb sie sich so unglücklich fühlte, hatte sie doch einen lieben

Mann und eine gute Arbeit. Im Laufe der Therapie stellte sich langsam heraus, dass ihr Mann die meiste Zeit arbeitslos war und trank. Er hatte viele materielle Ansprüche, teure Hobbys, und da er so »lieb« zu ihr war, bezahlte sie ihm alle Rechnungen. Bald kam ihr Konto nicht mehr aus dem Minus heraus, und sie sah sich gezwungen, neben ihrer regulären Arbeit putzen zu gehen.

Aus ihrer Lebensgeschichte war zu entnehmen, dass ihr Vater sich früh von der Mutter getrennt hat und weggezogen ist, sodass er für sie fast wie ein Fremder war. Ihre Mutter war chronisch krank, sodass die Tochter von Kindesbeinen an sich um den Haushalt kümmern musste. Sie war für die Mutter kein willkommenes Kind, die Mutter hielt sie stets auf Distanz, auch wenn die Tochter bemüht war, ihr alles recht zu machen.

Im Laufe der Therapie wurde die Frau immer unzufriedener mit ihrem Zustand. Sie erkannte, dass sie von ihrem Mann ausgenutzt wurde, genauso, wie sie früher von ihrer Mutter ausgebeutet wurde, mit dem Unterschied, dass sie das Gefühl hatte, ihr Mann liebte sie. Als sie ihm jedoch sagte, sie sei nicht länger bereit, ihm seine teuren Hobbys zu bezahlen, wurde er abweisender und kälter ihr gegenüber. Bald lernte er in der Kur eine andere, wohlhabende Frau kennen. Er zog kurzerhand zu ihr und hinterließ einen ganzen Müllberg, den er über die Jahre angesammelt hatte.

Schulden haben viele Gesichter, sie haben viele Ursachen. Bei dieser Frau sind die Schulden Ausdruck für ihre Gutmütigkeit und Gutgläubigkeit. Von ihrem Vater im Stich gelassen, von ihrer Mutter abgelehnt und ausgenutzt, war sie so dankbar, einen Mann zu treffen, der ihr Liebe versprach, dass sie alles für ihn tat, nur um ihn zu halten. Ihre Schulden waren ein Zeichen dafür, dass sie sich im Grunde wertlos fühlte. Sie musste in Beziehungen immer mehr geben, als sie zurückbekam. Sie fühlte sich so wenig wert, dass sie immer mehr von sich in die Waagschale legen musste, damit sie sich »gleichgewichtig« zum Partner fühlte. Das Tragische war nur: Je mehr sie sich ausbeuten ließ, desto mehr wurde sie vom anderen verachtet. So geriet sie in einen Teufelskreis, in dem sie sich immer schlechter und minderwertiger fühlte (daher ihre Depression) und noch mehr arbeiten musste, um den Partner bei der Stange zu halten.

Durch die Therapie fühlte sie sich so weit in ihrem Selbstwertgefühl gestärkt, dass sie fähig war, ihren Partner mit ihrem ungleichen Einsatz für die Beziehung zu konfrontieren. Der Mann merkte, dass er nichts mehr von ihr holen konnte, und fand gleich eine andere Frau. Sie war sehr schockiert darüber, dass sie sich die ganzen Jahre so von ihm hatte täuschen lassen (ihre Freundinnen hatten schon früher das Verhalten ihres Mannes kritisiert, aber sie dachte, diese seien nur neidisch auf ihr Glück). Sie nahm sich vor, so lange keine neue Beziehung aufzunehmen, solange ihr Selbstbewusstsein noch so brüchig war. Sie grenzte sich nun deutlicher von ihrer Mutter ab und besuchte diese nicht mehr so oft wie früher.

Sie verabredete sich mit ihrem Vater und sagte ihm, was ihr in der Kindheit gefehlt hatte.

Nun fängt sie an, ihr unabhängiges Leben zu genießen, sie gönnt sich auch einmal einen teuren Urlaub und beginnt eine neue Ausbildung in einem Beruf, der ihr Spaß macht.

Geld als Suchtmittel

Geld macht bekanntlich nicht glücklich. Wir leben jedoch in einer Zeit, in der finanzieller Reichtum zum höchsten Ziel erhoben worden ist. Der Aktienboom in den letzten Jahren ist ein guter Beleg dafür. Selbst Menschen, die früher für soziale Gerechtigkeit gekämpft haben, spekulieren heute leidenschaftlich an der Börse.

Das Geld spielt dabei die Rolle eines Suchtmittels. Bestsellerautoren wie Bodo Schäfer geben die Parole aus, in sieben Jahren Millionär zu werden,* und zwar hauptsächlich durch Spekulationen: Wir werden heute reich nicht nur durch die Ausbeutung der Arbeitskraft anderer (diese gibt es immer noch, vor allem in der Dritten Welt), wir beginnen auch mit dem Spiel um Geld: Die Börsen sind im Grunde nichts anderes als Spielbanken, in denen Menschen ihr Geld einsetzen in der Hoffnung, das große Los zu ziehen. Aus dem Geld, das einst ein Äquivalent für menschliche Arbeit war, ist eine Art Spielgeld geworden.

---

* Bodo Schäfer: *Der Weg zur finanziellen Freiheit. In sieben Jahren die erste Million,* Frankfurt/M.: Campus, 15. Aufl. 2000

Spielgeld ist aber nichts wert. Früher oder später kommt dann das böse Erwachen aus dem Spielrausch.

Sucht ist, gleichgültig, ob sie auf der individuellen oder der gesellschaftlichen Ebene anzutreffen ist, stets ein Versuch, vor der Wirklichkeit die Augen zu verschließen. Sie ist ein Vermeidungsverhalten. Was wollen wir nicht sehen, wenn wir uns dem Geldrausch anheim geben? Ich vermute, es ist der Zustand der Erde, die bedrohliche globale Entwicklung: die rasante Überbevölkerung und Umweltzerstörung, verbunden mit irreversiblen Klimaveränderungen, der daraus folgenden massiven Verelendung der Menschen in vielen Regionen und deren Migrationsbewegungen. Das wird viele regionale und überregionale Konflikte nach sich ziehen – zum Teil finden diese schon heute statt.*

Unsere Erde als Erbe

Wenn wir nach Lösungen für diese globale Herausforderung suchen, stoßen wir zum einen auf die alte Vorstellung von Naturvölkern: Wir können die Erde nicht besitzen, sie ist unsere »Mutter«, die uns ihren Reichtum zur Stillung unserer Grundbedürfnisse zur Verfügung stellt, eine Art Leihgabe, die wir schonend an die Generationen nach uns weiterzugeben haben. Und wenn wir weiter

* Auf die gesellschaftliche Dimension der Sucht bin ich zum ersten Mal in meinem Buch *Krisenzeit. Nach Tschernobyl: Meditationen eines Psychotherapeuten* eingegangen (Köln: Edition Humanistische Psychologie 1991)

nachdenken, kommen wir zum anderen fast zwangsläufig auf die Grundidee des Kommunismus: gemeinschaftliche Nutzung statt Privateigentum.

Bei den Indianern war es Sitte, dass der Besitz eines Verstorbenen nicht an seine Kinder vererbt, sondern der Gemeinschaft zurückgegeben wurde. Die erwachsenen Kinder sollten ihren Lebensunterhalt mit eigener Arbeit verdienen. Dies ist ein Modell, worüber nachzudenken sich lohnt. Dahinter verbirgt sich die oben angesprochene Idee, dass das, was wir besitzen, uns nur zum Gebrauch überlassen, also ausgeliehen worden ist. Wenn wir es nicht mehr brauchen, wenn wir zum Beispiel sterben, sollten wir es zurückgeben. Dann kehrt es in den allgemeinen Kreislauf zurück.

Black Hawk schreibt in seiner Autobiografie: »Meine Vernunft sagt mir, dass Land nicht verkauft werden kann. Der Große Geist gab es seinen Kindern, dass sie darauf leben und es bebauen, soweit dies für ihren Unterhalt nötig ist, und solange sie darauf wohnen und es pflegen, haben sie das Recht auf den Boden, doch wenn sie freiwillig weggehen, dann haben andere Menschen das Recht, sich da niederzulassen.«* Von einem Indianer stammt auch der berühmte Satz, dass wir Geld nicht essen können. Die Ureinwohner Amerikas bebauten das Land und ernteten nur das, was sie zum Leben brauchten. Das Über-

* Aus: Maria Otto (Hrsg.): *Worte wie Spuren. Weisheit der Indianer,* Freiburg: Herder, 2. Aufl. 2000

schüssige ließen sie stehen. Die Weißen haben aber das Land in »claims« (auf Deutsch: Anspruch, Anrecht) aufgeteilt und aufgekauft. Nun besaßen sie das Land und die natürlichen Ressourcen, die Ureinwohner wurden in Reservate eingesperrt. Und wenn ein Weißer stirbt, hinterlässt er seinen Besitz seinen Kindern. Die Nachkriegsgeneration, die heute langsam abtritt, hinterlässt ihren Kindern ein billionenschweres Erbe – mehr eine Last als ein Geschenk.

Die volle und die leere Tasse – Leben mit der Vergänglichkeit

Ein Buch über das Erwachsenwerden wäre unvollständig ohne ein paar Worte über die Vergänglichkeit.

Als Kinder hatten wir das Gefühl, wir würden ewig leben. Kinder haben keine Angst vor dem Tod, weil sie im ewigen Jetzt leben. Irgendwann jedoch erkennen wir, dass nicht nur andere, sondern wir selbst einmal sterben werden. Diese Erkenntnis markiert das Ende der Kindheit. Von diesem Zeitpunkt an wird uns der Tod nie mehr verlassen. Er wird unser ständiger Partner sein. Die Begleitung durch den Tod ist ein wichtiger Bestandteil des Erwachsenseins.

Unsere Endlichkeit anerkennen bedeutet auch, dass alles, was wir tun oder unterlassen, *Konsequenzen* hat. Alle Begegnungen und Beziehungen haben ein Ende. Solange die Beteiligten leben und füreinander erreichbar sind, können sie noch Missverständnisse korrigieren, Fehler zugeben, Versäumtes nachholen. Sobald jedoch einer der Partner stirbt oder für den anderen räumlich oder geistig nicht mehr erreichbar ist, hat das ein Ende. Diese Erkenntnis der Konsequenzen unseres Handelns lässt uns reifer werden. Wir spüren unsere Verantwortung, so zu handeln, dass wir auch angesichts eines möglichen Endes dazu stehen können. Auf diese Weise kann der Tod uns helfen, unsere ethischen Maßstäbe zu schärfen und zu verfeinern.

Wir realisieren auch die Kostbarkeit des *Hier und Jetzt.* Alles ist einmalig, nichts ist wiederholbar. Auch wenn die Tage der Kindheit so langsam dahingeflossen sind, als würden sie nie ein Ende nehmen, irgendwann kam dann doch das Ende der Kindheit. Wir mussten erkennen, dass alles ein Ende hat. Dann realisieren wir, dass wir das, was uns wichtig ist, *jetzt* tun müssen, weil die Gelegenheit schon morgen vorbei sein kann.

Spätestens wenn unsere Eltern sterben, werden wir merken, dass wirklich alles endlich ist. Unsere Eltern (und unsere älteren Geschwister) sind seit Anbeginn unseres Lebens immer da gewesen. Daher können wir uns nicht richtig vorstellen, wie es sein wird, wenn sie einmal nicht mehr da sein sollten, selbst wenn uns ihr unvermeidliches Sterben vom Verstand her klar ist. Aber erst wenn sie wirklich gestorben und begraben sind, werden wir realisieren, was uns für immer verloren gegangen ist. Wir werden spüren, wie sehr sie uns fehlen. Wir können uns zwar an sie zurückerinnern, manchmal erscheinen sie uns sogar im Traum oder in einer Vision. Aber leibhaftig werden wir sie nie mehr erleben.

Daher ist das *Trauern* die erste und wichtigste Lektion, die wir im Erwachsenwerden lernen müssen. Es ist nützlich, die Stufen beziehungsweise Phasen des Trauerprozesses zu kennen, damit wir überhaupt erkennen können, dass wir trauern.

Die erste Stufe ist die Verleugnung. Da wischen wir die Gedanken über ein mögliches Ende beiseite. Die zweite

Phase ist das Sich-Wehren. Wir ahnen schon, dass etwas zu Ende geht, aber wir stemmen uns dagegen an. Die dritte Stufe ist das Verhandeln. Wenn das Ende näher kommt, fangen wir an, mit Gott oder dem Schicksal zu verhandeln: Wenn wir uns wohl verhalten, wenn wir ein Opfer erbringen, hoffen wir, dass das Ende sich doch abwenden lässt. Wenn alles nichts nützt und das Ende unweigerlich kommt, kapitulieren wir schließlich und geben alle Hoffnungen auf. Das ist die Stufe der Depression, der Ohnmacht und Hoffnungslosigkeit.

Endlich, in der fünften Stufe, ergeben wir uns, wir geben uns hin in das Ende, sind damit einverstanden. Erst jetzt trauern wir wirklich um das, was zu Ende geht. Tränen sind die sichtbarsten Zeichen für die Trauer. Es tut weh, etwas Liebgewonnenes loszulassen. Wenn wir diesen Schmerz in uns zulassen, lockern wir den Klammergriff in uns, und wunderlicherweise löst sich auch etwas in uns. Wir fühlen uns am Ende frei. Nun darf kommen, was kommen mag.

Nun sind wir wieder leer. Der Zustand der *Leere* ist ein kostbarer, weil wir nichts zu verlieren haben und weil wir offen sind für alles, was auf uns zukommt. Es ist ein Zustand der Klarheit, der Nüchternheit, der Offenheit. Wir spüren unseren Atem einfließen, wir spüren ihn ausfließen. Wir tauchen ins Jetzt ein, darin bekommen wir einen Vorgeschmack für die Ewigkeit.

Die Leere ist das Geschenk des Trauerns. Eine Zen-Weisheit lautet, in eine volle Tasse können wir nichts mehr eingießen. Das Trauern, das Loslassen leert unsere Tasse. Wenn wir etwas lieb gewinnen im Leben, sei es ein Mensch, ein Beruf, ein Ort oder eine Tätigkeit, dann füllen wir unsere Tasse. Irgendwann kommt der Augenblick, in dem wir dieses Liebgewonnene wieder ausgießen müssen. Das tut weh, und das ist gut so, denn es gibt keine Liebe ohne Schmerz. Der Schmerz ist der Preis dafür, dass wir lieben können und dürfen. Wenn die Tasse ausgeleert ist und die Tränen ausgeweint sind, sind wir leer und können gespannt sein auf das, was kommen mag.

Sei hier jetzt! So lautet ein Spruch aus der Gestalttherapie. Wenn wir jetzt hier sind, sind wir erwachsen, und auch reif fürs Sterben.

Ausblick: Ein Wegweiser fürs Erwachsenwerden

Was bedeutet es, erwachsen zu sein? Wenn wir uns auf den Weg machen, um diese Frage zu beantworten, brauchen wir so etwas wie einen Wegweiser. Die Auflistung, die Sie im Folgenden finden, kann uns als solcher dienen. Behalten Sie bitte dabei im Auge, dass Sie ihn als *Orientierungshilfe* benutzen sollten. Es geht keineswegs darum, sich damit Schuldgefühle zu bereiten, indem Sie sich vorwerfen: »Siehst du, an diesem Punkt bist du noch nicht erwachsen! Auch das hast du noch nicht geschafft! Was bist du nur für eine unreife Person!« Wir haben mehr davon, wenn wir diese Auflistung mit Neugier und Interesse anschauen: Welche Fragen sind für mich noch offen? Wo möchte ich mehr erfahren über mich und meine Beziehungen?

Einige Merkmale des Erwachsenseins

- *Orientiert sein*
  Wenn wir voll orientiert sind, nehmen wir uns und unsere Umwelt deutlich wahr. Wenn wir im Kopf unklar sind, sind wir desorientiert und können unseren Weg nicht finden. Wir werden unklar in unserer Wahrnehmung, wenn wir müde oder gestresst sind, wenn wir von heftigen Gefühlen beherrscht sind, wenn wir Unangenehmes verdrängen, wenn wir manipuliert werden

oder wenn wir uns betäuben (mit Medikamenten, Alkohol, Zigaretten und anderen Suchtmitteln).

- *Realitätssinn*

  Die Realität bildet so etwas wie den festen Boden unter unseren Füßen, auf dem wir unseren Lebensweg gut gehen können. Selbst ein steiniger Weg ist besser zu begehen als sumpfiges Gelände. Daher ist es wichtig, dass wir der Realität ungeschminkt und illusionsfrei ins Gesicht schauen können. Die Wirklichkeit ist weder nur schön noch nur schrecklich. Sie ist beides. Wir müssen im Leben bereit sein, beides zu sehen und anzuerkennen.

  Wenn wir Angst haben vor den Härten des Lebens, wenn wir uns Illusionen machen, dann neigen wir dazu, die Realität schönzufärben. Wenn wir umgekehrt gewohnt sind, schwarzzusehen, verlieren wir die Hoffnung und die Zuversicht, die wir zur Bewältigung von Krisen brauchen.

- *Im Hier und Jetzt leben*

  Das bedeutet, mit beiden Füßen in der Gegenwart zu stehen, zu sehen, hören, riechen, schmecken, fühlen, was in und um uns ist, das Leben voll einzuatmen und zu genießen. Wir verlieren uns, wenn wir der Vergangenheit nachtrauern oder dauernd in Zukunftsträume oder Sehnsüchte eingetaucht sind. Das Hier und Jetzt ist der einzige Ort, wo wir etwas verändern können. Hier findet das Leben statt.

- *Eigenverantwortung*
  Die volle Verantwortung fürs eigene Leben zu übernehmen und für sich zu sorgen ist das wesentlichste Merkmal fürs Erwachsensein. Eine erwachsene Person trägt die Verantwortung fürs eigene Leben. »Eigenmacht« bedeutet, Macht über die Gestaltung des eigenen Leben zu haben. Sie ist eine Grundvoraussetzung für persönliche Freiheit.
  Macht übers eigene Leben zu haben bringt auch die Verantwortung mit sich, das zu tun, was wir für richtig halten, und das zu lassen, was wir für falsch halten. Sie bringt also automatisch die moralische Frage ins Spiel: Was ist für mich richtig, was ist falsch? Sie birgt in sich auch das Risiko, dass wir Fehler machen und schuldig werden können. Wir lernen in diesem Prozess, über die positiven Ergebnisse unseres Handelns stolz zu sein, aber auch die negativen Konsequenzen für unser Verhalten zu tragen, zu unserer Schuld zu stehen und für unsere Fehler geradezustehen.
  Wenn wir ständig von anderen versorgt werden möchten, wenn wir Angst haben, Fehler zu begehen oder schuldig zu werden, wenn wir zu bescheiden sind, schieben wir die Verantwortung für unser Leben auf andere und leben nur halb. Damit machen wir uns abhängig von anderen Menschen und Institutionen.
- *Grenzen*
  Macht und Ohnmacht liegen dicht nebeneinander. Als wir noch ganz klein waren, fühlten wir uns ohnmäch-

tig. In der Pubertät und im jungen Erwachsenenalter fühlen wir uns allmächtig. Es gehört zu den wesentlichsten Schritten des Reifungsprozesses, unterscheiden zu lernen, was in unserer Macht steht und was nicht. Zu wissen und anzuerkennen, was nicht in unserer Macht steht, macht bescheidener und demütiger. Wir lernen dabei, Respekt vor anderen Menschen und vor der Natur zu empfinden und sich über ihre Geschenke und Gaben zu freuen.

In Übermut, narzisstischem Größenwahn und Verantwortungslosigkeit übersehen wir leicht unsere Grenzen und überschreiten diese. Dabei können wir uns selbst und anderen schaden. Andererseits wachsen wir nicht, wenn wir nicht wagen, an unsere Grenzen zu gehen.

- *Klare Verantwortungen anderen gegenüber*
  Erwachsensein heißt für jene Verantwortung zu übernehmen, die von uns abhängig und auf uns angewiesen sind (zum Beispiel Kinder, Schutzbefohlene, Patienten). Wo sie selbst Verantwortung übernehmen können, sollen wir sie mit Freude gehen lassen. In unseren Beziehungen sollen wir klare Abmachungen und Verträge aushandeln und uns daran halten.
- *Beziehungen pflegen*
  Gute soziale Beziehungen und Freundschaften sind das Elixier des Lebens. Sie zu pflegen und zu genießen ist eine Lebensnotwendigkeit und eine Freude. Dabei sollen wir auf einen für uns angemessenen Rhythmus von Kontakt und Rückzug achten.

- *Das Alleinsein genießen*
  Wenn wir den bewussten Rückzug pflegen, geben wir uns die Möglichkeit, regelmäßig Kontakt mit uns selbst aufzunehmen. Das Alleinsein bringt uns zurück zu unserer Mitte. Diese ist der Ausgangspunkt zur Verbindung mit dem höheren Selbst und Gott. Hier entdecken wir unsere zentrale Leidenschaft und unseren Lebenssinn.
- *Partnerschaft*
  Einen zu uns passenden Liebes- und Lebenspartner zu finden ist ein großes Geschenk. Darin lebt, neben unserem Wunsch nach Ganzheit und Geborgenheit in Gott, unsere tiefste Sehnsucht. Partnerschaft bedeutet, mit einem Menschen den Alltag zu teilen, darin unsere Ecken und Kanten abzuschleifen, Respekt vor dem andern und uns selbst zu empfinden, gemeinsam zu säen und zu ernten, gemeinsam sich zu freuen und zu trauern, das Leben gemeinsam zu genießen, im Bewusstsein der Endlichkeit.
- *Sexualität*
  Die Sexualität ist das Schönste, das uns die Natur geschenkt hat. Sie ist die Quelle von Vitalität und Wohlbefinden. Sie verbindet uns mit unseren tiefsten Empfindungen. Sie vereinigt uns mit unserem Liebespartner und bringt daraus neues Leben hervor.
- *Eltern*
  Hier ist unsere Basis, von der wir ins Leben aufbrechen. Hier ist der Ort der Liebe, Ruhe und Geborgenheit, zu dem wir zurückkehren können. Hier ist die Wurzel un-

serer Entwicklung. Grundlegend können wir uns nur im Zusammenhang mit unserer Beziehung zu unseren Eltern ändern, da sie unsere Wurzeln sind.
Im Erwachsenwerden lernen wir, unseren Eltern dankbar zu sein dafür, dass unser Leben von ihnen kommt und dass sie uns ins Leben geführt haben. Wir tragen alte Konflikte mit ihnen aus und versöhnen uns mit ihnen. Dabei erfahren wir, dass auch sie lernfähig sind. Wir sind dann imstande, altersgemäße Beziehungen zu ihnen zu pflegen und zu genießen. Wir begleiten sie ins Alter und Sterben. Nach ihrem Tod können wir sie in unserem Herzen bewahren und mit ihnen lebendige Zwiesprache halten.

- *Kinder*
  Kinder sind die natürlichen Früchte unserer Liebe. Wir können sie willkommen heißen, ihnen das geben, was sie von uns brauchen, das heißt vor allem, uns ihnen zur Verfügung zu stellen als Begleiter, Tröster und Vorbilder, lebenslang. Gleichzeitig haben wir sie als eigenständige Personen zu respektieren, mit ihrem eigenen Schicksal und Lebensweg.
- *Heimat*
  Hier sind wir zu Hause – woanders sind wir Fremde. Hier sind unsere Wurzeln. Wir sind die Früchte und Samen unserer Heimat. Die Begegnung mit dem Fremden gelingt nur, wenn wir selbst beheimatet sind.
- *Beruf*
  Im Erwachsenenalter verbringen wir die meiste Lebens-

zeit mit unserem Beruf. Daher ist es wichtig, Erfüllung und Erfolg im Beruf zu finden. Dabei müssen wir lernen, zwischen lebensnotwendigem Broterwerb und innerer Neigung zu unterscheiden und dazwischen einen guten Kompromiss zu finden (Job – Arbeit – Beruf – Berufung). Ab und zu sollten wir überprüfen, ob der Beruf noch mit unseren Lebenszielen übereinstimmt.

- *Fähigkeiten*
  Unsere Talente, Fähigkeiten und Begabungen sind die Schätze, die wir fürs Leben bekommen haben. Sie sind unsere Geschenke für die Welt. Wir können lernen, sie nicht zu verschleudern, aber auch nicht geizig zu horten, sondern sie gezielt in der Realität umzusetzen. Hobbys und Liebhabereien zu pflegen bewahrt uns vor Altersresignation.
- *Dankbarkeit*
  Wir sollten das, was uns das Leben schenkt, dankbar annehmen. Denn das Meiste von dem Guten, was wir sind und haben, kommt nicht von uns.
- *Kindsein, Lebensfreude und Humor*
  Das »innere Kind« in uns ist der Jungbrunnen, die wahre Quelle der Lebensfreude. Es lebt auf, wenn wir mit Lust und Leidenschaft leben. Humor ist dagegen eine Frucht der Reife. Sie lässt uns über Lebensklippen und Enttäuschungen hinwegsegeln.
- *Zufrieden alt werden*
  Das Älterwerden können wir als Lernprozess begreifen, in dem wir unsere existenzielle Begrenztheit erfahren,

Abschied nehmen von dem, was vergangen ist, dankbar annehmen und genießen, was wir haben, uns über die Jugend freuen, ihr eine gute Welt hinterlassen und uns selbst den Blick fürs Jenseits öffnen.

- *Spiritualität*
  Wir können uns als natürliche spirituelle Wesen begreifen, die neben unserer materiellen Existenz bestehen. Damit bleiben wir in Fühlung mit den unsichtbaren Kräften und lassen uns von ihnen auf unserem Lebensweg begleiten und führen. Auch andere Menschen und Lebewesen können wir als spirituelle Wesen achten und die Begegnung mit ihnen schätzen.
- *Leben und Sterben*
  Erwachsenwerden heißt, unsere Endlichkeit zu erkennen, Leben und Sterben als zusammengehörig anzunehmen und zu bejahen, uns auf ein würdiges Sterben vorzubereiten und darauf gespannt zu sein, was da geschieht und was danach kommt – wie einst bei unserer Geburt.

Literaturhinweise

Boszormenyi-Nagy, Ivan und Spark, Geraldine M.: *Unsichtbare Bindungen. Die Dynamik familiärer Systeme,* Stuttgart: Klett-Cotta, 6. Aufl. 1998

Chu, Victor: *Casablanca oder wohin die Sehnsucht dich trägt. Unerfüllte Liebe und andere Leidenschaften,* München: Kösel, 2. Aufl. 1998

Ders.: *Jongleure der Lebensmitte. Von der Kunst, Kinder, Eltern und eigene Bedürfnisse unter einen Hut zu bringen,* München: Kösel 1999

Ders.: *Krisenzeit. Nach Tschernobyl: Meditationen eines Psychotherapeuten,* Köln: Edition Humanistische Psychologie 1991

Ders.: *Liebe, Treue und Verrat. Von der Schwierigkeit, sich selbst und dem Partner treu zu sein,* München: Kösel 1995 (vergriffen, beim Autor als Kopie erhältlich, Adresse siehe S. 311)

Chu, Victor und de las Heras, Brigitta: *Scham und Leidenschaft,* Zürich: Kreuz, 2. Aufl. 1995 (vergriffen, beim Autor als Kopie erhältlich, Adresse siehe S. 311)

DuBois, Reinmar: *Kinderängste. Erkennen, verstehen, helfen,* München: C.H. Beck, 3. Aufl. 1998

Heyne, Claudia: *Tatort Couch,* Zürich: Kreuz 1991

Kleist, Heinrich von: *Werke,* Berlin: Verlag Neues Leben 1986

Langlotz, Robert: »Das Rückgaberitual mit dem Stein«, in: Arbeitsgemeinschaft Systemische Lösungen nach Bert Hellinger (Hrsg.): *Praxis der Systemaufstellung,* Heft 1/1999, Wiesloch 1999

Miller, Alice: *Das Drama des begabten Kindes und die Suche nach dem wahren Selbst. Eine Um- und Fortschreibung,* Frankfurt/M.: Suhrkamp 1994 und 1997

Otto, Maria (Hrsg.): *Worte wie Spuren. Weisheit der Indianer,* Freiburg: Herder, 2. Aufl. 2000

Petersdorf, Bodo von (Hrsg.): *Deutscher Liederschatz. Band 5. Kinderlieder,* Augsburg: Weltbild (o.J.)

Pikler, Emmi: *Lasst mir Zeit. Die selbständige Bewegungsentwicklung des Kindes bis zum freien Gehen,* München: Richard Pflaum, 2. Aufl. 1999

Pope, Kenneth und Bouhoutsos, J.C.L.: *Als hätte ich mit einem Gott geschlafen,* Hamburg: Hoffmann und Campe 1992

Rutter, Peter: *Verbotene Nähe,* Düsseldorf: Econ 1991

Schäfer, Bodo: *Der Weg zur finanziellen Freiheit. In sieben Jahren die erste Million,* Frankfurt/M.: Campus, 15. Aufl. 2000

Schmidt-Lellek, Christoph und Heimannsberg, Barbara (Hrsg.): *Macht und Machtmißbrauch in der Psychotherapie,* Köln: Edition Humanistische Psychologie 1995

Shapiro, Francine und Silk-Forrest, Margot: *EMDR in Ak-*

tion. Die neue Kurzzeittherapie in der Praxis, Paderborn: Junfermann 1998

Steiner, John: *Orte des seelischen Rückzugs. Pathologische Organisationen bei psychotischen, neurotischen und Borderline-Patienten,* Stuttgart: Klett-Cotta 1998

Ulsamer, Bertold: *Ohne Wurzeln keine Flügel. Die systemische Therapie von Bert Hellinger,* München: Goldmann, 4. Aufl. 2000

Weber, Gunthard (Hrsg.): *Zweierlei Glück. Die systemische Psychotherapie Bert Hellingers,* Heidelberg: Carl-Auer-Systeme, 14., überarb. Aufl. 2001

Selbsterfahrungs- und Fortbildungsprogramme zum Thema dieses Buches können angefordert werden bei:

Dr. Victor Chu
Wiesenbacherstr. 52
69151 Neckargemünd
www.vchu.de

Register

V

W